教育部人文社会科学研究规划基金项目（项目批准号：13YJA630108）

中国纺织服装
自主品牌国际化

谢少安　　范学谦
　　　　　　　　　　著
汪生金　　瞿　翔

中国商务出版社
CHINA COMMERCE AND TRADE PRESS

图书在版编目（CIP）数据

中国纺织服装自主品牌国际化/谢少安等著 . —北京：中国商务出版社，2017.12
ISBN 978 - 7 - 5103 - 2179 - 5

Ⅰ.①中… Ⅱ.①谢… Ⅲ.①纺织工业-品牌战略-国际化-研究-中国 ②服装工业-品牌战略-国际化-研究-中国 Ⅳ.①F426.81

中国版本图书馆 CIP 数据核字（2017）第 307521 号

中国纺织服装自主品牌国际化
Internationalization of China's Textile and Clothing Self-owned Brands

谢少安　范学谦　汪生金　瞿　翔　著

出　　　版：	中国商务出版社	
地　　　址：	北京市东城区安定门外大街东后巷 28 号	邮　编：100710
责任部门：	商务与法律事业部（010－64245686　1499160308@qq.com）	
责任编辑：	赵桂茹	

总 发 行：中国商务出版社发行部（010－64208388　64515150）
网　　址：http://www.cctpress.com

排　　版：北京科事洁技术开发有限责任公司
印　　刷：北京科印技术咨询服务公司
开　　本：700 毫米×1000 毫米　1/16
印　　张：14.5　　　　　　　　　字　　数：234 千字
版　　次：2017 年 12 月第 1 版　　印　　次：2017 年 12 月第 1 次印刷
书　　号：ISBN 978 - 7 - 5103 - 2179 - 5
定　　价：48.00 元

序

纺织服装工业是我国重要的民生产业、传统支柱产业和创造国际新优势的产业。党的十一届三中全会以来,我国通过利用外资、引进技术,纺织服装产业迅速崛起,不仅有效地解决了国内需求,而且出口贸易蓬勃发展。2016 年我国纺织服装出口贸易总额达到 2672.5 亿美元,约占世界纺织服装贸易总额的 38%,连续 22 年保持世界最大生产国、出口国地位。虽然我国已跃升纺织服装大国之列,但还不是强国,其根源之一就在于自主品牌缺失,这与我国世界第二大经济体、最大出口国的地位极不相称。

2005 年国家商务部提出要加快培育自主品牌,转变外贸发展方式。迄今十余年来,我国调整纺织服装出口增长方式,促进纺织服装对外贸易转型升级取得了可喜的成绩,但在纺织服装自主品牌国际化方面,仍处于发展不充分、不平衡的状态。当前我国已经进入实现中华民族伟大复兴的新时代,纺织服装工业迈向"纺织强国"新征程,亟待通过自主品牌国际化,创造国际竞争新优势,实现纺织服装由"中国制造"向"中国创造"的伟大跨越。

武汉纺织大学是目前全国唯一以"纺织"命名的大学,围绕"现代纺织、大纺织、超纺织"特色办学理念,在人才培养、科学研究、社会服务、文化传承与创新和国际交流合作等方面取得了长足进步。今天我又欣喜地看到谢少安教授及其团队的《中国纺织服装自主品牌国际化》专著付梓,这既顺应了纺织服装产业国际化、价值全球化的发展趋势,又符合我国对外贸易转型升级、纺织服装出口供给侧改革的根本要求。全书对纺织服装自主品牌国际化进行了系统研究,凝聚了项目团队的集体智慧,体现了敢为人先的创新精神、展示了严谨求实的学术风范。全书立意新颖、视角广阔、结构严谨、内容丰富,聚焦问题精准到位、对策建议合理可行,充分体现了系统性、创新性、实证性和实用性的特点。

1

　　不忘初心，牢记使命。我很高兴为本书作序，并希望本书的出版能够引起社会各界对我国纺织服装自主品牌国际化的广泛关注，推动该领域理论研究和实践探索，戮力同心、携手并进，为实现中国纺织服装的强国梦作出新的、更大的贡献！

彭育园

武汉纺织大学校长、教授

2017 年 9 月 10 日

前　　言

一流企业卖品牌，二流企业卖技术，三流企业卖产品。

自主品牌不仅是企业开拓市场、占领市场的最强有力的武器之一，还是衡量国家国际竞争力的重要指标之一。我国纺织服装不仅是传统的支柱产业，也是科技和时尚融合的产业，在美化人民生活、增强文化自信、建设生态文明、带动相关产业发展、拉动内需增长、促进社会和谐等方面发挥着重要作用。改革开放以来，我国纺织服装出口规模稳定增长，结构调整不断深化，国际竞争优势明显提升，在全球纺织服装产业中地位进一步巩固。"十三五"时期是我国全面建成小康社会的决胜阶段，也是建成纺织强国的冲刺阶段。为了全面贯彻党的十八大、十九大的精神，牢固树立并贯彻创新、协调、绿色、开放、共享的发展理念，落实《中国制造2025》的战略部署，中国纺织工业发展规划（2016－2020）明确了初步建成纺织服装强国的发展目标，要求到"十三五"末，纺织服装产品质量进一步提高，国际标准转化率提高10个百分点；纺织服装品牌培育管理体系进一步完善，品牌人才队伍逐步壮大，品牌服务水平显著提升，品牌国际运营能力明显增强，形成一批市场认可度高、美誉度好的知名品牌。

本书是教育部人文社会科学研究规划基金项目——我国纺织服装自主品牌国际化的发展研究（项目批准号：13YJA630108）的最终研究成果，意在抛砖引玉，引起更多的专家、学者、纺织服装经营管理者以及社会各界人士对我国纺织服装品牌国际化的关心与支持，促进我国纺织服装出口供给侧的改革，更好地满足人们对美好生活的追求与向往，实现纺织服装产品出口向品牌营销的转变，实现纺织服装"贸易大国"向"贸易强国"的转变，实现纺织服装"中国制造"向"中国创造"的转变。

本书出版是团队智慧的结晶。全书由谢少安负责策划和总纂，理论篇和对策篇由谢少安完成，背景篇、启示篇、探索篇分别由范学谦、汪生金、瞿翔完成，团队成员周俊、陈万卷、柯宗俊、邓民生等参与了大量的项目调研和资料收集工作。本书出版之际，特别要感谢武汉纺织大学校长彭育园教授欣然为本书作序，特别要感谢中国商务出版社总编辑钱建初、副编审赵桂茹的大力支持和热情帮助。

织梦成帆，筑梦远航。由于市场变化太快，又因时间和水平所限，书中的疏漏差错在所难免，敬请各位专家、学者、读者不吝赐教，予以批评指正，希望本书的出版能够引起人们对我国纺织服装自主品牌国际化进一步地理论研究和实践探索，同心协力推进中国纺织服装自主品牌国际化进程！

谢少安

2017 年 9 月 15 日

目　　录

1. 理 论 篇

　　18世纪蒸汽机的出现促进了英国纺织业、纺织品贸易的发展，也带动了世界纺织业、纺织品贸易的快速发展。同时，纺织品贸易的理论研究也呈如火如荼之势，先后产生古典贸易理论、新古典贸易理论、新贸易理论、经济周期理论、雁行理论。古典贸易理论代表人物是亚当·斯密和李嘉图，亚当·斯密（1776）创立了"绝对优势"国际分工理论，大卫·李嘉图（1817）创立了"比较优势"国际分工理论。新古典贸易理论的代表人物是赫克歇尔、俄林，赫克歇尔和俄林（1919）提出了要素禀赋理论，其核心思想是要素禀赋存在差异是比较优势的根本原因，认为各国自然资源禀赋丰缺程度不同，生产同一单位纺织品会形成一定的价格差异，这种价格差就是比较利益存在的贸易基础。各国应出口要素禀赋丰富的产品，进口要素禀赋稀缺的产品，主张劳动资源丰富的国家出口劳动密集型产品，进口资本密集型产品；资本资源丰富的国家出口资本密集型产品，进口劳动密集型产品。根据要素禀赋说，作为发展中国家，在一定时期内要发展资源密集型产品、劳动密集型产品出口，而发达国家则要集中发展技术密集型产品、资本密集型产品出口。新古典贸易理论代表人物主要有里昂惕夫、舒尔茨、弗龙等。里昂惕夫（1953）提出"里昂惕夫之谜"，舒尔茨和贝克尔（1960）提出人力资本理论，波斯纳（1961）提出技术差距理论，弗龙（1966）提出国际产品生命周期理论。创新理论的代表人物是出身于织布厂主家庭的熊彼特，熊彼特（1912）认为创新就是建立一种新的生产函数，把一种从来没有过的关于生产要素和生产条件的新组合引入生产体系，并形成经济周期。雁行理论的代表人物是赤松，赤松（1935）也通过研究纺织品贸易提出了"雁行理论"，主张产业发展要不断进行结构升级和创新发展方式。

　　纺织服装贸易是国际市场上最引人注目、最为敏感的商品类别之一。经济学对纺织服装贸易研究由来已久，并产生了很多研究成果。本书因研究课题的需要，则从管理学的角度进行理论研究，并着重从品牌理论和全球价值链理论的角度研究纺织服装贸易。

1.1 自主品牌理论

党的十八大以来，党中央、国务院高度重视自主创新和自主品牌建设。2014 年 5 月 10 日，习近平总书记在河南考察时强调，要努力实现"三个转变"，即中国制造向中国创造转变，中国速度向中国质量转变，中国产品向中国品牌转变，鼓励企业要加强自主创新、自主知识产权、具有国际竞争力的知名品牌的培育。2015 年两会期间，李克强总理在《政府工作报告》中提出了"中国制造 2025"计划，全面开启了中国制造由大变强之路，吹响了由"中国制造"向"中国创造"转型、由"世界工厂"向"品牌中国"升级的冲锋号。

1.1.1 品牌

众所周知，一流企业卖品牌、二流企业卖技术、三流企业卖产品。品牌在现代企业经营中具有十分重要的战略地位，因为，品牌是识别商品的分辨器，是商品质量和信誉的保证，也是超越产品生命周期的无形资产，更是适应竞争、赢得优势的利器。

（1）品牌的定义

品牌俗称"牌子"，英文单词 Brand，源出古挪威文 Brandr，意思是"打上烙印"，最初人们在马、牛、羊身上"烙印"，以区分不同所有者，后来到了中世纪，欧洲的手工匠人在自己的手工艺品上烙下标记，以便顾客识别产品的生产者和产地，这就是最早的品牌。16 世纪早期，蒸馏威士忌酒的生产商将威士忌装酒木桶烙上生产者名字，到了 1835 年，苏格兰的酿酒者开始使用了"Old Smuggler"这一品牌，以区别于其他的酿酒者。美国宝洁公司（P&G）的麦克尔·罗伊在 1931 年提出设立品牌经理，其后实业界愈发重视品牌建设，品牌日益成为提升企业核心竞争力的法宝。企业品牌建设的需求带来了品牌理论研究的繁荣。品牌理论研究与发展经历了一个相对长期的过程，流派纷呈，出现很多不同的品牌说辞和定义，莫衷一是，但根据品牌一词在使用时具体语言环境的差异，大体上可分为三类：品牌传统观、品牌现代观和品牌未来观。

①品牌传统观

品牌传统观念就是品牌服务理念的认知，强调品牌是用名称、术语、标记、符号、图案，或上述要素的组合，其目的是要使自己的产品或服务有别于其他竞争者。从本质上说，品牌是销售者向购买者长期提供的一组特定的外部特征、内在利益的服务承诺和质量保证，让顾客得到满意的服务。其具体定义也大同小异，相应地区分为两种观点。一是符号论，美国市场营销协会（AMA）定义委员会、美国管理协会等强调品牌的识别功能，认为品牌是指组织及其提供的产品或服务的有形和无形的综合表现，其目的是借以辨认组织产品或服务，并使之同竞争对手的产品或服务区别开来。二是关系论，Rosser Reeves（1952）、Al Ries（1972）等认为品牌是消费者与产品的关系，消费者才是品牌的最后拥有者，品牌是消费者经验的总和，品牌是一种复杂的关系符号，它包含了产品、消费者与企业三者之间的关系总和。

②品牌的现代观

品牌现代观就是品牌资产价值的认识。其认为品牌是一种资源，是一种超越生产、商品及所有有形资产以外的无形资产，可以预期未来的进账远超过推出具有竞争力的其他品牌的价值和利益。其具体定义也大同小异，相应地区分为两种观点。一是资源论，大卫·阿克（1991）、凯文·莱恩·凯勒（1993）强调品牌的价值功能，认为品牌是企业的无形资产的总和和浓缩，而"这一浓缩"又可以用特定的名称、术语、标记、符号、图案去标记和识别。二是个性论，Gardne（1955）、Aaker（1997）等认为品牌个性就是品牌形象，就是品牌所创造的自然和生活的特质，也就是消费者所感知的品牌所体现出来的与众不同的个性特征。

③品牌的未来观

品牌的未来观从发展的视角，提出了品牌的定义，认为品牌凭其知名度、美誉度、认可度和巨大的资产价值效应，因而具有延伸功能。合理而有效的品牌延伸战略，已成为企业适应竞争、赢得竞争的重要法宝，已成为企业营销成功的先决条件。一是人性论，杰克·特劳特（1969）、菲利普·科特勒（1970）认为品牌是指企业在市场定位和产品定位的基础上，对特定的品牌在文化取向及个性差异上的商业性决策；品牌是商品在消费者心目中的特殊位置。Lynn B. Upshaw（1999）认为品牌是商家与消费者沟通的桥梁，品牌是与消费者达成交易的基础，品牌一方面在引导社会消费，创造物质文明；另一方面又能带动社会文明，倡导健康向上的社会风尚，推动社会文明前进的力量。二是生态论，David A. Aaker（1998）明确提出了基于单个企业品牌系统的"品牌群"概念，Agnieszka Winkler（1999）提出了品牌生态的新概念，认为品牌是一个由品牌产品、品牌拥有企业与供应商、中间商、消费者、竞争者、金融机构、大众媒体、政府、社会公众、相关企业等所组成的人工生态系统。品牌的建设需要企业、政府、社会各界的共同努力。

需要指出的是，与品牌相联系又相区别的另一概念就是商标。商标是指商品生产者或经营者用文字、图案或文字和图案的组合所构成的一种标记。从国际保护工业产权协会（AIPPI）和各国《商标法》对商标的定义来看，品牌与商标的联系主要表现为有二。一是商标是品牌的一部分，商标是品牌中的标志和名称部分，它使消费者便于识别；二是品牌的法律保护是由商标的权利保障的。但品牌与商标又相区别，品牌不仅仅是一个区分的名称和符号，更需要赋予形象、个性、生命象征。商标也有注册商标和未注册商标之分，根据我国《商标法》第 3 条规定："经商标局核准注册的商标为注册商标，包括商品商标、服务商标和集体商标、证明商标；商标注册人享有商标专用权，受法律保护。"注册商标用©或"注册商标"表示。下面以注册商标为例，具体说明商标与品牌的区别（参见表 1—1）。

表 1—1　商标与品牌的区别简表

内容	商标	品牌
概念类别	知识产权概念、法律概念	市场概念、经济概念
概念内涵	产品名称、产品标识	产品名称、产品标识，还有文化、形象
取得方式	注册取得、受让取得、转移取得	企业自定、市场认可
存在方式	国家商标局数据库	消费者和公众的心目中
消亡方式	到期消亡、核准消亡、撤销消亡	市场自生自灭
保护方式	受法律保护，受国际接轨法律保护	没有直接的法律保护
延伸方式	重新办理注册	自主延伸、没有限制

（2）品牌要素

要素是指构成事物必不可少的成分，是一个客观事物存在的必要的最小单位，是组成系统的基本单元。品牌要素就是指品牌构成的组成部分。关于品牌要素研究者众多，有三因素、四因素之说，也有五因素、六因素之论，还有八因素、十因素之分，这表面上看莫衷一是、分歧很大，事实上只是划分的标准粗细有别，其本质是一致的，主要包括有品牌的外在构成要素、内在构成要素。

①品牌的外在构成要素

品牌的外在构成要素是品牌显性的、外在的、给人带来感觉冲击的标志性内容，包括品牌名称、品牌标志、品牌广告等。品牌名称是品牌中可以用语言称呼的部分，是品牌构成的第一要素，它往往概括性地反映了产品的核心内容，好的品牌名称应该简洁明了、朗朗上口、好念、好记，对产品属性、优点进行精准定位，便于消费者产生品牌联想，如三枪、三利、鲁泰、贵人鸟、报喜鸟等。品牌标志是一种"视觉语言"，是品牌中可以被认出、易于记忆但不能用言语称谓的部分，包括符号、图案或明显的色彩或字体，品牌标志应简洁明了、新颖独特，起到能够创造品牌认知、品牌联想和消费者的品牌偏好，进而影响品牌体现的质量与顾客的品牌忠诚度的作用。如耐克的徽标是象征着希腊胜利女神翅膀的羽毛，图案是个对钩（参见图1-1），造型简洁有力，代表着速度，同时也代表着动感和轻柔。香奈儿的徽标就是一正一反的两个C叠加的形状，是创始人Coco Chanel名字中的两个C的缩写（参见图1-2），代表时装永远有着高雅、简洁、精美的风格。李宁牌的标徽标是由汉语LI NING的第一个大写字母L和N元素设计，变形构成生动、美观的造型，富有活力和动感，代表了热情律动的旋律、青春燃烧的火炬、神采飞扬的红旗（参见图1-3）。品牌广告是以树立品牌形象、提高品牌的市场占有率为直接目的，通过大众媒体、分众媒体传递品牌信息，突出传播品牌在消费者心目中确定的位置的一种方法，如耐克的经典广告语是just do it（就这么干吧，想做就做），香奈儿的经典广告语是Fashion passes，style remains（时尚会过去，但风格永存）。李宁的经典广告语是Anything is possible（一切皆有可能）。

图1-1　耐克徽标　　　　图1-2　香奈儿徽标　　　　图1-3　李宁牌徽标

②品牌的内在构成要素

品牌的内在构成要素就是品牌的内涵，这种因素不会被消费者直接感知，但在品牌形成与传播的过程中逐步形成与品牌息息相关的意义内涵。品牌的内在构成要素包括品牌文化、品牌定位和品牌体验等。品牌文化是指品牌在经营中逐渐形成的文化积淀，它代表着品牌自身价值观、经营理念，是品牌的人格化的一种文化现象，是品牌的核心要素。品牌定位是指在市场细分的基础上，为某个特定品牌确定一个适当的市场位置，使商品在消费者的心中占据一个特殊的位置。品牌体验是顾客对品牌的具体认知、购买、使用的经历和信任、满意与否的感受。

（3）品牌分类

品牌是识别商品的分辨器，品牌也是质量和信誉的保证，品牌是产品或企业核心价值的体现，品牌是企业的无形资产，是企业的"摇钱树"。因此，为了更好地树立品牌形象、发挥品牌效应，就有必要进行品牌分类。品牌分类的意义就在于有利于品牌的市场区隔，有利于品牌的市场营销，有利于品牌的有效传播，从而实现品牌的价值效用。常用的品牌分类标准有如下六种。

①根据所有者经营划分

根据品牌所有者产品生产经营的所属环节不同，可以将品牌分为制造商品牌和经营商品牌。制造商品牌是指制造商为自己生产制造的产品设计的品牌。如香奈儿、普拉达、真维斯、班尼路、罗蒙、劲霸、报喜鸟、太平鸟等都是制造商品牌。经销商品牌是经销商根据自身的需求，对市场的了解，结合企业发展需要创立的品牌，如 GAP 是世界上最大的服装零售商，是美国最大的服装公司之一，拥有 GAP、Old Navy、Gapkid 系列品牌。沃尔玛是世界上最大的商业零售企业，其拥有 Simply Basic、Penmans、725 Original 等纺织服装类的自有品牌。

②根据知名度的辐射区域划分

根据品牌的知名度和辐射区域划分，可以将品牌分为地区品牌、国内品牌、国际品牌。

地区品牌是指在一个较小的区域之内生产销售的品牌，例如，汉派服装是国内的二线品牌，是一个拥有太和、红人、元田、顺泰、莱茨、卡布瑞拉、蔻玲、语燕、彩迅、娅格、卓玛诗等众多地区品牌的品牌群。国内品牌是指国内知名度较高，产品辐射全国，全国销售的产品。如杉杉、红豆、利郎、李宁、雅戈尔、波司登、恒源祥、九牧王、鄂尔多斯、海澜之家等。国际品牌是指在国际市场上知名度、美誉度较高，产品辐射全球的品牌，如 ZARA、NIKE、GUCCI、宝姿、迪奥、阿玛尼、优衣库、皮尔卡丹、华伦天奴等。

③根据来源划分

根据品牌的来源可以将品牌分为自有品牌、外来品牌。自有品牌是企业自己创立的品牌，如郑永刚1989年创立的杉杉品牌。外来品牌是指企业通过特许经营、兼并、收购或其他形式而取得的品牌。如杉杉集团通过与日本伊藤忠、大东纺织、意大利法拉奥、法国高级时装公司、克里斯汀·拉夸、美国杜邦、卡拉威等国际一流公司和组织的合作，具有法涵诗男装、玛珂·爱萨尼、万星威、Le coq、莎喜、纪诺思、萨法思迪、法涵诗女装、菲荷女装、卡莎迪娅、菲莱、梵尚、意丹奴休闲、贝儿森、小杉哥童装、马基宝、麦斯其莱、玫瑰黛薇等外来品牌。

④根据产品市场划分

根据品牌产品是面向国内市场还是国际市场，可以将品牌划分为内销品牌和外销品牌。内销品牌就是在国内销售的品牌，外销品牌就是销往国际市场所用品牌。需要注意的是，由于世界各国在法律、文化、科技等宏观环境不同，内销品牌和外销品牌存在巨大差异。如波司登集团在国内销售羽绒服用波司登、雪中飞，在国内销售幼童的男装、运动装、休闲装则用康博、冰洁、冰飞等品牌；波司登在国际市场上用BOSIDENG作为外销品牌。

⑤根据所属行业划分

根据品牌所属行业不同，可将品牌划分为家电业品牌，汽车机械业品牌、纺织服装业品牌等。行业是指从事国民经济中同性质的经营单位，行业还可以细分。例如，纺织服装品牌还可分为纺织品品牌和服装品牌。纺织品品牌还可根据用途，进一步细分为家用纺织品品牌。工业用纺织品品牌、医用纺织品品牌；服装品牌一般根据性别分为三类：男装品牌，女装品牌，中性服装品牌，还可以根据面料、用途、制作工艺、穿着位置、穿着组合的不同等进一步细分。

⑥根据品牌知识产权的归属划分

根据品牌知识产权的归属将品牌划分为自主品牌和他主品牌。自主品牌是知识产权产权自我拥有、自我控制，经济利益自主支配、自我决策的品牌。自主品牌可以从企业品牌、区域品牌和国家形象品牌三个层面理解和创建。他主品牌就是别的国家、企业自主开发，拥有自主知识产权的品牌。就我国的纺织服装出口而言，只有波司登、李宁等少数纺织服装企业出口用自主品牌，只有不到出口总额10%的产品用自主品牌，绝大多数纺织服装出口利用他主品牌，作 OEM 出口。

（4）品牌决策

品牌决策就是关于企业是否要使用品牌以及如何运作品牌的选择方案与策略。具体来讲有五个步骤：一是品牌化决策，就是关于企业是否使用品牌进行营销的决策，做出使用品牌和不用品牌的选择。品牌经营越来越得到企业高度重视，时至今日，已经很少有产品不使用品牌。二是品牌归属决策，就是使用谁的品牌，做出用制造商品牌还是用中间商品牌的选择。三是品牌类别决策，无论是用制造商品牌，还是中间商品牌，都要进行单一品牌还是多品牌的选择，也就是要进行个别品牌、分类品牌，还是统一品牌的选择。四是品牌战略决策，也就是如何利用品牌，做出就借用品牌还是创新品牌、维护品牌、整合品牌、延伸品牌的选择。五是品牌再定位决策，有再定位和不再定位两种选择，不再定位品牌继续使用，还是重新调整的选择（参见图 1—4）。

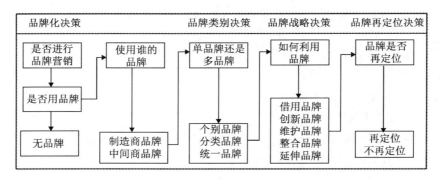

图 1—4　品牌决策流程图

1.1.2　自主品牌

为了全面推进我国服装、家纺自主品牌建设，2009 年 9 月 26 日，国家工信部、发改委、财政部、商务部等七部门联合印发了《关于加快推进服装家纺自主品牌建设的指导意见》，明确提出要大力培育发展一批以自主创新为核心、以知名品牌为标志、具有较强竞争优势的服装家纺企业，服装、家纺自主品牌市场占有率显著提高，形成若干个具有国际影响力的服装、家纺自主品牌的总体目标。《2015 年中国纺织服装行业年度品牌发展报告》显示，目前活跃在国内市场的服装家纺品牌约 3500 个、全行业拥有"中国驰名商标"300 多个。

（1）自主品牌定义

自主品牌英文是 Self－owned Brand，意思是自己拥有的品牌。关于自主品牌目前没有统一的定义，随着社会各界对自主品牌的高度重视，企业和学者也从不同角度理解自主品牌的概念，下面主要从三个视角来阐释自主品牌的内涵。

①知识产权视角

知识产权是指人类智力劳动产生的智力劳动成果所有权，包括专利权、商标专用权等。如谢琼（2005），李光斗（2008），杜钰洲（2010），王永军（2012），张莉（2014），白彦壮、张春情（2016）等认为，自主品牌是指由企业自主开发、拥有自主知识产权的品牌。换言之，自主品牌是指在拥有自主知识产权的前提下，通过自主研发，在消费者心目中形成独有的特征，并能有效促进消费者购买其产品，乃至产生品牌忠诚的名称、符号、形象或设计。知识产权视角的自主品牌，强调自主地研发和掌握核心技术，强调具有自主知识产权，有能力决定和主导品牌的未来走向，主张自主知识产权的核心技术是企业竞争力中最根本、最关键的竞争力。

②品牌所有权视角

品牌所有权就是依法对品牌财产享有占有、使用、收益和处分的权利。自主品牌不一定是完全自主研发核心技术，但一定是拥有品牌所有权。自主研发是获得自主品牌的重要途径，但不是唯一途径。如汪涛、曹子夏（2006），王子先（2008），张燕生、王海峰（2010）、蒋廉雄、周懿瑾（2012），韩中和（2014），刘欣（2016）等认为，自主品牌是指企业自主进行产品生产和销售，并拥有所有权的品牌。品牌所有权视角自主品牌强调品牌的产权自我拥有、自我控制，强调品牌的收益自主支配、自主决策，主张自我拥有、自我控制不一定要完全自我研发，它可以是原始的自创品牌，也可以是购并其他公司的外来品牌，还可以是合资控股品牌，其品牌影响力大小，可用市场保有量、生产研发历史、行业地位三个因素来衡量。

③品牌原产地视角

品牌原产地在国际贸易中是指品牌所有权的地点，也就是品牌的"国籍"。桑百川、李玉梅（2005），石奇（2007），张京生、王生辉（2010），李杰、孙立本（2014）、杜悦英、高妍蕊（2016）等认为，自主品牌就是在参与国际分工和国际交换过程中，深受国际市场消费者所熟知、所喜爱、所使用的国产品牌、民族品牌。基于品牌原产地视角的自主品牌，强调国产品牌、民族品牌国际化经营，主张我国的纺织服装在国际市场上要敢于"亮剑"，变产品出口为品牌营销，"中国制造"为"中国创造"。

（2）自主品牌层级结构

自主品牌层级结构是包含三个层次，即企业品牌、区域品牌和国家品牌的独立体系，且也是这三个层次相互联系、相互支持的生态系统（参见图1—5）。也就是说，自主品牌不仅要从企业层面进行管理、创新、组织、文化等方面的建设，也要从参与国际分工构筑的集群品牌或区域品牌进行建设，而且还要从国家层面进行品牌建设。

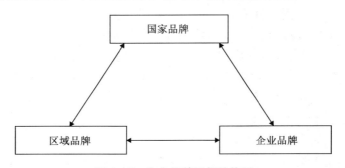

图1—5 自主品牌层级结构图

①企业品牌

企业品牌是指以企业名称为品牌名称的品牌，是企业传递其经营理念、企业文化、企业价值观念及对消费者的态度的标志、符号或其组合，也是顾客对企业产品、名称、价格、服务质量、财务状况、顾客忠诚度、知名度、满意度的感性和理性认知的总和。企业自主品牌就是具有知识产权的控制权和所有权的品牌。企业自主品牌包括企业产品品牌和企业品牌，有时候企业品牌和企业产品品牌是可以完全合二为一的。如前文提到的"耐克"既是企业品牌，又是产品品牌；企业品牌和产品品牌也可以分离，如"杉杉"，是企业品牌，而法涵诗、玛珂·爱萨尼、万星威、Le coq、莎喜、纪诺思、萨法思迪、菲荷、卡莎迪娅、菲莱、梵尚、意丹奴、贝儿森、小杉哥、马基宝、麦斯其莱、玫瑰黛薇等是"杉杉"产品品牌。众多的专家学者、企业家认为，企业的自主品牌应具备三个条件，一是要有知名的商标；二是产品要有专利支撑；三是要有较高的产值、利润、市场占有率和资本价值。同时，加强企业的品牌建设是内部发展动力和外部竞争压力使然，企业加强品牌建设有利于增加企业的凝聚力和核心竞争力，有利于增强企业的吸引力与辐射力，有利于提高企业美誉度与知名度，有利于推动企业发展和社会进步。这里有三点需要注意：一是外来品牌不是自主品牌，但企业可通过参股控股，把外来品牌变成自主品牌使用。二是自主品牌并非就是高端化的代名词，它也可以有一线、二线、三线多品牌。三是自主品牌要有自己独立的研发和销售及相关的团队，否则与市面上的杂牌就相差不远了。

②区域品牌

中国幅员辽阔，人口众多，区域自然、文化和消费习惯特色鲜明，形成了风格各异的区域品牌。区域自主品牌就是"集群区域品牌"的简称，是指一个地区区域特征和整体形象，一个地区产业特征和区域优势的品牌，其下还包括一系列子品牌，如产业与企业品牌集群品牌、区域文化品牌、名胜品牌和景观品牌等。从狭义概念来说，区域品牌特指某个地区的特色"产业集群"，它象征着该产业集群的历史与现状，是区域产业集群的代表；同时，区域品牌也是一个识别系统，这个识别系统是由区域地名和产业产品名称为核心构成的。以女装为例，20 世纪 80 年代末、90 年代初就出现了京派或北派的北京品牌、沪派或海派的上海品牌、南派或粤派的广东品牌、汉派的武汉品牌，构成了我国女装的四大产业集群和区域品牌，随后，又出现杭派的浙江品牌、苏派的江苏品牌、闽派的福建品牌，形成了京、海、粤、汉、杭、苏、闽、港（台）各呈异彩的中国女装八大流派和区域品牌。当然，这些流派和区域品牌的划分并无十分清晰的标准，如杭派服装，有的认为就是杭州及周边地区的生产的服装品牌，不包括宁波、温州，宁波、温州是独立的区域品牌，分别称"甬派"和"温派"，有的则认为杭派服装就是浙江服装，包括了"甬派"和"温派"服装。还有人将宁波服装划为"沪派"。无论怎样划分，都大体反映了大江南北各个地方的服装文化和消费取向（参见表 1-2）。

表 1-2　中国女装主要区域品牌简表

区域品牌	主要产地	主要特点	代表品牌
京派	北京、天津、河北、山东等	洒脱稳重	婷美、白领、靓诺、雷蒙、依文、顺美、玖而美、赛斯特
海派	上海	俏丽华贵	斯尔丽、日播、贝拉维拉、天恩、序言、艺元素、拉夏贝尔

区域品牌	主要产地	主要特点	代表品牌
粤派	广州、深圳、东莞等	简洁柔美	迪图、唯简、必然、玛泰迩、百图、安缇娜、城市俪人
杭派	杭州、宁波、温州等	婉约秀美	朝花夕拾、秋水伊人、千百惠、似水年华、欧维等
苏派	南京、苏州、常熟、江阴等	精致柔雅	伊曼、依迪菲、圣迪奥、圣可尼、艾玫丽、都市新娘、维格娜丝
闽派	福州、泉州、石狮、晋江等	自然洒脱	朵以、系恋、尚州、牧婆、卓雅、柏斯曼、茜蒙诗、洛丽帕
汉派	武汉	端庄大方	红人、雅琪、太和、猫人、元田、佐尔美、名典屋

③国家形象品牌

国家形象品牌是指一国该类所有产品在国民，特别是外国国民心目中的形象总汇，它主要包含产品因素、国家因素两大决定性因素，其中产品因素是最主要因素。其作用在于通过原产地形象作用机制，在国际市场上影响消费者对某一国家（地区）产品的看法和理解，进而对消费者的购买决策产生品牌效应影响。就服装而言，法国服装给人时尚浪漫的形象，意大利服装给人华丽典雅形象、美国服装给人洒脱自由的形象，遗憾的是，中国作为世界上最大的服装生产国、出口国，常常给国际留下"世界工厂""大路货""低档产品"的印象，受这一因素的影响，中国纺织服装出口长期处于"量大、价低、摩擦多、收益低"的不利局面。

企业自主品牌与区域自主品牌存在密切的互动关系。如果说企业品牌是一棵树，那么区域品牌就是整个森林，产业就是整个森林树木的主体。企业自主品牌和区域自主品牌是形成国家形象品牌的基石，反过来，国家品牌形象的提升，对企业自主品牌具有背书效应，国家品牌形象良好的公信力，有利于为企业创造良好的国际市场环境，有利于企业自主品牌的创建和成长，有利于企业自主品牌有效、快捷地打入国际市场。

（3）自主品牌的类型

后危机时代国际经济形势复杂多变，中国的纺织服装贸易面临前所未有的压力与挑战，出口遇到困局与瓶颈，因此要加快推进自主品牌建设，加快由 OEM 向 ODM、ODM 向 OBM、OEM 向 OBM 的转型升级，是有效应对国际金融危机的重要举措，是打破国际贸易保护主义的利器，也是实现由纺织大国向纺织强国迈进的必由之路。

①OEM

OEM 是英文 Original Equipment Manufacture 的缩写，意为"原始设备制造商"，是指本国生产厂家根据国外另一家厂商的委托，按照设计好的或确认的商品图样、规格、零件、半成品或成品的要求，为其进行生产加工，在产品上贴上委托方指定的品牌或商标的一种加工贸易方式。这种方式在我国俗称委托生产、贴牌生产、定牌生产、代工生产、协作加工、"三来加工"、贴牌、代工等。OEM 真的是贴牌吗？事实上，OEM 主体可分为委托方和受托方，站在委托方的角度是一种利用品牌优势在国际范围内进行资源优化，进行生产业务外包，进一步降低成本、扩大比较优势的一种普遍做法，也是产业内国际分工深入发展的必然产物。耐克拥有自主品牌，专注产品研发、技术革新和销售，没有一家工厂，运动服装、运动鞋的生产业务全部外包，通过 OEM 取得巨大成功，跻身世界 500 强，成为走进 MBA 课堂的自主品牌经典营销案例。站在受托方的角度，OEM 就是没有自主品牌的贴牌生产，中国纺织服装行业的"三来一补"业务，即来料加工、来样加工、来件装配及补偿贸易，大多是缺失品牌、缺失核心技术的 OEM 业务。中国自 1994 年开始就一直处于世界纺织服装出口第一大国的地位，但 40% 以上的服装出口为来料加工，40% 以上由进口国委托方提供商标、款式、纸样进行加工，也就是说 OEM 高达 90%，自主品牌服装出口约为 10%。

OEM 是国际分工和生产专业化大发展的产物，也是社会化大生产、大协作趋势下的必由之路。OEM 最早起源于欧美的服装行业，美国 20 世纪 50 年代就有 OEM，欧洲在 20 世纪 60 年代已建立有 OEM 性质的行业协会，1998 年 OEM 生产贸易额已达到 3500 亿欧元，占欧洲工业总产值的 14% 以上，OEM 生产已成为现代工业生产的重要组成部分。现在，世界上很多服装大品牌、奢侈品牌都在中国、东南亚、非洲或拉美国家开展 OEM 业务。据《环球奢侈品报告》，2009 年在服装领域，已经有 60% 的国际奢侈品品牌在中国进行 OEM 生产。其主要通过两种形式进行：一种是在中国生产成品；另一种是在中国完成大部分工序，在品牌国完成最后工序，而杭州、温州、深圳、东莞、青岛等地成为这些欧美奢侈品牌的集中代工厂。欧美奢侈品牌通过 OEM 获取了巨大利润。而中国企业通过 OEM 逐步提高了生产技术水平，掌握了国际先进的经营管理方法，也在学习自主品牌运作和管理的经验。

②ODM

ODM 是英文 Original Design Manufacture 的缩写，意为"原始设计制造商"，俗称"代工设计"或委托设计，是指本国生产厂家根据国外另一家厂商的委托，自行设计、开发、生产产品，样品或设计方案，通过买断或不买断的方式提供给拥有品牌的委托方进行部分修改或直接确认，然后批量生产的加工贸易方式。买断方式是国外委托方，也就是品牌拥有方，买断 ODM 厂商现成的，或单独要求 ODM 厂商为自己提供产品设计方案，买断具有排他性的独占权。不买断方式就是国外委托方，也就是品牌拥有方，不买断 ODM 厂商某型号产品的设计，允许 ODM 厂商通过外观改变，采取不买断的方式同时卖给其他品牌制造商。也就是说，不买断方式不具有排他独占权，允许两个或多个品牌共享一个设计。

在国际贸易过程中，ODM 是一种互利双方的贸易做法。对委托方而言，可以减少自己研制的时间，节省大量的设计成本，提高产品的国际竞争力。对承接这样业务的受委托方，通常被称为 ODM 厂商，通过 ODM 产品可以提高产品的创新设计能力，提高生产加工的工艺水平，提升在国际上的核心竞争力。

OEM 和 ODM 的区别主要有三点；一是名称不同，OEM 是原始设备制造商，ODM 是原始设计制造商。二是内容不同，OEM 是委托生产或代工生产，ODM 是委托设计或称代工设计。三是设计及知识产权不同，OEM 是委托方负责设计，知识产权归委托方，不得为第三方提供使用，ODM 是从设计到生产都是由 ODM 厂商自行完成，委托方在买断的情景下，知识产权转移给委托方所有，若在不买断的情景下，ODM 厂商还拥有该设计的知识产权，通过改变外观设计，可以用自有品牌使用，也可贴第三方的品牌使用。最后一条最为关键，有产品设计知识产权的是 ODM，没有产品设计知识产权的是 OEM，虽然二者都属加工贸易，但 ODM 较之 OEM 升级了一步。

③OBM

OBM 是英文 Original Brand Manufacturing 的缩写，意为原始品牌制造商，也叫代工厂经营自有品牌，或者说生产商自行创立产品品牌，就是制造商设计、生产、销售拥有自主品牌的产品。企业开展 OBM 经营需要有大量的人才、资金和市场支持，对企业的产品研发能力、生产能力、国际营销能力和品牌运行管理能力有很高的要求。这些条件常常使很多中小企业对此望而却步，敬而远之，也有些企业在做 OEM、ODM 的同时，也尝试进行 OBM 经营。但常常会与 OEM、ODM 客户有所冲突，通常为保证大客户利益，出现了 OBM，即 Open Book Management 管理模式，也叫公开账本管理模式，即账务公开、信息共享的管理模式。

OEM、ODM 与 OBM 既有联系，又有区别，就我国而言，OEM、ODM 是加工贸易的"打工学艺"，OBM 才是我国目前乃至今后转型升级的发展方向。也就是说，我国纺织服装企业不能不做 OEM，但不能满足于做 OEM，要逐步实现由 OEM 向 ODM 升级、由 ODM 向 OBM 的转型，要积极尝试 OBM，就是既做 OEM，又做 OBM。具体来说可分为三种基本情形，一是在国外做 OEM，在国内做 OBM，与国际服装品牌在本土竞争；二是在欧美发达国家做 OEM，在发展中国家做 OBM；三是在某国或某国的某一区域做 OBM，其他区域市场做 OEM。这种策略关键是"边打工边学习"，要尽量减少贴牌的比例，提升自主品牌的比重。

中国纺织服装企业不仅要积极尝试 OBM，还要借势开展 OBM，就是有条件就做 OBM，没有条件就在做 OEM 的同时借国际品牌开展 OBM。具体来讲企业大体上有三种选择。一是水平型的联合，主要依据是水平型国际分工理论，其特点是品牌间的特定目标群体或分众大体相同或有所重叠。国际著名服装企业品牌进行跨国合作，如杉杉与意大利法拉奥集团、日本伊藤忠商事会社等品牌联合运作，取得了双赢。二是垂直型的联合，主要依据是垂直型国际分工理论，其特点是产业链上的品牌间的联合。如"波司登—杜邦"，实现了世界上最大的面料生产商与国际规模最大羽绒生产品牌的"强强联合"。又如"李宁—莱卡"的联合，实现了优势互补。三是国际资本联合，通过资本运作，收购、兼并或参股、控股国际知名服装品牌企业，或"走出去"组建新的服装品牌企业，尔后向国内的企业下达贴牌订单，做反向 OEM。如杉杉出资收购美国服装企业威克公司的股份，实现了杉杉在美国市场和威克在中国市场销售的双赢。

（4）发展自主品牌的意义

经过改革开放 30 年的发展，中国已成为世界上最大的纺织服装生产国、消费国和出口国，但还不是贸易强国、品牌大国。加快自主品牌建设已经成为新时期事关经济社会发展的重要战略任务。党的十七大提出要"加快培育我国的跨国企业和国际知名品牌"，具有十分重要的意义。

①有利于提升企业国际竞争力和出口效益

纺织服装是我国传统的优势产业，在国际市场上具有劳动力成本的比较优势，但随着国内美元贬值、东南亚国家纺织贸易快速崛起，国内原料上涨、人员工资上涨，这种人口红利带来的比较优势在国际市场上正在衰减。近年来我国纺织服装出口增速放缓、波动较大、甚至出现负增长，出口效益正在下滑，就能印证这一判断。因此，我国的纺织服装企业。必须加强出口供给侧改革，亟待加强品牌国际营销，注重本土品牌、民族品牌的国际定位、注册、推广、延伸的培育，加快其自主品牌国际化的进程，避免低价竞争，避开"红海"作战，努力提高自主品牌的国际知名度、信誉度和忠诚度，实现纺织服装由"产品出口"向"品牌营销"转变。

②有利于转变行业出口模式和发展方式

纺织服装是劳动密集型产业，是吸收劳动就业最多的产业。我国作为发展中国家，长期以来，其出口贸易模式主要靠OEM，出口发展方式主要是"数量型增长"，出口市场主要依赖国外进口中间商，自主品牌严重缺失，由美国次级债引发全球金融危机以后，我国纺织服装出口一改两位数高速增长的态势，显示出低速增长或涨跌互见疲态，尽管2014年形成了2984.9亿美元的历史高峰，但好景不长，2015年减少了4.9％、2016年又减少了5.9％实现出口2672.5，比2014年减少了312亿美元，值得注意的是，出口增长乏力，连续两年的负增长，且有继续扩大的趋势、出口拐点出现端倪。在这种贸易新常态情境下，出口企业、行业协会、商会和政府，都必须有清醒认识。唯有发展自主品牌，才是转变行业出口模式和发展方式的正道，因此，企业要加强自主品牌国际化的建设，行业协会、商会要大力帮助企业加强品牌国际营销，政府要大力支持自主品牌国际化的生态系统建设，努力促进纺织服装出口由"OEM"向"OBM"的转变。

③有利于展示国家形象，减少贸易摩擦

纺织服装是国际市场最为敏感的商品之一，是我国需要调整和振兴的支柱产业。因此，纺织服装出口不仅仅是企业行为，还关乎国家形象。我国是世界上最大的纺织服装生产国、出口国，不仅在世界上没有一个知名品牌，而且，还成为国外"两反一保"的"重灾区"，尽管国际很多大牌、知名品牌都是"Made in China"，但中国纺织品、服装在国际市场上依然是"世界工厂"和"低端产品"的代名词，这与中国纺织服装的大国地位，与中国在世界纺织服装贸易约占 40％ 的比重极不相配。为此，大力发展自主品牌是提升产品竞争力和国家形象的重要指标，也是应对和减少国际贸易摩擦的重要利器。面对错综复杂的国际营销环境，我国应大力发展自主品牌国际营销，把劳动力、技术等要素的比较优势，发展为品牌优势，向世界展示"美丽中国"，促进纺织服装由"中国制造"向"中国创造"转变。

1.1.3 品牌全球化

世界正处在经济一体化、市场国际化时代的时代，企业面临日益激烈的竞争，国际化是一种潮流，是一种趋势。一个企业要做大、做强品牌，构建自己主导的全球价值链，必须积极推进企业的国际化，尤其是品牌的国际化，现在品牌国际化既是参与国际分工、国际交换的关键因素，又是适应国际竞争、赢得国际竞争的重要法宝。欧美发达国家的企业如此，其他发展中国家的企业也无例外。

（1）品牌国际化概念

WTO 在 1995 年用《国际纺织品与服装协定》（ATC）取代了《国际多种纤维协定》（MFA）。2005 年 1 月 1 日，世界纺织品、服装贸易全部取消配额，进入"后配额时代"。这对我国纺织服装产业而言，无疑是一个巨大的利好，有人比作是"我国纺织服装贸易春天来临"，欣喜的同时，也在开始谋划和推进品牌国际化、出口转型升级，商务部于 2005 年 1 月 26 日发布《2005—2006 年度商务部重点培育和发展的出口名牌名单》，共六大类产品 190 个品牌，其中纺织服装类 55 个品牌上榜。

①品牌国际化定义

品牌国际化研究者众多、但至今没有一个统一的定义。Wagman（2008），Kevin Lane Keller（2014），韦福祥（2001），宋永高（2003），谢小宇、徐奇梁（2011），胡左浩、陈曦（2013）、倪武凡、谢墨（2015）等从国际营销的角度认为，品牌国际化就是一国企业用相同的品牌名称、品牌标志进入另一国或多国进行品牌营销的活动过程，也就是同一品牌以相同的名称、相同的标志、相同的包装、相同的广告策略向不同的国家或地区进行市场延伸扩张的系列经营活动。Terpstara

（2000），Altaras（2008），郭涛（2001），谢付亮，朱亮（2007），张小岩（2011），刘红岩，周月容（2013），胥琳佳（2016）等从消费心理学角度认为，品牌国际化就是一国的品牌名称、品牌视觉（如品牌标志、颜色）、品牌声音（如广告语、音乐、歌曲）、品牌个性在国外国民、消费者认知、评价、联想、接受的发展过程。Markus（2004），David A. Aaker（2012），万力（2001），唐珺（2006），曾静（2011），王颖（2014），翁向东（2016）等从知识产权角度认为，品牌国际化就是企业把品牌作为无形资产，进行国际注册、推广、延伸的跨国经营活动。概括地说，品牌国际化就是品牌国际营销的经营活动过程，也就是培育国际品牌的系列活动过程。

②品牌国际化特征

品牌国际化是国际品牌的培育过程，国际品牌是品牌国际化的理想归宿。国际品牌称国际知名品牌或国际名牌，其定义没有统一的界定，但一般都认为国际品牌就是在国际市场高知名度、高美誉度，产品畅销世界各国的品牌。关于品牌国际化的特征一般认为应具有"六性"，即形象的独特性、文化的认同性、技术的创新性、产品的外销性、内外的一致性、市场的适应性。"六性"特征是从品牌的六个维度总结出来的。还有人认为国际品牌是品牌国际化的发展方向，国际品牌的特征也可视同于品牌国际化的特征。

闻名世界的营销学专家 John Quelch（2013）提出，国际品牌必须具有七大特征：在国内市场具有强势地位；国内外有相同的品牌名称；品牌国内外定位一致；在全球满足消费者相似需求；产品专业化发展；在国际上有较高的知名度和信誉度；在世界各地有均衡的外销表现。我国学者王分棉（2011），韩中和（2014）等认为国际品牌特点有四，一是全球销售 10 亿美元以上；二是外销产品占总销售额的 1/3 以上；三是在国外有研发、生产、销售"三位一体"的经营体制；四是在海外上市。世界上有一些权威认证机构也从不同的维度对国际品牌的甄选与评选提出标准。AC 尼尔森（2001）认为，国际品牌至少有 5％销售额来自国外，全球销售额达到 10 亿美元以上，主要市场在欧美和亚非拉。Interbrand 根据每年外销规模、国际化程度、品牌知名度、领导力等七大指标，推出"世界最具品牌价值 100 强"。世界品牌实验室则根据每年市场占有率、品牌忠诚度、全球领导力三大品牌影响力指标，评选出"世界品牌 500 强"。

（2）品牌国际化模型

模型是对研究对象、客观事物抽象性的表达形式。品牌国际化模型意在揭示品牌国际化发展的因素、路径、策略及其基本规律。品牌国际化模型有很多，下面主要介绍三种模型。

①品牌国际化两阶段模型

内向国际化和外向国际化不仅是品牌国际化类型划分，也是企业品牌国际化的简单阶段、步骤划分。鲁桐、李明朝（2003）对112家企业进行品牌国际化的实证研究后认为，内向国际化和外向国际化贯穿企业国际化的整个过程，是一个企业模仿、内化、追赶国际标杆企业的品牌发展过程。内向国际化是品牌国际化的基础阶段，意在提高产能、技术、质量、品位、管理水平和国际竞争力。外向国际化是品牌国际化的高级阶段，它主要通过贴牌生产、产品外销，在国外建立办事处、专卖店、研发中心、出口子公司等形式，意在全面提升产品质量、改善工艺流程、树立品牌形象、扩大品牌知名度和信誉度、提高品牌的国际影响力（参见表1-3）。我国纺织服装企业通过内向国际化，企业实力、品牌价值都在提升，很多企业还停留在这一阶段，也有些企业从这一阶段向外向国际化进发，但国际化程度不高。

表1-3　企业品牌国际化的两阶段模型

	内向国际化	外向国际化
路径	引进国外技术、引进国外品牌、引进国外直接投资、特许经营	贴牌生产，产品外销、国外建立办事处、专卖店、研发中心、出口子公司等
功能	提高产能、提高技术、提高质量、提高品位、提高管理水平、提高国际竞争力	全面提升产品质量、改善工艺流程、树立品牌形象、扩大品牌知名度和信誉度、提高品牌的国际影响力

②品牌国际化四阶段模型

美国普哈拉教授（2004）将国际化分为四个阶段，第一阶段是企业在国内运作、然后向其他国家出口；第二阶段在国外设立分公司，开展跨国经营；第三阶段是部分业务转移到他国作业；第四阶段是资源、市场全球布局。根据我国企业的实际，郑明松（2005），孙晓强、苏勇（2007），岳劲（2010），王莉（2013），刘昕（2015）等认为，我国企业品牌国际化的发展大体可以分为预国际化、初期国际化、品牌国际化、品牌本土化四个阶段（参见表1—4），每个阶段的目标和路径是不同的。这四个阶段的企业分别属于内向型企业、外向型企业、跨国企业、大型跨国企业。预国际化阶段主要通过引进技术、利用外资、OEM、特许经营等方法，以实现进入品牌国内第一方阵的目的。初期国际化阶段主要运用OEM、ODM、间接出口、直接出口、特许经营等路径，以期达到提升国内外知名度，扩大向发达国家市场出口的目的。品牌国际化阶段主要通过OBM、产品出口、建国外研发基地、建国外生产基地、建国外分销网络等路径，实现品牌设计、生产、市场、资源、技术、人才国际化的目的。品牌全球化主要通过OBM、FDI，构建全球价值链、品牌保护和延伸、特许连锁经营等路径，实现成为国际知名品牌、强势品牌的目的。我国的纺织服装企业目前大多处于预国际化阶段和初期国际化阶段，少数企业开始"走出去"，正处于由初期国际化向品牌国际化转型升级的进程之中。

表1—4　企业品牌国际化的四阶段模型

阶段	预国际化	初期国际化	品牌国际化	品牌全球化
目标	实施进入国内品牌第一方阵战略	提升国内外知名度，扩大向发达国家市场出口	品牌设计、生产、市场、资源、技术、人才国际化	力争成为世界知名品牌、强势品牌
路径	引进技术利用外资、OEM、特许经营	OEM、ODM、间接出口、直接出口、特许经营	OBM、产品出口、建国外研发基地、建国外生产基地、建国外分销网络	OBM、FDI，构建全球价值链、品牌保护和延伸、特许连锁经营

③品牌国际化五阶段模型

任何企业品牌与产品品牌的建设都是遵循从无到有、由小到大的、渐进的发展过程。陈放（2005）、郭燕（2009），杨卫东（2012）、夏春玲、刘霞玲（2014），周筠（2015）等，从品牌知名度和品牌发展进程两个维度，认为品牌成长大体可分为地方性品牌、区域性品牌、全国性品牌、国际性品牌和全球性品牌五个阶段（参见图1—6）。地方性品牌就是在一县市或一省有一定知名度且产品畅销的品牌。区域性品牌就是在一省（市）或多省（市）有知名度且产品畅销的品牌。全国性品牌就是在全国各省、市、自治区有知名度且产品畅销的品牌。国际性品牌就是在两国或多国有知名度且产品畅销的品牌。全球性品牌就是在世界各国有知名度且产品畅销的品牌。随着品牌的知名度的提高，品牌作为无形资产的价值也在提高。

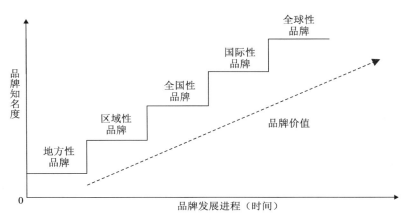

图1－6　品牌成长五阶段模型

1.2　全球价值链理论

英国管理专家马丁·克里斯托弗（Martin Christopher）在 1992 年曾经指出，21 世纪的竞争不再是企业和企业之间的竞争，而是供应链与供应链之间的竞争，现在很多人认同这一观点，认为企业竞争不能单纯考虑自身的成本和利益，还应着眼于价值链与价值链之间的竞争。供应链、价值链都统一于企业的经营活动中，供应链是价值链的外在形式，价值链是供应链的是本质内容。就国际贸易而言，国际竞争不再是企业与企业、国家与国家之间的竞争，而是全球价值链之间的竞争。

1.2.1　价值链

企业经营要以提高经济效益为中心，企业要在国家产业政策指导下，按照市场法则，通过创造价值的活动向社会提供有效的产品和服务，在满足人民日益增长的物质文化生活需要的同时实现价值。因此、研究价值链理论指导价值创造实践非常必要。

（1）价值链概念

价值链在经济活动中无处不在，上下游关联的企业与企业之间存在行业价值链，企业内部各业务单元的联系构成了企业的价值链。价值链上的每一项价值活动都会对企业最终能够实现多大的价值造成影响。

21

一旦价值链形成，不仅有利于价值增值，而且还有利于确定竞争优势。

①价值链定义

价值链（Value Chain）是美国哈佛大学商学院教授迈克尔·波特（Michael Porter）在 1985 年出版的《竞争优势》一书中提出的概念。他认为"价值链就是企业互不相同、又相互关联的设计、技术、生产、销售、物流等一系列生产经营活动构成的一个创造价值的、动态的集合体"。价值链是用来详细描述企业运行各个环节的增值功能和活动先后发生顺序的分析模型。价值链中的每一个环节都为产品或服务增加价值，为实现同一个目标而努力，各环节不是相互竞争而是相互合作、相互支持，链中的每一个环节都可能拥有自己潜在的价值链，而且任何一个单独环节都可以同前面或后面的环节联合以便创造更多价值，一条价值链有很多环节，不同的企业类型、不同的产业领域、不同的企业生命周期阶段，价值链的环节也不尽相同，但基本上可概括分为基本活动和辅助活动两类（参见图 1-7）。

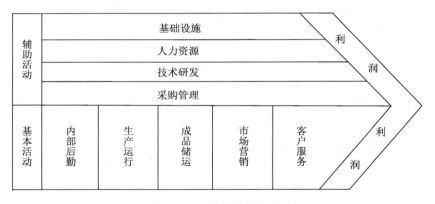

图 1-7　企业价值链构成图

②价值链构成

价值链的基本活动就是企业的基本增值活动，即一般意义上的"生产经营环节"活动，主要包括内部后勤、生产运行、成品储运、市场营销和客户服务，这些活动都与商品实体的加工、流转直接相关。内部后勤是指与接收、存储和分配物料相关联的各种活动，主要包括原料、原材料、零部件等生产性物料的搬运、仓储、库存控制、车辆调度等工作内容。生产运行是指与将投入转化为最终产品形式相关的各种活动，主要包括产品开发、机械加工、包装、组装、设备维护、检测等工作内容。成品储运是指产品集中、存储、运输、配送到买方等各种活动，主要包括产成品库存管理、成品搬运、成品库存、成品发货、送货车辆调度等工作内容。市场营销是指与提供买方购买产品的方式和引导它们进行购买相关的各种活动，主要包括广告、促销、人员推销、渠道建设、公共关系等工作内容。客户服务是指与加强客户资源管理（CRM）相关的售前服务、售中服务、售后服务的各种活动，主要包括产品宣传、培训咨询、安装、维修、零部件供应、退货管理、投诉等工作内容。

价值链辅助活动是企业基本增值活动的支持性活动，主要包括采购管理、技术开发、人力资源管理和基础设施等。采购管理是指购买用于企业价值链各种投入的活动，主要包括生产原料的购买，也包括辅助活动的工程招标、设备订货的购买，还包括物料进货流程、供应商管理等工作内容。技术研发是指每项价值活动都包含着技术成分，无论是技术诀窍、程序，还是在工艺设备中所体现出来的技术，主要包括技术革新、设备升级、工艺改进、产品研发等工作内容。人力资源是指发挥、激励员工创造价值的各种活动，主要包括岗位设计、招聘、培训、开发、绩效考核、薪酬、奖励等工作内容。需要指出的是人力资源管理不仅是支持性的辅助活动，而且对整个价值链都具有支撑作用，因为人的劳动创造价值。基础设施是支持企业开展生产经营活动的、基础性的"硬件"和"软件"，"硬件"主要包括服务增值生产活动的厂房、机器设备、车辆等，这是生产增值的必要条件。"软件"是指服务于生产增值活动的管理模式、财务制度等，这也是生产增值的重要基础。

（2）价值链相关关系

任何理论和概念都不是孤立存在的。价值链的理论研究和实践探索与很多经济学、管理学、物流学、营销学的概念相关，因为研究课题的需要，这里着重探索价值链与供应链、产业链之间的关系。

①与供应链的关系

价值链与产业链是既相关又不同的两个概念。供应链（Supply Chain）就是在生产和流通过程中，涉及将产品或服务提供给最终用户活动的上游与下游企业所形成的网络结构，也就是由供应商、制造商、仓库、配送中心和渠道商等构成的、无缝连接的、一体化的网链结构。20世纪90年代以后，人们对供应链的理解又发生了新的变化，原来被排斥在供应链之外的最终用户、消费者的地位得到了前所未有的重视，从而被纳入了供应链的范围。供应链是一个包括物料获取、物料加工、并将成品送到用户手中的系列过程，这一过程不仅包括信息链、物流链和资金链，而且还是一条增值链。因此，世界权威杂志《FORTUNE》2001 年将供应链管理列为 21 世纪最重要的四大战略资源之一，如今供应链管理已成为企业竞争不可或缺的手段。供应链是一个物流学的概念，往往是相对多个企业或企业集团而言的，强调通过整合社会资源获得竞争优势。供应链是价值链产生的活动内容和外在形式，而价值链是供应链和产业链形成的必要条件和核心要素。

②与产业链的关系

产业链（Industry Chain）是指经济布局和组织中，不同地区、不同产业之间或相关联行业之间构成的具有企业社会分工的有序的经济组织关系。产业链是着眼发挥区域比较优势，借助区域市场协调地区间专业化分工，形成的多维性需求的上下游企业群相互关联、相互合作的、共同创造价值的命运共同体，它是社会分工、国际分工向纵深发展的产物，它是一个包含价值链、供应链、企业链和空间链四个维度集合的概念。企业链是指基于共同市场和利益，并依据特定的逻辑关系和时空布局关系形成的、众多关联企业参与的生命体链条。空间链是指同一种产业链条在不同地区间的分布。由此不难看出，无论是供应链还是产业链上的信息流、资金流、物资流，都可能是一条价值增值链。产业链比价值链范围更广、内涵更丰富，产业链是价值链产生的背景和舞台，是多重价值链、供应链、企业链和空间链的复合体。反过来，价值链、供应链、企业链和空间链又是产业链生成的基础，共同支撑着产业链的形成与发展。

（3）价值链管理

了解价值链是基础，管理价值链才是关键。价值是劳动创造出来、效益是管理出来的，企业加强价值链管理能有效地减少工时、减少库存、减少浪费、减少成本，能提高产品质量、提高交货速度、提高市场份额、提高销售增长率。"四个减少""四个提高"，企业的价值和效益就显现出来了。

①价值链管理定义

价值链管理就是以增加价值、获得竞争优势、提高经济效益为目的，将企业的生产、营销、财务、人力资源等方面有机地整合起来，做好计划、协调、监督和控制等各个环节的工作，使它们形成相互关联的活动过程。增加价值、获得竞争优势、提高经济效益是价值链管理的目的，建立以客户为中心的生产、营销、财务、人力资源等业务流程，是价值链管理的重要内容，计划、协调、监督和控制是价值链管理的重要职能。而控制成本、有效协同是价值链管理的关键。

②价值链管理基本模式

模式就是指从生产或生活探索、经过抽象和升华提炼出来的核心知识体系，也就是解决某一类问题的范式或方法论。价值链管理基本模式就是关于企业降低经营成本、增强经营效益、一般的知识体系和方法论（参见图1-8）。从基本模式可以看出，企业价值链管理要三个层面入手，第一层面是决策层，要从战略、品牌、创新、规划和文化入手，管理的重点是增值方向性、发展的可持续性。第二层面是管理层，要加强人力资源、生产技术、财务、行政和信息管理，管理的重点是效率性，注重费用控制。第三层面是操作层，要管理好采购、仓储、计划、生产、质检、成品、分销、配送和客户服务等环节，管理的重点是增值性，既要降低成本又要增收。价值链管理必须把单一的人员、物料、生产、成本管理上升到全面、全过程、全员参与的系列管理活动。

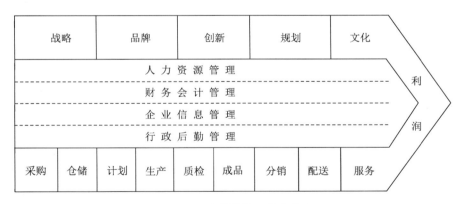

图1-8 价值链管理基本模式

1.2.2 全球价值链

近年来，新一轮科技革命与产业变革迅猛发展，推动全球价值链不断深化与重塑，成为经济全球化发展的新特征。全球价值链如今在世界经济中的主导地位日益明显，谁占据了价值链的核心环节，谁就掌握了利益最大化的主动权。"中国制造"虽已遍布全球，但因较低的附加值和科技含量，长期屈居全球价值链的低端。2016 年 12 月 6 日，国家商务部、发改委、科技部、工业和信息化部、人民银行、海关总署、统计局 7 部门联合下发《关于加强国际合作提高我国产业全球价值链地位的指导意见》，随着"中国制造"升级成为"中国智造"，全球价值链中高端要更多的注入"中国元素"，要求通过深化全球价值链合作，提高资源配置能力，进口与出口相结合，吸纳全球优质要素资源；制造与服务相结合，提升国内增加值贡献度；走出去与引进来相结合，主动构筑全球价值链。

（1）全球价值链概念

美国经济学家皮厄特拉·里佛利教授在作品《T 恤的全球之旅》中揭示了一个 6 美元的 T 恤从农场——工厂——市场的流转，棉花从美国的雷恩斯农场进入得克萨斯棉花工厂出口到中国，在上海第三十六棉纺厂纺纱织布、上海光明服装厂根据美国品牌商提供的意大利地设计进行生产，然后 T 恤出口到美国，最后二手 T 恤又进入坦桑尼亚的旧衣工厂，完成从美洲—亚洲—欧洲—美洲—非洲的旅行。讲述了一件普通 T 恤背后隐藏着的犬牙交错的利害关系，由一件 T 恤折射出来的自由贸易政策和保护主义倾向如何改变着这个纷繁杂乱的世界，也生动地描绘出纺织服装全球产业链。

①全球价值链定义

随着社会分工的发展，人们对价值链的研究也随之深入。20 世纪 90 年代，美国杜克大学格里芬教授与人合作，在对美国零售业价值链研究的基础上，将价值链分析法与产业组织研究结合起来，在 1994 年提出全球商品链的概念，直到 2001 年，格里芬与众多学者联合，在 *IDS Bulletin* 杂志上推出了一期《价值链的价值》特刊，提出了全球价值链（Global Value Chain，英文简称 GVC）的基本概念和理论框架，以摆脱商品链一词的局限性，更加突出强调价值创造和价值获得的重要性。

由于人们从不同的视域、不同的目的出发进行全球价值链研究，便出现很多不同的称谓，如商品链、价值链、生产网络、企业网络、价值网络等，也出现一些不同的定义。斯特恩（Sturgeon）于 2001 年提出了界定 GVC 定义的三个维度，即地理分布、组织规模、生产性主体，并进一步指出 GVC 的地理分布必须具有超越国界的全球性；GVC 的组织规模必须涵盖参与了某种产品生产和产品服务的全部主体；GVC 的参与主体必须包括某种商品或服务从采购、生产、交货到消费和服务的一群相关企业。

世界贸易组织（WTO）、国际货币基金组织（IMF）、经济合作与发展组织（OECD）、联合国贸发会议（UNCTAD）、联合国工业发展组织（UNIDO）都十分关注和重视全球价值链研究和发展。关于全球价值链的最有代表性定义应该是联合国工业发展组织的。联合国工业发展组织《2002－2003 年度工业发展报告—通过学习创新参与竞争》指出，全球价值链是指为实现商品或服务价值而连接生产、销售、回收处理等过程的全球性跨企业网络组织，涉及从原料采购和运输，半成品和成品的生产和分销，直至最终消费和回收处理的整个过程。处于全球价值链上的企业进行着从设计、产品开发、生产制造、营销、交货、消费、售后服务、最后回收利用等各种增值活动，并分享其价值和利润分配。

②全球价值链的类型

全球价值链的分类方法很多，被普遍所接受的是美国学者 Gereffi、Korzeniewicz（1994）根据动力机制不同，将全球价值链分为两种基本类型，即生产者驱动型的价值链和购买者驱动型的全球价值链。生产者驱动型的全球价值链就是生产者投资来推动产业发展和市场需求，在整个链环中发挥主导、推动、调节和核心作用的垂直型的分工体系。这种投资者可能是具有技术优势、资金实力的、谋求市场扩张的跨国集团，也可能是力图建立自主工业体系，推动国民经济发展的一国政府。这种类型的价值链，大型生产企业、跨国公司为了获得高额利润，不仅控制了分散在世界各地的上游的主要原料和零部件供应商，而且还控制了分布在世界各地下游的主要分销商和零售商。一般来说，飞机制造、汽车生产、装备制造等资本密集型、技术密集型的产业大多需要构建生产者驱动型全球价值链。

购买者驱动型的全球价值链也叫采购者驱动型的价值链，是指国际大型零售商，经销商和品牌制造商，利用自身的品牌优势和渠道优势，通过全球采购和贴牌加工等生产方式，构建的跨国商品流通体系（参见图1－9）。这一体系中购买者发挥了主导、推动、核心、调节和驱动作用，把散布在全球的厂家及相关企业构建起一个完整的、大型的、国际的生产销售网络。一般来说，传统的劳动密集型产业，如纺织、服装、鞋帽等大多属于这种价值链，发展中的工业化国家、出口导向型国家大多也嵌入这种价值链。一般来说，沃尔玛、家乐福等大型零售商不是直接的所有权关系构建供应基地，而是通过长期采购的合作协议控制全球生产网络。国际服装零售巨头 GAP、H&M 也是购买者驱动型的全球价值链的代表。

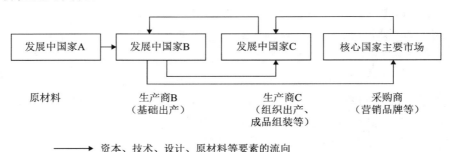

图 1—9   购买者驱动型的全球价值链

Gereffi、Korzeniewicz（1994）的分类方法意义在于指出了某些类型商品全球价值链链的驱动力。但全球价值链形成的动力机制是多种多样的，有些全球价值链可能是购买者和生产者混合驱动，或还有大的供应商、甚至政府支持的多头驱动。如西班牙 Inditex 集团的 Zara，不仅是一个著名的生产商品牌，也是国际知名的连锁零售品牌，同时还是西班牙政府大力支持的国家名片，以快速时尚的价值链，跻身世界服装品牌 100 强，缔造了纺织服装品牌的神话。

全球价值链的动力机制可以是生产者驱动、购买者驱动，还可以是混合驱动或其他动力驱动。无论哪种类型的全球价值链，其表现形态不尽相同，但其内核基本一致，主要由研发、生产和营销三大部分构成。台湾施振荣先生（1992）"微笑曲线"对此做了最好的图解（参见图1—10）。他认为在全球价值链中，制造环节两侧的分别是拥有知识产权的研发和具有自主品牌的营销，具有较高的附加值，而中间的生产加工制造环节，处于附加值低的低端环节。他主张代工企业未来的发展应该像"微笑曲线"一样，向两侧高高地翘起，提高生产加工产品的附加值，并在整个价值链当中处于主导、核心、领导地位。因为价值最丰厚的区域集中在价值链的两端的

图 1—10 微笑曲线

技术研发和市场营销，没有品牌的代工在国际竞争和整个全球价值链分工、分配中处于不利地位。

③全球价值链的特征

全球价值链主导全球贸易格局的深层次改变。近十多年来，国际分工越来越表现为相同产业不同产品之间和相同产品内不同工序、不同增值环节之间的多层次分工。国际分工的范围和领域不断扩大，逐渐由产业间分工发展为产业内分工，进而演进为产品内分工为主的国际分工体系。以产品内部分工为基础的中间投入品贸易称为产品内贸易，从而形成了全球价值链。根据全球价值链内涵与外延，可以确定全球价值链的基本特征，一是链环主体分布在两个或两个以上的国家或地区；二是最终产品经过了两个或两个以上的连续生产阶段；三是价值增值和实现是在两个或两个以上国家或地区完成的；四是分工体系跨国公司占主导地位；五是利益分配表现为非均衡性，对主导国家和企业而言是"微笑曲线"，对费主导的国家和企业而言是"苦笑曲线"。

（2）全球价值链分工

分工是人类社会中人与人之间进行劳动协作的基本形式，是实现专业化、提高劳动生产率、增加社会财富的主要途径。全球价值链分工是一种产业内分工，是指一种产品要在多国或地区分工连续生产，并伴有中间品的进口和最终产品出口的国际分工形式，是一种产品的设计、原材料提供、中间品生产与组装，成品销售、回收等所有生产环节在全球范围内分工。随着经济全球化和知识经济的发展，这种国际分工形式从不同产品之间的分工走向了同一产品内不同工序、不同价值链环节之间的分工；弱化了传统分工的国家界限，整合了参与分工的主体比较优势。

①全球价值链分工类型

国际分工是世界各国之间的劳动分工，自然条件的差异是国际分工形成和发展的基础，各国生产力差异是国际分工形成与发展的决定性因素。全球价值链的分工总是与以科学技术为标志的生产力的发展相适应。随着科学技术和生产力的发展，全球价值链分工大体有垂直型国际分工、水平型分工和混合型分工三种形态。垂直型分工是指世界经济发展水平相差悬殊的国家之间的分工，也就是发达国家与发展中国家之间的分工，如中美欧之间、中欧之间、北美与南美之间的纺织服装业的国际分工。水平型分工是指世界经济发展水平相同或接近的国家之间在工业制成品生产上进行国际分工，如欧美之间的纺织服装业的国际分工，中国与亚非拉国家之间纺织服装业的国际分工。混合型分工是把垂直型与水平型混合起来的国际分工。如我国既参加垂直型分工，要从美国进口棉花，要利用法国、意大利的产品设计，又要向美国、法国、意大利及其他发达国家出口纺织品、服装，同时又要参加水平型分工，如从墨西哥进口棉花，向亚非拉国家出口纺织品、服装。

随着国际分工、经济一体化、区域经济一体化的深入发展，全球价值链分工已经开始由水平型分工转变为垂直型分工。而根据全球价值链一体化程度的不同，垂直型分工又分为垂直一体化分工和垂直非一体化分工两种。一体化分工是指多个原来不同国家的、相互独立的主权实体，也就是企业按照"自愿、平等、互利"的原则，通过某种方式逐步结合成为一个单一实体的分工形式。垂直一体化分工，又称之为纵向一体化分工，是由要素禀赋和经济发展水平不同的国家形成的产供销一条龙的国际分工合作形式。垂直型分工主要经历了两个阶段，第一个阶段是先进工业国与落后的农业国的分工，先进的工业国主要从事工业制成品的生产，落后的农业国主要从事农业生产或初级产品生产；第二阶段是发达国家与发展中国家的分工，发达国家主要从事技术密集型、知识密集型、资本密集型产品的生产，发展中国家主要从事劳动密集型产品的生产，发达国家从事技术密集型或资本密集型产品的生产。垂直一体化分为前向一体化和后向一体化。前向一体化就是在全球价值链中的核心企业通过兼并和收购、结盟若干个处于生产经营环节下游的企业，如服装企业通过收购或结盟与若干个批发企业、零售企业形成的价值链分工体系。后向一体化则是在全球价值链中的核心企业通过收购上游一个或若干供应商，如服装企业收购或结盟上游的纺纱、织布、漂染、服饰企业形成的价值链分工体系。垂直一体化分工有利于企业保障供给、有利于降低经营成本，有利于消除市场壁垒，有利于增加竞争优势。在这一分工体系中的落后国家、发展中国家往往通过 OEM，被动地嵌入全球价值链分工体系之中。

国际市场环境瞬息万变，跨国公司对各国投资受到不同国家政治、经济的影响，特别是在金融危机时代、后危机时代，跨国投资具有较大风险，收益具有很大的不确定性。因此，垂直非一体化分工应运而生。熊彼特（1950）指出，产出市场的容量越大，中间产品的垂直非一体化的可能性越大；但与外包相联系的知识模仿的竞争风险越大，企业外包中间产品的可能性越小。Feenstra、Hummels（1998），Hummels

(1999)、Sturgeon、Kierzkowski（2001），Ando Kimura（2003）、Gill、Kharas（2007）、Kraemer linden、Dedrick（2011）等认为，垂直一体化就是通过"外包"或战略联盟，把一种产品生产不同阶段在两个或两个以上的不同的国家完成的生产方式，并构成了大量国际中间产品贸易。如香港公司接受美国 GAP 一批毛料高档服装订单，委托内地 A 公司进行生产，A 公司接受生产外包任务后，便从澳大利亚进口羊毛面料、从印度进口辅料，然后在自己工厂或其他协作厂家，按照 GAP 提供的意大利设计样品，进行打版、缝纫、包装，复出口交货到美国。整个过程有不同发展水平的国家的企业参与，而连接分工的主要模式不是"收购"，而是生产性外包和服务型外包。

②全球价值链分工影响因素

国际分工是世界各国之间的劳动分工。影响全球价值链分工的因素有很多，但概括起来，主要来自国内因素、国际因素两大方面。国内因素主要包括社会经济因素和企业因素。社会经济因素主要有各国的社会发展阶段、生产力发展水平、国内市场的大小、对外经济贸易政策，资源禀赋、出口规模、世界市场份额等。企业因素主要包括参与国际分工的技术能力、资金能力、经营能力、管理能力、创新能力等。国际因素主要有社会经济因素和自然条件因素。国际社会经济因素主要包括国际政治格局、国际经济秩序、国际经济景气度、国际贸易规则、国际经贸协定，各国文化、技术发展、外贸政策、物价水平等内容。自然条件因素主要包括各国气候、土地、资源、国土面积、人口、地理条件等内容。生产力水平因素是全球价值链分工形成与发展的决定因素。自然条件因素是全球价值链分工的自然基础。但现实中究竟如何进行国际分工归根结底是由社会生产力水平和社会经济关系决定的。

（3）全球价值链管理

全球价值链是指为了实现商品或服务价值而连接生产、销售、消费和回收处理等过程的跨企业的网络组织，是由很多增值活动的链环构成的利益相关共同体，这一共同体的相互分工、层级、地位不是一成不变的，而是动态调整的。企业在互联网、物联网、智能制造高度发展的今天，不仅要积极参与全球价值链的构建，还要积极参与全球价值链的运行和管理。

①全球价值链管理内容

全球价值链是纵横交错的世界生产网络组织。产品越复杂，其生产包括的工序越多，其管理的纵向维度越长；产业越庞大，专业化分工越有可能获得规模经济，其管理的横向维度也会更发达。不论是纵向的管理，还是横向管理，其主要职能依然是计划、组织、领导、控制和创新。具体来讲，目前对全球价值链管理内容主要集中在三个方面：一是全球价值链的模式管理，也称为全球价值链治理，主要包括全球价值链的组织结构、权力地位、利益分配，以及价值链中各经济主体之间的运行关系协调。二是全球价值链的运作管理，主要包括有效整合、发挥网络各环节企业的研发能力、组织能力、生产能力、营销能力、物流能力等核心能力，建立建章立制、作业运行、监督检查的"三位一体"的协同配合的有效运行机制，形成 $1+1>2$ 的价值放大效应。三是全球价值链的升级，主要包括全球价值链升级的机制、重构的方式，以及功能升级、产品升级、工艺流程升级、链条转换等升级类型、实施路径和策略，形成新的国际核心竞争力。

②全球价值链管理模式

全球价值链有很多种管理模式。Ponte（2013）、Sturgeon（2014）等人根据单一产业全球价值链还是产业集群全球价值链管理提出松散型、半紧密型、紧密型三种基本管理模式。松散型就是链中的主体企业之间主要依靠买卖合同建立起来，链中缺少信息沟通和信息共享，是一种较为松散、各自封闭、各自为政的管理模式。半紧密型就是链中主体通过战略同盟、长期买卖合同建立起来伙伴关系管理，链中加强信息沟通、信息共享、和协同配合的管理模式。紧密型就是链中主体通过战略同盟、互相参股、控股或联合构建子公司等形式，有共同的规章制度、运作机制和行为规范的管理模式。Humphrey、Schmtiz（2002）指出价值链管理的实质是对市场经济活动的非市场行政干预，并且综合考虑权力关系的影响引入了企业协调机制。他们将全球价值链管理模式区分为四种模式，即市场模式、网络模式、半层级模式和层级模式（参见表1-5），并对这四种管理模式所对应的管理机制、管理特点进行了分析。

表1-5 全球价值链管理四种模式

管理模式	管理机制	管理特点
市场模式	市场价格	各自为政，核心企业有控制权，参与企业被动适应
网络模式	企业互信	各自为政，供应商、生产商、零售商自愿结成合作联盟

管理模式	管理机制	管理特点
半层级模式	规则标准	主导企业高度控制生产过程，并定义产品标准
层级模式	所有权	主导企业完全控制生产过程和海外销售，并定义产品细节

格里芬（2003）、斯特恩（2004）等人根据价值链节点交易的复杂程度、交易信息的解码能力以及供应商能力三个变量的水平高低，并按照链中主体之间的协调和力量不对称程度从低到高依次排列，归纳出市场型、模块型、关系型、领导型和层级制五种管理模式（参见表1—6）。

表1—6　全球价值链管理五种模式

类型	交易复杂程度	信息解码能力	供应商能力	管理特点
市场型	低	高	高	产品比较简单，交易比较简单，重点是议价和契约，没有信息分享机制
模块型	高	高	高	产品较复杂，供应商的能力较强，存在信息分享机制、协调成本较高
关系型	高	低	高	产品复杂、交易复杂，供应商的能力较强，与领导厂商之间互相依赖
领导型	高	高	低	产品复杂，供应商能力较低，完全依赖买方指导、监督完成生产和交易
层级型	高	低	低	交易复杂，外部交易成本高，资产专用化，所有环节都在公司内部进行

（4）纺织服装全球价值链

1985年，美国哈佛商学院迈克尔·波特教授在《竞争优势》一书中首次提出价值链以后，随着经济全球化的不断加强和深入，越来越多的企业为了适应国际经济发展的新常态，为了不断维护和加强自身的竞争优势，开始全球价值链的布局。纺织服装全球价值链是指为了实现商品或服务价值，而连接生产、销售、消费和回收处理等过程的跨企业的网络组织，它涉及服装设计、服装设备、服装面料、服装生产、服装出口、服装零售直至服装循环利用，以及与之相关的研发、生产、物流、金融、信息技术、人才培养等相关产业等共同形成的增值活动。

①纺织服装全球价值链结构

关于纺织服装全球价值链的构成，Appellbaum、Gereffi（1994）、Hildegunn（2004）、沈玉良、孙楚仁、凌学岭（2007）、高勇（2013）、

马为民（2015）等认为大体可分为两大模块。一是面料、纺织品的生产加工处理；二是服装设计、生产和销售。两大模块在产业上相互联系、前者是后者的基础，后者是前者的最终产品。二者在全球范围内进行资源配置，形成了垂直型的分工体系和全球价值链（参见图1—11）。这一价值链基本特征是典型的劳动密集型，具有吸收就业多、劳动力素质总体要求不高。就具体环节而言，纺织和面料生产链的设备需要较高的资本投入，在服装生产链设计需要较多高素质的人力资本的投入。所以，从关注民生的就业出发，纺织服装自然就成为国际市场最为敏感的产品。

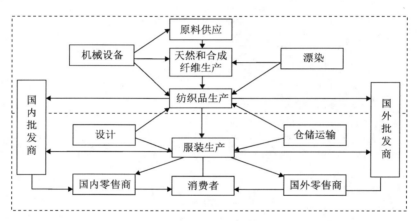

图1—11 纺织服装全球价值链构成

②纺织服装全球价值链治理

纺织服装全球价值链是连接纺织服装生产、销售、消费和回收处理等过程的跨企业、跨国家的网络组织，是从纺织原料、纺纱、织布、漂染、服装设计、服装制作、包装、销售、回收等很多增值活动的链环构成的利益相关共同体，这一共同体的相互分工、层级、地位不是一成不变的，而是动态调整的。企业在互联网、物联网、智能制造高度发展的今天，要积极参与全球价值链治理。鉴于我国企业多数是被动嵌入全球纺织服装价值链，处于品牌无、主导少、地位低的不利地位，治理的主要任务是转型发展。具体来讲，是在现有价值链的基础上做好三大方面的工作，一是升级全球价值链；二是整合全球价值链；三是重构全球价值链。

我国纺织服装企业升级全球价值链的主要方法就是加强调技术研

发、产品设计、市场营销、终端服务能力的培养，把"橄榄型企业"变成"哑铃型企业"，变 OEM 为 ODM，变 OEM 为 OBM。我国纺织服装企业整合全球价值链的主要方法就是通过资本运营把分散的上下游企业彼此衔接起来，形成信息共享、资源共享、协同工作、协同发展的链环体系。我国纺织服装企业重构全球价值链就是要运用互联网技术、物联网技术、大数据、云管理技术，大力发展智能制造、柔性制造，把企业、品牌做大做强，主导重构新的价值链，使整个链环运行更顺畅，不仅提升整个价值链的运行效率，而且还要提升自身在整个价值链中地位。

2. 背景篇

中国拥有辉煌的手工纺织服装历史。早在汉代，中原地区发达的桑麻生产和手工丝织业，引领中亚、西亚、南欧、西欧和东南亚、南亚许多国家先后开辟出蚕桑事业和丝织业，并通过陆地"丝绸之路"和海上"丝绸之路"，向世界展示中华文明，传承精湛的纺织技术和规模化的商品生产方式。虽然纺织服装在中国有着悠久的历史和灿烂文化，但因为纺织业由手工业生产方式转向机器生产和工厂制是一个漫长的过程，加之受制于国家百年积贫积弱，现代纺织服装工业起步晚。新中国建立之初，纺织服装工业生产能力远远不能满足国民日益增长的物质和文化生活的需求，工艺水平也远远落后于美国、英国、法国、德国和意大利等国，甚至还落后于俄罗斯、日本和印度。1950 年中国人口在全球占比 22%；而此时中国纺织工业的总规模是仅有 513 万锭，在全球占比仅为 5%，仅为美国的 23.54%；棉纱年产量是 43.7 万吨，在全球占比仅为 7.8%，仅为美国的 24.09%，也就是说美国同年的棉纺织工业的总规模和总产量是中国的四倍之多。衣食住行衣为先，穿衣不仅关乎人们的物质生活，也反映人民的精神生活。因此，在物资匮乏的短缺经济背景下，人们消费纺织服装不得不用"布票"来进行计划调节。

党的十一届三中全会确定了改革开放，以经济建设为中心的方针，我国纺织服装产业通过利用外资、引进技术和大力发展出口贸易，已经成为崛起最快、收益最早、受惠最大的产业，1950 年到 2016 年的 60 余年间，特别是改革开放以来、加入 WTO 以后，中国纺织服装工业快速、加速度、持续发展，不仅圆满地解决了这个重大民生问题，还缔造了世界经济史罕见的高速发展的神话。我国棉型织物年产量，1950 年接近 20 亿米，1978 年 80 亿米，2016 年 900 亿米；我国人均纤维消费量，1950 年不足 1 公斤，1978 年 2.5 公斤，2010 年 15 公斤，2016 年的 18.25 公斤，高于 11.8 公斤的全球平均水平；我国化纤、纱、布、呢绒、丝织品、服装等产量均居世界第一位；人均棉织物产量 1978 年

以前是缺布少衣，由 1950 年 3.6 米，1978 年 8 米，发展到 2010 年 45
米、2016 年的 65 米，不仅可以适应小康社会较高水平的衣被消费需
求，还可以为世界人民生活和工业发展服务。

我国纺织服装出口贸易从经营体制上看，以 1978 年为界，可分为
两个阶段，1978 年以前是按照计划经济体制，实行国家垄断制，改革
开放以后，国家逐步放开了纺织服装的经营权限。从发展格局上看可分
为五个发展阶段，第一阶段是 1950—1978 年，这一阶段主要是以国内
市场为主，极少出口。新中国建立之初，由于国内经济短缺、加之一些
西方国家对我国实行经济封锁，纺织服装出口很少，1978 年仅有 24.31
亿美元。第二阶段是 1979—1983 年，这一阶段主要"两纱两布"出口
增长快，但出口能力仍然有限，生产仍然以供应国内市场为主。第三阶
段是 1984—1994 年，取消"布票"以后，通过"三来一补"，不仅国内
纺织服装生产能力大为提高，出口随之迅速增长，1987 年出口额突破
了 100 亿美元；1990 年服装出口额达到 89.98 亿美元，首次超过纺织
品的出口比重；1991 年出口额超过 200 亿美元；1994 年出口贸易达到
355.5 亿美元，占全球纺织品服装比重的 13.2%，成为世界纺织品服装
第一大出口国。第四阶段是 1995—2004 年，随着 WTO《纺织品与服装
协议》的生效实施，加之 2001 年我国加入 WTO，贸易环境进一步好
转，出口持续增长。2000 年出口额超过 500 亿美元，达到 521.7 亿美
元；2004 年出口额接近 100 亿美元，占同年全球纺织品服装比重的
21%，继续保持纺织服装世界第一出口大国的地位。第五阶段是 2005—
2016 年，随着 2005 年 1 月 1 日 WTO《ATC》的终止，全球纺织品服
装进入无配额时代，也是全球纺织品服装贸易一体化高速发展的时代，
我国纺织服装出口，2005 年超过 1000 亿美元，达到 1150.3 亿美元，
2010 年超过 2000 亿美元，达到 2065.4 亿美元，2014 年接近 3000 亿美
元，达到 2984.2 亿美元，2016 年达到 2672.5 亿美元，约占纺织品服装
比重的 38%，正在由贸易大国向贸易强国转变。

2.1　纺织品服装出口的国际环境

纺织品服装出口国际环境是指影响一国纺织服装出口的国际政治、
国际经济、国际文化、国际科技、国际地理等外部因素。国际环境是瞬
息万变的。目前西方重振势头增强，发展中国家崛起趋缓，世界经济投

资、贸易双增长格局更趋明朗，世界经济多中心格局形成。中国所处的周边环境和出口的国际环境更加严峻复杂，不确定因素明显增加，给中国纺织品服装出口发展带来新的挑战。下面从经济一体化、贸易保护主义、世界产业结构调整和东南亚纺织工业崛起四个方面论述纺织品服装出口的国际环境。

2.1.1 经济一体化

无论是传统的国际贸易理论还是新贸易理论，都十分重视政府在对外贸易中的作用，特别是第二次世界大战以后的 20 世纪 50 年代，政府对国际经济贸易引领作用日益凸显，人们开始用经济一体化来表示国家之间合成更大范围经济区或经济联合体的发展现象或过程。"一体化"一词源于拉丁文 Intefratio，其意是更新、综合、结合，把各个分散部分合并成一个整体。对经济一体化，学者们有不同解释。第一届诺贝尔经济学奖获得者丁伯根（1954）认为，经济一体化是有关各国之间的贸易自由化。德国 W. Robox（1969）认为，经济一体化使各国之间的贸易像一国内部那样自由和有利可图的一种经济形态。美国的巴拉萨（1973）则认为是"商品、资本和劳动力等生产要素自由流动的过程"。这些解释虽然不完全相同，但有共同之处，即经济一体化也称之为经济联盟，是在现有生产力发展水平和国际分工的基础上，为了发展国内经济和提升国际经济地位，两个或两个以上的国家，通过政府间条约、协定，构建商品、资本和劳务等要素在区域内自由流动、消除贸易壁垒的多国经济组织。

经济一体化有广义和狭义之分。广义的经济一体化就是世界经济一体化，或全球经济一体化，狭义的经济一体化就是区域经济一体化。世界经济一体是指世界大多数国家在现有生产力发展水平和国际分工的基础上，由政府间通过协商缔结条约，建立经济之间彼此相互开放，形成相互联系、相互依赖的多国经济联盟。区域经济一体化，也称为地区经济一体化，是指是指两个或两个以上的国家，通过相互协助制定经济政策和措施，并缔结经济条约或协议，在经济上结合起来，形成一个区域性经济联合体的过程。区域经济一体化是世界经济一体化的基础，世界经济一体化是区域经济一体化的高级发展阶段。

（1）经济一体化形式

经济一体化具有"五个有利于"的作用，即有利于提高生产数量和质量，有利于达到规模经济，有利于提高生产效率和生产水平，有利于创造更好的贸易条件和经济效益，有利于国际间的经济贸易合作。目前，世界大约90%的贸易额和贸易量都是在经济一体化区域内进行的。经济一体化的形式很多，根据经济融合程度的不同大体分为如下六种形式，其特征参见表2—1。

表 2—1　经济一体化五种形式的特点比较

一体化形式	相互给予关税优惠	相互取消数量限制	共同对外关税	资本要素自由流动	宏观政策协调	统一经济政策
特惠关税	√	×	×	×	×	×
自由贸易区	√	√	×	√	×	×
关税同盟	√	√	√	×	×	×
共同市场	√	√	√	√	×	×
经济同盟	√	√	√	√	√	×
完全经济一体化	√	√	√	√	√	√

备注："√"表示有，"×"表示无。

① 特惠关税

特惠关税又称为关税特惠制，或优惠贸易安排，是指在成员国之间通过协定或其他形式，对全部商品或部分商品相互给予关税减让的优惠待遇。特惠关税有互相惠予和非互惠（单方惠予）两种形式，其税率比最惠国税率还低，但成员国之间仍存在较低关税。特惠关税是最松散、最简便易行、发展程度最低的区域一体化组织形式。如欧共同体根据《洛美协定》向非洲、加勒比和太平洋地区的发展中国家提供的优惠关税就属于这一类、现在中国与东盟国家之间也在实行特惠关税。

②自由贸易区

自由贸易区通常指两个以上的国家或地区，通过签订协定或其他形式，成员国之间相互取消绝大部分货物的关税壁垒和非关税壁垒，相互取消绝大多数服务部门的市场准入限制，从而促进商品、服务和资本、技术、人员等生产要素的在区内自由流动，实现资源共享、优势互补、合作双赢的目的。据统计，全球共有1000多个自由贸易区，其中比较大的自由贸易区有欧盟、北美自由贸易区、东盟自由贸易区等。根据世界贸易组织（WTO）的定义，这类自由贸易区称之为 FTA，是英文 Free Trade Agreement 的简写。

有时自由贸易区也用来形容一国国内一个或多个消除了关税和贸易配额、并且对经济的行政干预较小的区域。如德国汉堡自由港，巴拿马科隆自由贸易区等。我国 11 个自贸区就是这种性质，第一批是 2013 年设立的上海自由贸易试验区，第二批是 2016 建立的广东、天津、福建三个自贸区，第三批是 2017 年批准建立的辽宁、浙江、河南、湖北、重庆、四川、陕西七个自由贸易实验区，形成了 "1＋3＋7" 的自贸区试点格局，着力推进外经、外贸供给侧结构性改革、着力推进 "一带一路" 建设、着力引领对外开放，彰显全面深化改革和扩大开放的试验田作用。根据世界海关组织（WCO）的《京都公约》有关条款规定，这类自由贸易区称之为 FTZ，是英文 Free Trade Zone 的简写。

③关税同盟

关税同盟是指两个或两个以上国家为了取消彼此之间的关税或各种贸易壁垒，建立共同的对外关税而缔结的同盟。也就是说，关税同盟是国家之间就关税问题所缔结的双边或多边协议。根据 GATT、WTO 的规定，关税同盟具有两大特征，一是同盟内取消一切内部关税壁垒和非关税措施，商品自由流通和自由竞争；二是同盟成员采取统一对外的关税壁垒和非关税壁垒，使各缔约国在同盟内部具有有利的竞争地位。关税同盟不仅具有静态的贸易创造效应和贸易转移效益，而且还具有动态的大市场效应、大开放效应和吸收 FDI 效应。关税同盟的一体化程度上比自由贸易区进了一步。德意志关税同盟、中非关税同盟、安第斯条约组织等就属于这一类的一体化组织。

④共同市场

共同市场指在两个或两个以上的国家或经济体通过达成某种协议，实现商品、服务、资本和劳动力的自由流动的国际经济一体化组织。共同市场特点之一是成员国间贸易取消关税和数量限制，商品完全自由贸易。二是成员国间的资本、劳动力自由流动。三是建立统一的对非成员的关税和贸易政策。共同市场的一体化程度比特惠关税、自由贸易区、关税同盟更进了一步，欧洲共同市场、中美洲共同市场、南方共同市场、加勒比共同体等就属于这一类一体化组织。

⑤经济联盟

经济联盟是指参加国除了达到共同市场的要求外，并制定某些共同的经济政策，在货币金融方面进行协调，实现同盟内各种商品和生产要素自由流动，建立起一个超国家的经济调节机构的组织。经济联盟的特点一是成员国之间要协调财政政策、货币政策和汇率政策。二是要协调汇率政策、甚至统一货币，形成经济货币联盟。三是建立了一个超国家的管理运行机构，促进经济、财政、货币、关税、贸易和市场等方面实现全面的经济一体化。经济联盟是经济一体化的高级形式。东盟、南亚区域合作联盟、亚洲太平洋经济合作组织等都属于这一类一体化组织。

⑥完全经济一体化

完全经济一体化是在经济联盟的基础上，实行区域内各国在经济、金融、财政等政策方面均完全统一、政治制度和法律制度等方面协调的多国经济联盟。完全经济一体化的特点，一是成员国间完全取消商品、资本、劳动力、服务等自由流动的贸易障碍。二是逐步实现经济及其他方面制度的一体化。三是已从经济联盟扩展到政治联盟。完全经济一体化是经济一体化的最高形式和最高阶段，欧盟统一货币政策，1999 年 1 月 1 日实行欧元，2002 年 7 月欧元成为欧元区唯一合法货币，欧盟从经济联盟的一体化组织发展成为完全经济一体化组织。

（2）国际纺织服装多边贸易协定

第二次世界大战以后，特别是 1950 年以后，许多国家，尤其是新独立国家，鉴于纺织品和服装工业具有投资少、吸收就业多的特点，先后把纺织和服装业作为工业化的先行部门，大量纺织品涌入国际市场，促进了国际纺织服装贸易的快速发展。由于这些国家都属于发展中国家，具有劳动力工资低的比较优势，于是美国等发达国家大量进口纺织品。纺织业属于典型的劳动密集型产业，是国际贸易最为敏感的商品。以美国为首的一批西方国家以可能会引起"市场扰乱"为理由，开始对纺织品进口实施限制，导致世界纺织品贸易长期游离于 1948 年 1 月 1 日生效的《关税与贸易总协定》（GATT）之外。纺织服装本属货物贸易范畴，适用于 GATT 国际条约调整国际货物贸易关系，也就是说，纺织服装贸易本应受 GATT 法律制度约束。国际纺织服装多边贸易协定大体经历了国际棉纺织品贸易安排、国际多种纤维协定、国际纺织品与服装协议三个发展阶段。

①国际棉纺织品贸易安排

国际棉纺织品贸易安排先后有短期安排和长期安排两种。国际棉纺织品贸易短期安排是在 GATT 的框架下，1961 年 7 月世界上主要的纺织服装进口国家谈判，讨论美国提出的草案，制定了时效为一年的《国际棉纺织品贸易短期安排》（STA），其主要内容有三：一是规定发达国家进口国应取消对来自于低收入国家和地区的进口棉纺织品实行的限制。二是规定低收入国家出口幅度应控制在 1961 年 6 月 30 日前的最高水平上。三是组成棉纺织品委员会，负责棉纺织品贸易短期安排期，以及期满后的棉纺织品贸易的长期安排。1962 年 2 月，世界上 25 个主要纺织服装进口国在 GATT 的安排下，签订了有效期为 5 年的《国际棉纺织品贸易长期安排》（LTA），同年 10 月生效。其主要内容有三：一是长期安排的参加范围扩大到几乎所有的纺织品贸易国，并实行有选择的歧视性限制。二是适用范围扩大到所有棉纺织品，且包括含棉 50％的纺织品和服装。三是要求维持进口限制的国家，应以一定比例增长率，开放其纺织品国内市场。长期安排于 1967 年期满后，又延长了两期，每期为 3 年，直到 1973 年结束。

随着科学技术发展和国际分工的发展，人造纤维在纺织品生产中的用途日益增加，国际人造纤维纺织品贸易也与日俱增，出现了缔结一项适用范围更广的多边贸易协定的需求。一方面发达国家要求提高纺织品的限制范围和限制水平；另一方面发展中国家纷纷要求取消贸易限制。于是 1972 年 GATT 纺织品委员会成立了一个工作组，在《国际棉纺织品贸易长期安排》到期之前，商讨今后的纺织品贸易安排，为国际纺织品贸易协定的订立奠定了基础。

②国际纺织品贸易协定

1972 年，GATT 纺织品委员会工作组在《国际棉纺织品贸易长期安排》基础上，组织 42 个纺织品贸易国经过艰苦的谈判，终于在 1973 年 12 月 30 日签订《国际纺织品贸易协定》，也称为《国际多种纤维协定》（MFA），从而把纺织品的范围进一步扩大了。协定于 1974 年 1 月 1 日生效，有效期限为 4 年。其主要内容一是适用于棉、毛和人造纤维等纺织品和服装，但手工织品和工艺品除外。二是列入了灵活条款、增长率等规定，以保证发展中国家和地区的出口有一个合理的增长。三是各进口国和出口国根据协定，通过双边谈判确定各自间的纺织品进出口数量。四是进口国在市场紊乱时，可单方面实行限制。五是设立纺织品监督机构，以监督协定的实施和处理成员国之间的纺织品贸易纠纷。该协定是进口纺织品的发达国家主导的，在 GATT 主持协调下制定的有关纺织品和服装贸易的国际多边协定，后来又经过

1978 年、1982 年、1986 年、1991 年四次延长，最后于 1995 年 1 月 1 日《WTO 协定》《国际纺织品与服装协定》（ATC）生效为止。根据 1982 年 1 月 1 日生效的《国际纺织品贸易协定延长议定书》，1984 年 1 月 1 日《国际纺织品贸易协定》对中国生效。《国际纺织品贸易协定》的实施使纺织品和服装贸易长期游离于 GATT 之外，一方面把国别配额改为全球配额，严重违背了 GATT 的取消数量限制的原则，带有强烈的保护主义色彩。另一方面纺织服装进口关税税率高于整个工业品水平的 2～3 倍，严重违背了 GATT 的关税减让的原则。同时，长期把中国长期排斥在协定之外，也严重违背了 GATT 的公平贸易的原则。

③国际纺织品与服装协定

《国际纺织品与服装协定》（ATC）就是一项为了使纺织品贸易回归 GATT 规范，实现纺织品贸易自由化的目标，在《国际纺织品贸易协定》的基础上，采用渐进式的、分四个阶段实施的、由世界贸易组织管辖的、纺织服装贸易的多边贸易协议。其主要内容包括适用产品范围、分阶段取消配额限制、过渡性保障措施，非法转口处理、设立纺织品监督机构等。适用产品范围包括毛条及纱、布、成衣及制成品。分阶段取消配额限制是 WTO 协定生效之日起十年，在此期间纺织品设限仍依 MFA 模式，配额由出口国管理，过渡期 10 年分三个阶段，分别规定了解除进口数量限制的比例和增加进口配额数量的成长率两个指标（参见表 2－2），到 2005 年 1 月 1 日全部取消数量限制，所有纺织品贸易全部回归适用 GATT 规范，实现纺织品自由贸易，10 年期间不得延长。过渡性保障措施主要有四：一是回归 GATT 之前未设限项目，为避免在过渡期间内大量输入使进口国纺织服装产业遭受不利影响，可以设有临时性防卫条款，在必要时可将该产品改列为设限。二是非法转口处理是指对转运、迂回转口、伪造官方文件、原产地申报不实、各国应依其国内法令采取调查、交换资料、参访工厂等措施，一经查明违规，可计扣原产地配额，并对违约国采取设限措施。三是对于伪报货物成分、数量、品质及类别者，经查明属实，相关国家应采取适当法律措施，惩处涉案厂商。四是如有证据证明第三国涉及违规转运行为，则得对第三国实施配额限制。设立纺织品监督机构是指在 GATT 理事会设立纺织品监督机构（TMB），监督、协调各阶段的纺织服装贸易。

表2—2　分阶段取消纺织服装配额限制一览表

阶段	开始日期	截止日期	解除进口数量限制	增加进口配额数量
第一阶段	1995.1.1	1997.12.31	16%	16%
第二阶段	1998.1.1	2001.12.31	17%	25%
第三阶段	2002.1.1	2004.12.31	18%	27%

资料来源:《国际纺织品与服装协议》文本。

　　我国是 GATT 的 23 个缔约方之一,1950 年台湾当局宣布退出 GATT,1986 年 7 月我国正式提出恢复 GATT 缔约国地位,为此,我们经过了长达 15 年的复关和入世的努力,终于在 2001 年 11 月 10 日被世界贸易组织第四届部长级会议批准加入世界贸易组织。按照《国际纺织品与服装协定》,自 2005 年 1 月 1 日进入"无配额时代",也有人称为"后配额时代"。然而一些发达国家以各种借口再次要求延长配额期限。美国、欧盟利用《中国入世工作报告书》第 242 款的承诺,要求对来自于中国的纺织服装继续实行数量管理。

　　2005 年 6 月 11 日,中国与欧盟达成《关于中国部分输欧纺织品和服装的谅解备忘录》,其主要内容:一是欧盟委员会承诺,对源自中华人民共和国的棉布、T 恤衫、套头衫、裤子、女士衬衫、床单、女连衣裙、胸衣、桌布、亚麻纱 10 类纺织品和服装的进口,终止所有正在进行的与上述产品有关的调查。二是中方对欧出口数量基数:T 恤衫和亚麻纱类为 2004 年 3 月至 2005 年 2 月欧方从中国实际进口量;棉布、套头衫、裤子、女士衬衫、床单、女连衣裙、胸衣、桌布类为 2004 年 4 月至 2005 年 3 月欧方从中国实际进口量。三是中方对欧出口数量增长率:棉布、床单、桌布类为 12.5%;T 恤衫、女连衣裙、胸衣、亚麻纱类为 10%;套头衫、裤子、女士衬衫类为 8%。四是该协议自 2005 年 7 月 20 日开始生效,到 2008 年,欧盟市场对中国纺织品全面开放。

　　2005 年 11 月 8 日,中国与美国经过七轮磋商,最终在伦敦就纺织品问题达成协议,签署《关于纺织品和服装贸易的谅解备忘录》。其主要内容:一是中美两国在协议期内对中国向美国出口的棉裤等 21 类产品仍实行数量管理(参见表 2—3),其中包括 11 个类别服装产品和 10 个类别纺织品,其中 16 个类别为 2005 年一体化产品,5 个类别为 2002 年以前一体化产品。二是以协议上一年度进口量为基数,规定 2006 年、

2007 年、2008 年增长率分别为 10％～15％、12.5％～16％和 15％～17％。三是该协议 2006 年 1 月 1 日正式生效，于 2008 年 12 月 31 日终止。四是对协议外产品，美方将克制使用第 242 段条款。第 242 段条款是指《中国加入世贸组织工作组报告书》中第 242 段关于纺织品特殊限制措施的条款，该条款规定，如一个 WTO 成员认为《国际纺织品与服装协定》所涵盖的原产于中国的纺织品和服装产品自《WTO 协定》生效之日起，由于扰乱市场阻碍这些产品贸易有序发展，为了减轻或避免扰乱市场，则该成员可请求与中国进行磋商。

表 2－3　中美纺织品协议中数量管理的 21 种纺织品

产品	单位	2006 年	2007 年	2008 年
200/301 棉纱、缝纫线及精纺棉纱	公斤	7529582	8659019	10131052
222 针织布	公斤	15966487	18361460	21482908
229 特殊用途布	公斤	33162019	38467942	45007492
332/432/632 类别部分－婴儿袜子类别 T	打双	64386841	73963859	85058437
332/432/632 类别部分－婴儿袜子类别 B	打双	61146461	70318431	80866195
338/339 类别部分－棉制针织衬衫	打	20822111	23424875	26938606
340/640 男式梭织衬衫	打	6743644	7586600	8724590
345/645/646 套衫	打	8179211	9201612	10673870
347/348 棉制裤子	打	19666049	22124305	25442951
349/649 胸衣	打	22785906	25634144	29479266
352/652 棉及化纤制内衣	打	18948937	21317554	24515187
359S/659S 泳衣	公斤	4590626	5164454	4990767
363 起绒毛巾	条	103316873	116231482	134828519
666 类别部分－纺织制百叶窗及窗幔	公斤	964014	1084516	1268884
443 毛制西装套装	套	1346082	1514342	1756637
447 毛制裤子	打	215004	241880	280581
619 化纤织物	平方米	55308506	62222069	72177600
620 其他合纤织物	平方米	80197248	90221904	103755190
622 玻璃纤维织物	平方米	32265013	37104765	43412575
638/639 类别部分－化纤制针织衬衫	打	8060063	9067571	10427707

产品	单位	2006 年	2007 年	2008 年
647/648 类别部分—化纤制裤子	打	7960355	8955399	10298709
847 植物纤维制裤子	打	17647255	19853162	23029668

资料来源：根据《关于纺织品和服装贸易的谅解备忘录》整理。

（3）我国参与的经济一体化组织

当前，多边贸易自由化的谈判难度较大，前进步伐缓慢。因此，越来越多的 WTO 成员开始尝试通过区域贸易协定（RTAs）来实现贸易的自由化，区域贸易协定根据缔约国数量的差异，可以分为双边贸易协定和多边贸易协定，其目的就是实现缔约方之间的自由贸易，是经济一体化的首要表现形式。换句话说，在推进经济一体化、贸易自由化方面，RTAs 是 WTO 的先导，它容易协调各缔约国的立场和利益，使有关缔约国在多边贸易体制下暂时无法实现的自由化利益在小范围内予以实现。

①已经签订的自由贸易协定

截至 2017 年中国已经与 22 个国家和地区达成 14 个自贸协定，分别是中国与东盟、新西兰、新加坡、巴基斯坦、智利、秘鲁、哥斯达黎加、冰岛、瑞士、韩国和澳大利亚的自贸协定，内地与香港、澳门更紧密经贸关系安排（CEPA），以及大陆与台湾的海峡两岸经济合作框架协议（ECFA）。

②正在谈判的自由贸易协定

中国不仅正在进行中国—挪威自贸区、中国—斯里兰卡自贸区的谈判，还在与有关国家推进《区域全面经济伙伴关系协定》（以下简称 RCEP）、中国—海湾合作委员会自贸区、中日韩自贸区、中国与东盟的自贸区升级等谈判，逐步打造覆盖全球的高水平自贸区网络。RCEP 是由东盟十国发起，邀请中国、日本、韩国、澳大利亚、新西兰、印度共同参加，通过削减关税及非关税壁垒，建立 16 国统一市场的自由贸易协定。若达成 10＋6 协定，将涵盖人口约 35 亿，GDP 总和 23 万亿美元，占全球总量的 1/3，将是世界上涵盖人口最多、成员构成最多元、经济发展水平差异最大、发展最具活力的自贸区。

③正在研究的自由贸易协定

自由贸易区建设是我的对外开放的重要战略。党的十七大把自由贸易建设上升为国家战略，党的十八大进一步提出加快实施自由贸易区战略，要以周边为基础，形成高标准的自由贸易区网络。为此，中国还启动了中国－印度自贸区、中国－哥伦比亚自贸区、中国－马尔代夫自贸区、中国－格鲁吉亚自贸区、中国－摩尔多瓦自贸区的前期研究，为双边谈判奠定基础。

跨太平洋伙伴关系协议（英文简称 TPP），也被称作"经济北约"或"21世纪的贸易协定"。前身是由亚太经济合作会议成员国中的新西兰、新加坡、智利和文莱四国发起，从 2002 年开始酝酿成为一组多边关系的自由贸易协定，旨在促进亚太地区的贸易自由化。后来美国、日本、澳大利亚、新加坡、越南、马来西亚、墨西哥和加拿大八国先后加入。2016 年 2 月 4 日，12 个国家在新西兰奥克兰谈判，正式达成一致并签署 TPP 协议。这是一项高标准、全覆盖、宽领域的多边贸易协定，这是一项经济总量超过欧盟，约占世界经济总量 40%，是世界上最大的自由贸易协定。戏剧性的变化是 2017 年 1 月 20 日美国第 45 任总统川普就职，1 月 23 日特朗普就正式签署命令宣布美国退出 TPP，给跨太平洋伙伴关系协议未来的发展走势蒙上了阴影。

中国不是 TPP 成员国，目前的 TPP 有违开放的原则，对我国的经济贸易、尤其是纺织服装出口造成的影响是不可低估。TPP 的"从纱开始"的原产地规则，成员国内部零关税原则对中国纺织服装出口具有极大的威胁，不仅直接影响我国纺织服装的出口，而且还将影响世界纺织服装产业链、价值链的重构。一是 TPP 12 国的经济总量约占世界经济的 40%，也是我国纺织服装出口的主要市场，约占我国纺织服装出口总量的 42%。二是据 2015 年中国海关统计，TPP 成员国有美国、日本、越南、澳大利亚、马来西亚、加拿大、智利、墨西哥和新加坡九国连年位列我国纺织服装出口 40 强名录中，其中 2015 年美国、日本、越南在我国出口主要市场中分别位列第一、第二和第三位。

尽管美国把中国排斥在 TPP 之外，但中国一直持开放的态度，在密切关注 TPP 的发展进程。中国商务部认为 TPP 是当前亚太地区重要的自贸协定之一，中国对符合世界贸易组织规则、有助于促进亚太区域经济一体化的制度建设均持开放态度，希望《协定》与本地区其他自由贸易安排相互促进，共同为亚太地区的贸易投资和经济发展做出贡献。值得注意的是许多国际人士认为，TPP 协定若想真的履行，需要更多国家的加入，特别是中国加入。现在美国退出了 TPP，对中国也许是一个重要的机会。

2.1.2 贸易保护主义

国际贸易理论的发展基本上分为两大阵营，就是自由贸易和贸易保护主义。我国著名经济学家厉以宁曾指出，"在西方经济学中，自由贸易与保护贸易之争由来已久，并且始终不曾停止过。"他进一步强调，"自由贸易理论和保护贸易理论并非截然对立，世界各国从来就没有进行过真正的自由贸易。"事实也是如此，欧美国家一面高喊自由贸易，却又同时实行贸易保护主义政策。贸易保护主义是指在对外贸易中，实行限制进口以保护本国商品在国内市场免受外国商品竞争，并向本国商品提供各种优惠以增强其国际竞争力的主张和政策。贸易保护主义的经济学理论的发展经历了重商主义、幼稚工业保护主义、凯恩斯主义、战略性贸易保护和新贸易保护主义五个基本阶段。由 2007 年美国"次级债"引发的国际金融危机之后，贸易保护主义重新抬头，呈现出新贸易保护主义特征。

（1）贸易保护主义形式

新贸易保护主义，又称为"新重商主义"或"超贸易保护主义"，是 20 世纪七八十年代兴起的，在国际贸易领域中形成的以非关税壁垒为主，以关税壁垒为辅。意在规避 WTO 的制度约束，通过贸易保护，达到保护本国就业，维持在国际分工和国际交换中支配地位的贸易保护主义。新贸易保护主义是在国际贸易中双边主义与区域主义兴起、国际市场竞争加剧、跨国公司内部贸易快速发展、发展中国家尤其是"金砖国家"快速崛起的情景下产生的。

①技术壁垒

技术壁垒是指一国通过技术上，如产品的规格、质量、技术指标等方面设置贸易障碍。

GATT《贸易技术壁垒协定》（TBT）对一国使用技术壁垒有其严格的规定，但在实施过程中，多数成员都在利用其"灰色地带"，也就是利用协定尚不明确、尚未界定的模糊区域实施技术壁垒。这类壁垒具有强烈的国家意识的主观性、目的性、针对性和苛刻性的特点。纺织服装技术壁垒名目繁多，复杂多变，主要可概括为两类，一是提高市场准入门槛。众所周知，偶氮染料是纺织服装在印染工艺中应用最广泛的一类合成染料，用于多种天然和合成纤维的染色和印花，也用于油漆、塑料、橡胶等的着色，在特殊条件下，它能分解出致癌的芳香胺。1994年德国政府颁布禁用偶氮染料的法令，此后荷兰、法国、澳大利亚等国也出台相关、相似的法案。欧盟 2001/C96E/18 指令禁止进口的纺织服装使用会产生 22 种致癌芳香胺的偶氮染料，明确规定了列入控制的纺织服装范围。欧盟 2002/61/EC 指令对氨基偶氮苯重新列入致癌芳香胺，并对它的测试方法进行了评估，重申致癌芳香胺的最大限量为30mg，该指令还规定了 3 个禁用染料的测试方法。2003/03/EC 指令则进一步提高标准，规定在欧盟的纺织品、服装和皮革制品市场上禁止使用和销售含铬偶氮染料，该指令于 2004 年 6 月 30 日生效。二是实施严格认证制度。欧美等国完全取消配额后，先后出台和更新了 10 余项新规定，如 REACH（化学品注册、评估、许可和限制）认证、Oeko－Tex100（纺织品国际生态）认证、ISO 18000（国际安全及卫生管理标准）认证等。REACH 是欧盟对进入其市场的所有化学品，也包括纺织品，进行预防性管理的法规。该法规于 2007 年 6 月 1 日正式实施，欧盟先后分八批公布 SVHC（高关注度物质）名录，累计包括蒽油、邻苯二甲酯、二硝基甲苯、邻苯二甲酸二异丁酯、二氨基二苯基甲烷等SVHC 达到 138 项。Oeko－Tex100 认证是世界上最权威的、影响最广的国际纺织品生态认证。Oeko－Tex100 认证是由欧盟、日本等 14 家知名纺织科研与检验机构组成的国际环保纺织协会于 1992 年推出的一套国际认可的检测与认证系统，该协会在全世界近 40 个国家设有代表处，会员遍布全世界，目前已经为 80 多个国家 8000 多家纺织服装公司提供了有关 Oeko－Tex100 认证。未经认证产品都被排斥在市场之外，参加认证的企业需要更新设备、改进工艺、还要交一笔数额不小的认证费，无形之中形成了市场的壁垒，而且保护的程度也更深。

②绿色壁垒

国际经济一体化趋势越来越明显的大背景下，各国间的经济贸易往来愈加频繁、关系愈加密切。同时，各国间的贸易竞争也越来越激烈，一些国家为了达到保护本国产业与市场的目的，采取了一系列贸易限制措施，其中绿色壁垒是当今国际贸易领域主要的贸易壁垒之一。绿色壁垒是一个新词，国际上没有一个权威、统一的定义。一般都认为绿色壁垒是一国以保护环境和人类健康为目的，通过立法，制定繁杂的环保公约、法律、法规和标准、标志等形式，对国外商品进行准入限制的措施，它实质上是一种技术壁垒，其形式主要有绿色标志、绿色包装、绿色产品标准等。绿色标志就是国际上有资质的认证机构依据有关标准，如 ISO 14000 对商品进行认证并颁发标志和证书的一项制度。绿色标志图案多为天鹅、常绿树、天使、蒲公英等，富有绿色寓意。绿色包装又称生态包装或环保包装，就是一国对纺织服装进口的包装材料提出节约资源、可重复使用、不能对环境造成污染的强制性的限定。现在多数国家要求绿色标准须符合"3R1D"的原则，即 Reduce（减量化）、Reuse（重复利用）、Recycle（回收再生）和 Degradable（可降解腐化）。如美国、欧盟、澳大利亚、加拿大等要求木制包装必须经过熏蒸、防腐等处理才能入境，否则按要求进行销毁处理。绿色产品标准就是对产品结构、规格、质量和检验方法所制定的绿色标准。如美国服装纤维含量的标签的含量的规定只允许偏差 3％；服装的缩水标准规定为连续水洗 2～3 次，每一方向的尺寸变化率均不超过 2％～3％；服装的色牢度标准规定为 4 级；服装的安全，特别是婴儿、儿童服装有严格而又明确的规定，如美国消费品安全委员会（CPSC）向消费者、制造商、零售商和家长建议，将到 2～12 号的所有儿童上衣外套（包括夹克衫和运动衫）上的帽子和颈部拉绳全部取下；腰部下摆处的拉绳长度不得超过 3 英寸，并应当将拉绳的中间点固定缝在衣服上，以免从一侧将拉绳拉出发生危险。

③蓝色壁垒

蓝色壁垒又称为社会贸易壁垒或社会道德壁垒，就是利用各种国际公约的社会条款，如社会保障、劳动者待遇、劳动权利、劳动技术标准等条款，以劳动者劳动环境和生存权利为借口采取的贸易保护措施。目前，运用比较多的是由社会责任国际（SAI）制定的社会责任标准（SA8000）。SA8000 是全球首个道德规范的国际标准，其主要内容包括禁止使用童工、不准强迫劳动、保障健康与安全、工人有结社自由和集体谈判权、反歧视、反惩戒性措施等，还有工作时间、工资报酬等要求。SA8000 表面上是人文社会发展的要求，实质上就是行贸易保护主义之实，需要指出的是蓝色壁垒具有极大的隐蔽性、欺骗性。我国是一个劳动力资源禀赋比较丰裕的国家，廉价的劳动力是我国参与国际竞争的比较优势，若企业全面达到 SA8000 的标准，则劳动力优势可能会荡然无存甚至变成劣势，欧美发达国家积极推动 SA8000 认证，在客观上对我国劳动密集型产品出口，尤其是纺织服装出口形成了极大的贸易障碍。

④滥用"两反一保"

"两反一保"是反倾销、反补贴和保障措施的简称，是世界贸易组织（WTO）用于维护公平贸易，依法保护国内产业的一种法律制度。反倾销是指进口国当局依法对造成损害的倾销行为采取征收反倾销税等措施的行为。根据WTO规定，构成倾销要有三个要件，一是A国以低于国内正常贸易价值向B国出口产品；二是A国的出口产品给B国同类产品产业造成严重损害或严重损害威胁；三是B国同类产品产业的损害或损害威胁是因A国的低价进口造成的。反补贴是指进口国当局通过对出口企业征收反补贴税措施，以抵消补贴对其国内同类行业造成损害的法律行为，与反倾销相比，两者在性质上分属两个不同范畴。反倾销是针对企业的行为，而反补贴所面对的是政府行为。保障措施是WTO成员为保护国内某一产业免遭因进口量大幅增长带来的严重损害或严重损害威胁而采取的在必要限度内的贸易救济措施。

保障措施的实施主要有一般性保障措施和特别保障措施之分，一般性的保障措施是非歧视性的，只针对某一正在进口的产品，不考虑该产品来源哪一成员方；特别保障措施也称为"特保"，是歧视性的，专门针对中国的出口产品采取限制措施。一般性保障措施的实施期限一般不超过4年，特殊情况可延长，但不得超过8年；而"特保"措施则很长，如中国加入WTO的12年内，成员方可以在比较宽松的条件下对中国进口产品实施限制措施。

滥用"两反一保"就是指有的WTO成员方在解决国际贸易争端过程中，错误地引用WTO规则，以反倾销、反补贴和保障措施为名，行贸易保护主义之实，成为这些国家推行贸易保护主义的一种重要的非关税壁垒。原来美国、欧盟、澳大利亚、加拿大等发达经济体是"两反一保"的主要发起方。现在一些发展中国家也成为"两反一保"的发起方。根据商务部公平贸易局的有关统计，自1979年至2004年9月底，共有34个国家和地区发起了665起针对或涉及我国产品的反倾销、反补贴、保障措施及特保措施调查案件，其中反倾销案件594起，涉及4000多种商品，影响了我国约191亿美元的出口贸易。我国遭受国外"两反一保"立案调查数量不断上升。纺织服装往往又是遭受国外"两反一保"的重灾区（参见表2—4）。表中以2015年为样本，可以看出2015年我国纺织服装出口遭受"两反一保"案件共有31例，其中欧盟为发起方的案例14例，占45.16％，发展中国家为发起方的案例为17

例，占 54.84%。

表 2—4　2015 年我国纺织服装遭受"两反一保"的案件一览表

序号	日期	纺织服装"两反一保"案例
1	2015.1.16	欧盟终止对中印越三国进口的涤纶短纤维的反补贴调查
2	2015.1.23	秘鲁取消对中国混纺织物反倾销措施
3	2015.1.23	秘鲁终止对中国的牛仔布反倾销措施
4	2015.1.28	美国对中国产的聚酯短纤作出反倾销行政复审仲裁
5	2015.2.12	美国向 WTO 投诉中国纺织等七行业接受出口补贴受益
6	2015.2.17	欧盟向 B—Brum Beby 等 14 款童装提出安全警告
7	2015.3.14	韩国对中国的聚酯半延伸丝产品展开反倾销落日复查
8	2015.3.16	越南对来自中国等六国的纤维丝产品发起倾销调查
9	2015.3.31	巴基斯坦对中国产的聚酯短纤维（PSF）发起反倾销调查
10	2015.4.10	土耳其对我国窗帘布等纺织品发起反倾销日落调查
11	2015.4.16	美国对中国产的 9400 条丝巾实施自愿性召回
12	2015.4.17	欧盟对中国 Ativocollection 牌童装发出安全警告
13	2015.4.28	巴西对我合成纤维毯进行反倾销复审调查
14	2015.5.1	美国、加拿大对中国产的婴儿床垫实施自愿性召回
15	2015.5.20	阿根廷对中国聚酯加工丝纱产品启动反倾销日落调查
16	2015.6.9	欧盟对中国的某品牌黑色条纹围巾发出安全警告
17	2015.5.21	阿根廷启动对中国聚酯变形纱线反倾销复审调查
18	2015.6.2	印度对中国亚麻布发布日落复审结果
19	2015.6.8	欧盟对中国产的 Setty Koop 儿童套衫发出安全警告
20	2015.6.9	美国对中国带织边窄幅织带作出反倾销行政复审初裁
21	2015.6.12	印度作出对中国的尼龙帘子布继续征收 5 年反倾销税
22	2015.6.29	印度对中国和印尼的粘胶短纤维发起反倾销日落调查
23	2015.7.14	欧盟对中国产的 Smile 牌睡衣发出安全警告
24	2015.8.7	欧盟对中国产的 katia 牌女童泳装套装发出安全警告
25	2015.9.8	欧盟对中国 Bouny Baby 女童开衫羊毛衫发出安全警告

序号	日期	纺织服装"两反一保"案例
26	2015.9.10	欧盟对中国 BOY& STUDIO 男童长裤发出安全警告
27	2015.10.28	印度对中国窄织布反倾销延长 1 年
28	2015.12.7	欧盟对中国聚酯高强力纱进行反倾销日落复查
29	2015.12.17	阿根廷对中国拉链产品启动反倾销调查
30	2015.12.15	美国对高织数棉布、聚酯床单和床上用品启动 337 调查
31	2016.12.28	阿根廷对中国羊毛及其混纺织物征收临时反倾销税

资料来源：根据第一纺织网"WTO"栏目资料整理：http://ctie.webtex.cn/WTO/。

（2）贸易保护主义特点

纵观国际贸易发展史，贸易自由和贸易保护都是相对的，没有绝对意义上的贸易自由与贸易保护。自从有了国际贸易，贸易保护的政策从未完全消失。一国经济低迷时贸易保护主义就占上风，而当经济繁荣时自由贸易主义又占优势，二者在经济发展过程中不断地交替出现。随着时代的发展，新贸易保护主义的主要措施不再是关税、进口配额、外汇管制、烦琐的进出口手续等，而是具有隐蔽性、歧视性、双重性、多样性和争议性的新特点。

①隐蔽性

隐蔽性就是具有借助别的东西遮盖掩藏其真实意图。新贸易保护主义的隐蔽性十分突出。按照 WTO 的《国际纺织品与服装协议》，2005年 1 月 1 日世界纺织服装贸易进入无配额时代，但美国和欧盟仍对中国纺织品实施特别保护措施，贸易摩擦频发不仅使企业蒙受了巨额损失，而且损害了"中国制造"的国际形象。通过多轮谈判，最终中国采取"主动配额"平息贸易争端，直到 2008 年 1 月 1 日，中国才真正迈进无配额时代。表面上是中国纺织服装出口欧美采取"主动配额"，实质上是欧美国家违背 WTO 原则，限制中国纺织服装自由贸易，强加给中国的"被动配额"。

②歧视性

歧视性就是不平等对待。新贸易保护主义无论是反倾销、反补贴还是技术性贸易壁垒，都不同程度地存在对来自发展中国家的产品的歧视问题。我国是 WTO 第 142 个成员方，但长期以来受到"非市场经济地位"的不公正的待遇，不仅一些世贸组织成员使用"替代国"标准来判

断中国的生产者是否存在倾销行为是不公平的、不公正的，更为严重的
是美国、欧盟和日本违反了 WTO 公平贸易原则和非歧视性原则，相继
宣布不承认中国市场经济地位，继续维持反倾销"替代国"做法，继续
实行歧视性政策。《中国加入世贸组织议定书》第 15 条明文规定，世贸
组织成员对华反倾销"替代国"做法于 2016 年 12 月 11 日终止，即中
国入世满 15 年应取得完全市场经济地位。即从此之后，世贸组织成员
应该承认中国的市场经济地位，在对华反倾销调查中，不能再采用第三
国价格来计算倾销幅度。现在越多的成员认识到不承认中国完全市场经
济地位是不公平的。

③双重性

双重性就是两面性。新贸易保护主义的双重性体现在两个方面，一
方面新贸易壁垒顺应保护环境和尊重人权的世界发展潮流，为经济生活
进步和人的全面协调发展提供方向和动力，同时又以保护消费者、劳工
和环境之名，行贸易保护之实，阻碍自由贸易的发展。另一方面既叫嚷
自由贸易，又实施保护贸易。如美国高调地对进口纺织服装反补贴、反
倾销，同时美国长期对棉花生产和出口给以补贴。美国对棉花一直有
生产性补贴、销售性补贴和出口性补贴，美国棉花的大量倾销不仅严
重损害了中国棉农和棉商的利益，而且还严重影响中国纺织服装产业
链、价值链的构建。令人遗憾的是，一些国家可滥用"两反一保"，
而中国对美国棉花反补贴、反倾销是正当权益，起诉却有很大难度和
阻力。

④多样性

多样性就是非单一性。新贸易保护主义的表现形式是灵活多样，复
杂多变的，不仅可用技术壁垒，蓝色壁垒、绿色壁垒，还滥用"两反一
保"并复加运用、变化运用，形式五花八门。不仅可引用 WTO 等国际
条约，也可引用第三方中性贸易标准，还可应用本国贸易法典，如美国
不仅利用 WTO 制度的幌子，设立复杂苛刻的纺织品服装技术标准、安
全标准、生态标准和"两反一保"进行限制，而且还经常利用"301 条
款""337 条款"进行恐吓，"301 条款"是指 1988 年《美国综合贸易与
竞争法》第 301 款的俗称，"337 条款"是源于美国 1930 年《美国关税
法》第 337 节的简称，两个条款都把不公平贸易做法扩展到知识产权
保护领域。知识产权方面很容易挑毛病，何况我国纺织服装出口到美
国 95% 以上的都是 OEM，被诉企业和产品一旦涉案，经过立案、应

诉、披露、听证、裁决、上诉等程序，将面临驱逐令、停止令的处罚。

⑤争议性

争议性就是认识有分歧、尚未达成共识。新贸易保护主义措施很多介于合理和不合理、隐蔽性和复杂性之间的特点，使不同国家和地区在外贸领域很难达成一致标准，容易引起争议，且难以进行协调，以致成为国际贸易争端的主要内容，传统商品贸易大战被新贸易壁垒大战所取代。以美国"301条款"为例，不仅发展中成员认为有违WTO原则，1998年11月25日，欧盟按照WTO原则起诉美国，认为"301条款"的"单边报复制度"违背了WTO国民待遇原则，WTO的裁决是美国"301条款"本身并不违背WTO原则，但美国应该按照争端解决机制的有关规定执行。又如1995年4月18日美国开始限制进口印度的羊毛织物男式衬衣和女式衬衣，强制实施过渡性保护措施。印度向WTO起诉美国，WTO裁决认为美国认定损失并没有直接胡因果关系，实施过渡性保护措施违背了《国际纺织品与服装协定》的义务、美国最后撤销了过渡性保护措施。

（3）贸易保护主义趋势

2014年11月，WTO各成员经过艰难谈判，最终达成一致，形成了《贸易便利化协定》。我国2015年9月4日作出接受《贸易便利化协定》的决定，2017年2月22日，阿曼、乍得、约旦和卢旺达四个WTO成员方向WTO递交了《贸易便利化协定》的批准文件，至此，164个成员方先后有112个成员方批准接受《贸易便利化协定》，超过协定生效所需达到世贸成员总数2/3的法定门槛，同日，WTO总干事阿泽维多宣布《贸易便利化协定》正式生效并对已经批准协定的成员方正式实施。据WTO秘书处测算，该协定生效与实施将为全球带来10000亿美元的出口增长，同时，贸易成本平均将降低14.3%，贸易自由化朝着有利的方向发展。但是国际金融危机以后，引起了人们对全球化和自由贸易的反思。同时，为了阻止经济危机的蔓延，重振本国经济，使本国经济能够尽快复苏，各国政府对本国的对外贸易领域加大了干预力度，推出了各种贸易保护措施，贸易保护主义重新抬头并有愈演愈烈的趋势。2017年3月28日"反对保护主义"的表述未被写入G20公报，也就是说G20放弃了对保护全球贸易自由和开放的承诺，这默许了美国不断上扬的保护主义。

①全球性

美国"次级债"引发经济危机迅速全球化，随之而来的贸易保护主义也具有极强的连锁和示范效应。奥巴马提出"购买美国货"条款，特朗普实行"美国第一、美国优先"贸易保护主义政策，不仅会招致世界各国效仿这种反自由贸易的"良方"，而且还同世界各国吞服贸易保护主义"毒药"，恶性循环，无论发达国家，还是发展中国家都卷入了这波贸易保护主义的浪潮中。

②广泛性

随着世界进入后危机时代，贸易保护主义的影响领域更加广泛。此次贸易保护主义限制范围不仅仅局限于有形商品贸易，还逐步延伸到技术合作、服务贸易、金融投资、知识产权、汇率政策等领域。保护贸易政策开始向国家竞争政策、货币政策，甚至公共社会政策方面蔓延。

③复杂性

国际金融危机后各国的贸易保护措施更加复杂化，一方面传统贸易保护手段不断变换花样，新贸易壁垒层出不穷。另一方面贸易保护往往会利用WTO规则不明确或缺乏有效约束的"灰色区域"条款，在产品流通、资金移动、人员流动等方面设置"合规性"贸易壁垒，打着看似合理的旗号使贸易保护主义更加隐蔽而难辨。

2.1.3 世界产业结构调整

产业结构是指各产业的构成及各产业之间的联系和比例关系。世界产业结构调整就是随着社会生产力的发展、使世界产业结构合理和产业升级的发展过程。产业结构合理通常是指生产要素优化配置，使各产业协调发展。产业升级通常是指产业由低级到高级演进的发展过程。世界产业结构调整就是国际产业升级和转移。产业转移从资源密集度来看，是从早期的劳动密集型产业，逐步过渡到资本密集型产业，再到技术、知识密集型产业；从附加值来看，由低附加值产业发展到高附加值产业。从地区来看，是发达国家把轻纺产品先转移到"亚洲四小龙"，后转移到中国大陆及其他发展中国家。产业升级实质上是国际分工深化发展的产物，是由科学技术发展所推动的。第一次科技革命是以蒸汽机为标志，推动纺织、钢铁等产业发展，推动世界由手工业劳动向大机器生产的转变。第二次科技革命是以电力为标志，推动了电气、化学、石油、交通、汽车等产业的发展，推动世界由蒸汽时代向电气时代的进化。第三次科技革命是以计算机、原子能、空间技术和生物工程的发明和应用为主要标志，推动了信息技术、新能源技术、新材料技术、生物技术、空间技术和海洋技术等诸多产业发展，推动世界由机械化向自动化发展。第四次科技革命是以大数据、云计算、人工智能、3D 打印为主要标志，推动新能源、新材料、物联网、智能制造、柔性制造等产业发展，推动世界由自动化向智能的进化。

（1）工业 4.0

工业 4.0 就是在第四次科技革命的前提下，"互联网＋制造"，最初是德国推出的概念，后来美国、中国也相继推出自己的方案。德国称为"工业 4.0"，美国称"工业互联网"，中国叫"中国制造 2025"，这三者本质内容是一致的，都指向一个核心，就是智能制造。

①德国工业 4.0 规划

"工业 4.0"规划源于 2011 年汉诺威工业博览会，最初的想法只是通过物联网等媒介来提高德国制造业水平。2013 年由德国联邦教研部与联邦经济技术部联手资助，由德国工程院、弗劳恩霍夫协会、西门子公司组成产官学一体的德国"工业 4.0"项目工作组，并发表《德国工业 4.0 战略计划实施建议》，称物联网和制造业服务化，宣告着第四次工业革命到来，旨在支持工业领域新一代革命性技术的研发与创新，并由德国政府纳入《高技术战略 2020》，上升为国家战略。"工业 4.0"项目主要研究内容一是智能工厂，二是智能生产，三是智能产品，四是生产服务化，五是跨界经营。其技术支柱是工业物联网、云计算、工业大数据、工业机器人、3D 打印、知识工作自动化、工业网络安全、虚拟现实和人工智能。其主要特征是互联、数据、集成、创新和转型。其目标是令德国制造业在世界上最具竞争力，在全球制造装备领域拥有领头羊的地位。因此，德国"工业 4.0"规划不仅重构工厂、重构生产方式、重构商业模式，还引发新一轮的科技革命和产业革命。

②美国工业互联网规划

工业互联网规划是由美国通用电气公司发起的，并由 AT&T、思科、通用电气、IBM 和英特尔 2014 年 4 月 18 日成立工业互联网联盟进行推广的物理世界与数字世界融合的规划项目。其主要技术支柱是将带有内置感应器的机器和复杂的软件与其他机器、人连接起来，从中提取数据并进行深入分析，挖掘生产或服务系统在性能提高、质量提升等方面的潜力，实现系统资源效率提升与优化。其核心元素是智能机器、先进分析方法以及高知劳动力。其内涵已经超越制造过程以及制造业本身，跨越产品生命周期的整个价值链，将工业与互联网在设计、研发、制造、营销、服务等各个阶段进行充分融合，涵盖航空、能源、交通、医疗等更多工业领域。其目的是利用信息化、智能化技术改造当前的生产制造与服务模式，提高企业的生产效率，提升产品和服务的市场竞争力，重构美国的技术优势。由此可见，美国工业互联网规划与德国"工业4.0"规划一样，旨在促进大规模生产向个性化定制的转型，促进生产型制造向服务型制造的升级。

③中国工业2025规划

"中国制造2025"是国务院于2015年5月印发的部署全面推进实施制造强国战略文件，是中国实施制造强国战略第一个十年的行动纲领。其基本方针是"创新驱动、质量为先、绿色发展、结构优化、人才为本"。其基本原则是"市场主导、政府引导，立足当前、着眼长远，整体推进、重点突破，自主发展、开放合作"。其任务一是提高国家制造业创新能力；二是推进信息化与工业化深度融合；三是强化工业基础能力；四是加强质量品牌建设；五是全面推行绿色制造；六是大力推动重点领域突破发展，聚焦新一代信息技术产业、高档数控机床和机器人、航空航天装备、海洋工程装备及高技术船舶、先进轨道交通装备、节能与新能源汽车、电力装备、农机装备、新材料、生物医药及高性能医疗器械十大重点领域；七是深入推进制造业结构调整；八是积极发展服务型制造和生产性服务业；九是提高制造业国际化发展水平。其战略目标是"三步走"，第一步是到2025年进入制造强国行列；第二步是到2035年我国制造业整体达到世界制造强国阵营中等水平；第三步是到新中国成立100年时，制造业大国地位更加巩固，综合实力进入世界制造强国前列。

制造业是国民经济的主体，是立国之本、兴国之器、强国之基。纺织服装业是中国制造的一部分，2009年被确定为国家要振兴的十大支柱产业之一。我国2012年就发布了《建设纺织强国纲要（2011—2020)》，提出了纺织业科技强国、品牌强国的发展要求，与"中国制造2025"提出的目标、任务是一致的，其主要内容参见表2—5。中国纺织工业联合会编制的《纺织工业"十三五"发展规划》，进一步明确了这一发展思路。

表 2—5　我国纺织业未来发展的五大任务

产业方向	主要任务
加快纺织工业基础提升	重点突破高性能纤维材料、生物基材料以及差别化、多功能纤维等纺织基础材料
	重点突破多功能高速锭子、喷丝板等纺织基础零附件
	重点突破纺丝、纺纱、织造、印染、非织造等纺织基础工艺
	重点加强科技创新平台、检验检测平台、技术公共服务平台等纺织产业技术基础建设
加快纺织智能制造进程	重点突破纺织业自动化、数字化、机器人、实时在线监测、自适应控制等关键设备
	重点建设纺织业智能制造示范生产线、纺织业数字化工厂、纺织业智能工厂
	重点建设纱线智能生产线、涤纶长丝生产线、印染自动生产线、无纺布自动化生产线、服装自动生产线
纺织新材料研发与应用	重点突破航天、国防等高端需求的 T700 级及以上高性能碳纤维、对位芳纶纤维
	重点突破打破国外技术垄断的防护、防化、能源领域的高性能碳纤维复合材料
	重点突破新型生物基纤维材料、海洋生物基纤维材料
提高纺织绿色制造水平	重点突破新型纤维制备技术、再生纤维制备技术、自动化和信息化制备技术
	重点突破低能耗、低水耗、低污染物排放的生态染整技术工艺
	重点突破物理法、化学法兼济的废旧聚酯纤维高效连续再生纤维关键技术
加强纺织自主品牌建设	重点是通过科技进步提高纺织服装产品质量
	重点是品牌创立、运行、推广以及创造品牌保护的良好环境
	重点是把国内纺织服装的地方品牌、区域品牌、全国品牌发展成为国际品牌

资料来源：根据《纺织工业"十三五"发展规划》整理。

（2）欧美再工业化

"再工业化"最初是一个区域性的战略，是针对德国的鲁尔地区、法国的洛林地区、美国的东北部地区和日本的九州地区等工业基地改造而提出的发展构想。但在由美国"次级债"引发国际金融危机以后，这一概念再次盛行并已上升为国家战略。"再工业化"是欧美发达国家基于"去工业化"后，工业在各产业中的地位不断降低、工业品在国际市场上的竞争力相对下降、大量工业性投资移师海外而提出的重回实体经济、避免产业结构空洞化的产业"回归"战略。这种回归不是简单的传统产业回归，而是制造业的转型升级和以新兴产业为核心的结构转型。欧美发达国家"去工业化"始于 20 世纪六七十年代，其原因主要有三：

一是成本因素，欧美国家土地、劳动力等生产要素的成本很高，而发展中国家相对便宜得多。二是资源因素，欧美国家的钢铁、造船、工程机械和纺织等传统产业的资源逐步衰退甚至枯竭，而一些发展中国家相对丰裕得多。三是技术因素，欧美国家技术上的比较优势十分明显，在国际分工中发展知识密集型、资本密集型产品出口比较有利，而发展中国家技术发展相对落后，发展劳动密集型产品出口比较有利。应该看到，欧美发达国家"去工业化"促进了产业间的国际分工深入发展，促进了世界经济一体化的发展进程，自然也带来了国际贸易的繁荣。

①美国再工业化

"再工业化"不仅是奥巴马政府重振美国经济的发展构想，也是特朗普政府"美国优先"的战略选择。19世纪末美国就跃居世界第一工业大国，这种繁荣与殊荣一直持续到20世纪中期。随着信息技术革命的到来，美国开始"去工业化"的产业结构调整，大力发展服务业，制造业大量向国外转移。现在，美国提出"再工业化"战略，不仅要把加工贸易环节通过技术上的载体引回美国，而且还要大力发展高端装备制造，对重新夺回并维持世界制造业领袖地位、扩大美国就业具有十分重要的意义。为此，美国制造业协会曾经提出四大雄心勃勃的目标：一是成为世界上最佳的制造业投资地；二是保持制造业的领先地位，提供大量高端制造；三是使其制造业产品重新夺回世界第一的份额；四是培养世界级的制造业领导人才。波士顿咨询公司研究认为，美国"再工业化"是必要的，"再工业化"不同于19世纪的工业化，是制造业的电子化、数字化和智能化。美国"再工业化"是可行的，其理由一是作为世界最大的进口国、市场需求很大；二是制度成本的相对低廉；三是能源、劳动力的价格相对不是太高；四是物流成本低。美国曾经是纺织工业大国，现在的生产成本和关税政策也在促进"再工业化"。目前美国纺织业生产成本已低于中国、印度、土耳其、韩国和巴西等国。2003年在美国一公斤纱线生产成本是2.86美元，在中国须支付2.76美元，但至2010年，在美国一公斤纱线生产成本是3.45美元，在中国却增加至4.13美元。同时，美国目前的关税政策是纱线进口的关税税率5%～6%、布料是10%～12%，而衣物是15%～20%，也在促使"再工业化"。

美国的东南部地区曾经是美国纺织业的摇篮。纺织企业众多、纺织业蓬勃发展，20 世纪八九十年代相继关闭或迁往人工较便宜的国家。现在，随着亚洲地区，特别是中国的劳动力工资、能源和其他生产成本提高，越来越多亚洲纺织业者将工厂迁到美国东南部，使纺织业工作又回到美国。2013 年 10 月，印度孟买的 shrivallabh pittie 集团宣布投资 7000 万美元在乔治亚州兴建纺织厂，并提供 250 个就业岗位。2013 年 9 月，中国江南化纤公司在南卡罗来纳州设厂，投资 4500 万美元，可创造 318 个就业岗位。2014 年 1 月，中国浙江杭州的科尔集团在北卡罗来纳州设厂，投资 2.18 亿美元，可创造 500 个就业岗位。纽约是世界著名的时装之都，纽约时装周是与伦敦、巴黎、米兰齐名的四大著名国际展会。19 世纪 60 年代，纽约的制造业以服装制造、印刷、制糖业、造船业等轻工业为主，总产值位于美国各州之首。为了振兴纽约的服装业，2017 年 2 月 24 日，纽约市市长 Bill de Blasio 公布了耗资 13.6 亿美元的 "Madein NY" 创意园区计划，"Madein NY" 以服装制造业为主，连接附近的 Bush Terminal 工业园区和 Army Terminal 工业园区，可创造 182000 个岗位。

②欧洲再工业化

工业革命完成以后，欧洲就成为世界工业的发源地。世纪之交，欧盟主要国家的服务业增加值的比重接近或超过 70%，工业增加值占国内生产总值的比重已普遍低于 30%，其中制造业增加值比重更降至 20% 以下，2000－2014 年间，制造业在欧盟总产量的份额从 18.8% 下跌至 15.3%，而同期则减少了 350 万个制造业工作机会。欧债危机全面爆发后，"去工业化""产业空洞化"的问题充分暴露出来，迫切需要回归实体经济。欧盟主席容克强调"我们需要一个再工业化的欧洲"。欧盟委员会副主席、负责工业的委员安东尼奥·塔亚尼也重申，欧洲需进行"再工业化"，以重振欧洲经济。目前，欧盟面临经济低迷、债务危机、就业压力、英国脱欧等问题，迫切需要通过"再工业化"提振信心。同时，"去工业化"后，欧盟的工业竞争力依旧十分强劲，工业制成品的质量、技术含量、工业附加值也是世界最高的。英国、德国等国握有品牌、核心技术，仍处于全球产业链的高端。目前，欧盟掌握了世界几乎一半的工业技术标准和产品规则，欧盟人口超过 5 亿，约占世界一半的高端需求市场。

欧洲的"再工业化"也是主打高端制造业。欧盟委员会提出工业发展方向与目标，其重点是促进创新，如成立欧洲研究理事会；建立欧洲创新技术学院；实施联合技术倡议，研发如卫星监测环境与地球安全、微电子工艺燃料电池、药物创新等技术与工艺，以提升"再工业化"进程。欧盟各国在高端制造业也是差异化发展的。德国重点发展机器人、3D打印、航天航空、海洋工程等高端装备制造业；法国大力发展网络技术、医疗信息化、环境保护、可再生能源及节能等新兴产业；英国引导企业将高新技术应用于传统产业领域的同时，大力发展高新技术产业；瑞典大力发展电子、环保、能源、生物、制药等高端制造业。

在欧洲"再工业化"背景下，欧洲的纺织业也在"回归"。欧洲成衣暨纺织联盟（EURATEX）、欧洲人造纤维协会（CIRFS）等团体发表联合声明希望欧洲达成工业占比重回GDP 20%的目标。欧洲纺织业"再工业化"表现为两种情形。一是德国、英国等国主要发展纺织机械和对外纺织服装投资回归。据德国有关统计，德国纺织工业回归后，纺织服装机械出口快速增长，2010年出口伊朗增长50%，出口泰国增长42%，出口中国增长37%，出口越南增长35%。英国著名的服装生产商Topshop和River Island将海外生产业务迁回英国本土。二是意大利、法国等国，不仅在国内增加纺织服装的生产投资，而且还将国外的生产业务部分转移到与中国东南沿海地区劳动力成本差不多的波兰、匈牙利、保加利亚、罗马尼亚等东欧国家以及土耳其，这些国家不仅生产成本与中国差不多，而且物流成本比较低、质量管理也具有便利性和可控性。

（3）世界产业结构趋势

在经济一体化蓬勃发展的今天，顺应和适应世界产业结构调整，对一国或地区的经济发展十分重要。日本抓住了第一次世界产业结构调整机会，一跃成为世界经济强国；韩国、新加坡、中国香港地区和中国台湾地区，抓住第一、第二次世界产业结构调整的机会，携手成为亚洲"四小龙"；中国、印度、巴西、俄罗斯、南非抓住了第三次世界产业结构调整的机会成为最具经济活力的"金砖国家"。

①世界产业结构调整的总趋势

世界是多极的，产业结构调整也呈现多样化的趋势。具体来讲，一是世界产业结构的重心向信息产业和知识产业偏移，21世纪将形成一个以信息产业、生物技术产业及相关高科技产业为经济增长点的世界产业发展新格局。高新技术的加速发展，一方面使新产业不断涌现，另一方面高新技术向传统产业不断渗透，高新技术被广泛用于改造传统产业。二是垂直型的国家分工进一步深化，生产外包成为制造业国际产业转移的新兴主流方式，使发达国家的大型跨国公司将低附加值的生产制造环节转移到具有比较优势的发展中国家，自己则专注于研发、管理、财务运作、营销等价值增值环节具有相对竞争优势的核心业务。发展中国家积极承接国际产业转移，努力推动产业结构升级。三是政府、跨国公司依然是产业结构调整的主角和中坚力量，全球范围内形成了相互协调与合作的价值链、企业链和供应链以及与之相适应的组织框架。四是企业内部生产组织方式从传统的大批量生产转变为柔性生产、订单生产。五是世界产业结构在不断优化升级，工业结构的技术集约化，工业结构对能源、资源的依赖程度下降，产品附加值在提升。六是世界产业制造业服务化，企业国际竞争的优势由制造中心向以服务为中心的转变，在这一进程中金融、物流、设计、信息服务、质量认证等知识密集型的生产服务业会超越传统服务快速发展。

②世界纺织产业结构调整趋势

随着时代进步和科学技术的发展，世界纺织产业布局进一步调整和优化，呈现出如下六大发展趋势：一是纺织服装的产业技术进一步提高，在工业4.0的背景下，产业的科技含量在提高，纺织服装业技术向智能工厂、智能生产、智能物流发展。二是纺织服装业的资本规模会进一步提高，随着纺织服装全球产业链的发展，集约化经营的程度提高，工厂自动化、信息化、智能化程度要求越来越高，对纺织机械、服装生产设备的投入会越来越大。三是纺织服装产业用途会进一步增大，广泛应用于农业、工业、军事、国防、卫生医疗、航天航空等领域。四是纺织服装国际贸易额进一步增大，生活用的纺织服装由于人口和物价的增长，自然会带来纺织服装国际贸易的增长，同时，纺织服装产业用途领域扩大，也势必促进纺织服装国际贸易的增长。五是纺织服装的就业人数会相对减少，由于科技进步，传统的劳动密集型的纺织服装业的技术设备也要换代升级，创造每百万产值的用工人数会相对减少或逐步减少。六是纺织服装在经济总量中的比重会持续下降。随着高新技术产业和第三产业的快速发展，纺织服装在GDP中的比重会逐步减少。七是世界纺织服装的产业分工依然是垂直型的产业分工，欧美等发达国家因其拥有品牌、技术和行业标准的优势，在国际分工中占主导地位，主要集中在"微笑曲线"的两端，而发展中国家主要集中在生产加工环节。八是世界纺织服装产业向东盟国家、东欧国家、非洲国家、拉美国家转移的流向越来越清晰。

2.2 纺织服装出口成绩

中国是礼仪之邦，"衣食住行"日常生活中以"衣"为首。古往今来，穿衣为民众生活的基本需要。但因生产力所限，土纺土织不能满足人民生活的需要，新中国成立以后，为了缓解供求矛盾，1954 年 9 月 9 日，政务院第 224 次会议通过了《关于实行棉布计划收购和计划供应的命令》，规定从 1954 年 9 月 15 日起，国家对棉布实行统购统销政策，计划供应，城乡居民按人发布票，凭票供应，这一政策一直延续到1983 年冬天，全国 1984 年取消布票。由此可见，布票是我国纺织服装供应短缺的时代产物，内需严重不足、出口几乎为零，作为调剂余缺的纺织服装进出口贸易难有大的作为。1978 年全国纺织服装出口仅有24.31 亿美元，1983 年全国纺织服装出口也仅有 50.06 亿美元。在对外开放之初，我国的纺织服装业积极利用外资，大力引进技术，棉纺织业、化纤纺织业、丝绸纺织业、毛皮纺织业快速发展，不仅满足国内市场需要，而且纺织服装出口蓬勃发展。改革开放使我国纺织服装业成为受益较大、发展最快的行业。1994 年，我国纺织服装出口总额达到355.5 亿美元，是 1978 年纺织服装出口的 14.62 倍，是 1983 年纺织服装出口的 7.1 倍。更为惊喜的是，在世界纺织服装贸易中的比重提升到13.2%，成为世界上最大的纺织服装出口国。随后 22 年来一直稳居世界纺织服装出口第一大国地位，2006 年出口额达到 2840.7 亿美元，我国纺织服装出口取得了骄人的成绩。

2.2.1 出口持续增长

发展出口贸易一直是我国发展经济的长期战略，作为拉动经济的"三驾马车"之一，出口贸易对国民经济的拉动作用不可替代。纺织服装出口对增加外汇收入、扩大城乡就业、促进社会经济发展具有十分重要的意义。改革开放以来，特别是我国加入世界贸易组织以后，纺织服装贸易蓬勃发展、出口额屡创新高、进出口贸易额不断增。贸易顺差不断扩大。

（1）纺织服装出口额屡创新高

出口额也称之为出口贸易额，一般是指经海关结关放行的、按

FOB 价格（启运港船上交货价格，不包括运费和保险费）计算的、以美元计价的出口货物总金额。它是衡量一国出口创汇的重要指标。纺织服装出口额就是指以海关统计的纺织品、服装出口贸易额。我国纺织服装原先是多头管理，为了适应对内改革、对外开放的要求，1986 年底国务院决定将服装和丝绸两个行业统一归口纺织工业部管理，形成"大纺织"的格局，这不仅极大地推动了中国纺织服装业的发展，也促进了纺织工业从纺织纤维原料到织物、再到最终服装的一条龙生产体系的建立，形成了上、中、下游配套，品种门类齐全的纺织服装产业链、价值链体系，也极大地提升了我国纺织服装出口的生产力和国际竞争力。1994 年我国服装生产 70 亿件，生产跃居世界第一位，纺织服装及衣着附件出口达 237 亿美元，首次超过我国香港 213 亿美元，出口额跃居全球第一。

2001 年 11 月 10 日，世贸组织部长级会议在多哈审议并通过了中国加入世贸组织的决定。30 天后，世贸组织总干事迈克尔·穆尔致函世贸组织各成员，宣布中国政府已于 2001 年 11 月 11 日接受《中国加入世贸组织议定书》，议定书将于 2001 年 12 月 11 日生效，中国将于同日正式成为世贸组织的第 143 个成员。加入世贸组织意味着有利于我国充分利用"国内和国际两种资源、努力开拓国内和国际市场；有利于努力达成互惠互利协议，大幅度削减关税及其他贸易障碍和消除国际贸易中的歧视待遇，促进我国对外贸易可持续、健康、快速发展。我国入世以后，全国货物贸易从 2001 年的 2662 亿美元，到 2014 年发展到 23427.5 亿美元，13 年贸易额翻了 8.8 倍，13 年年均增长 18.21%，其后两年出口负增长，到 2016 年 20974.4 亿美元，是 2001 年的 7.88 倍，15 年年均增长 14.75%。加入 WTO 作为货物贸易重要品类的纺织服装出口，也得到了快速发展（参见图 2—1），从 2001 年的 396 亿美元，到 2014 年的 2719.4 亿美元，13 年贸易额翻了 6.87 倍，13 年年均增长 15.96%，其后两年出口负增长，到 2016 年 2438.9 亿美元，是 2001 年的 6.16 倍，15 年年均增长 12.88%。

纺织服装行业是典型的劳动密集型产业，对吸收劳动就业、维持社会稳定具有十分重要的作用。据测算，每增加出口 1 亿元，可增加国内 1200 人就业；还有人测算，按目前的吨纤维创汇水平，每增加 1 亿美元出口，可以增加 1 万人就业机会。需要强调指出的是，随着纺织服装业信息化、现代化、智能化的发展，生产力和科技水平的提高，纺织服

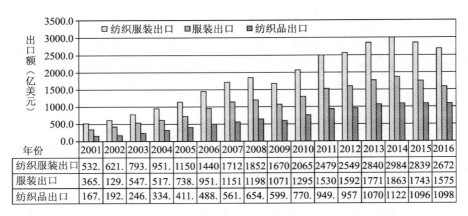

图 2—1　我国入世以来的纺织服装出口贸易额

资料来源：根据中国海关统计整理。

装出口吸收的劳动就业并非完全按理论测算的算数级数增加，到一定阶段，出口增加劳动就业可能还要下降。国家统计局有关资料显示，我国纺织服装全行业从业人数从 1978 年不到 300 万，2005 年增长到 2000 万，2013 年却下降到 1960 万。其中，规模以上纺织行业企业家数及平均从业人员如下：纺织制造业 20370 家、495.24 万人，从业人员较上年同期（下同）减 1.3％，纺织服装、服饰业 14091 家、从业人员减 1.2％达到 443.92 万人，化纤制造业 1796 家、从业人员增 3.2％，达到 47.8 万，皮革、毛皮、羽毛及其制品业 1678 家、从业人员减 4.0％达到 303.03 万人。

（2）纺织服装进出口贸易额不断增长

进出口贸易通常称之为之为对外贸易、国际贸易，是指一国（或地区）参与国际分工，同其他国家（或地区）所进行的商品（包括技术和服务）的交换活动，反映了一国（或地区）与世界经济上的相互依赖关系，也是反映一国对外开放的重要指标。进出口贸易额，也称为进出口贸易总额，就是指一国进出国境的货物贸易总金额，也就是货物贸易出口额与进口额之和，是衡量一个国家在货物贸易总规模的关键指标。纺织服装进出口贸易额就是指我国纺织服装出口贸易和进口贸易之和。

在改革开放之初，我国纺织服装贸易按照"大进大出、两头在外"的模式，在大力引进技术、利用外资的同时，加大了纺织服装的原料、面料、辅料的进口，大力发展来料加工、来样加工、进料加工业务，促进出口业务的快速增长，1994 年我国成为世界上最大的纺织服装生产国和出口国。随后，我国不断转变对外贸易的发展方式和增长模式，用"优进优出"替代"大进大出"，纺织服装进出口贸易总额迭创新高（参见图 2-2），2016 年纺织服装进出口贸易额 2906.1 亿美元，是 2001 年纺织服装进出口贸易额 647 亿美元的 4.5 倍，15 年间年平均增长率为 10.53%，增速很高，但仍低于同期全国货物贸易进出口总额年平均增长率 14.1% 的水平。这主要是纺织服装贸易进出口不平衡、进口增长一直滞缓所致。2001 年纺织服装进口额是 128 亿美元，约占当年进出口贸易总额的 19.78%。随后，纺织服装进口一直不振，2013 年 269.9 亿美元为最高峰值，占比一路下滑，2007 年下滑到不足 10%，到 2016 年为最低，贸易额仅有 233.6 亿美元，只占当面当年进出口贸易额的 8.04%，15 年间进口年平均增长仅有 4.09%，远远低于同期全国货物贸易的 13.31% 的年平均增长率，这也是我国纺织服装保持巨额贸易顺差的根本所在。

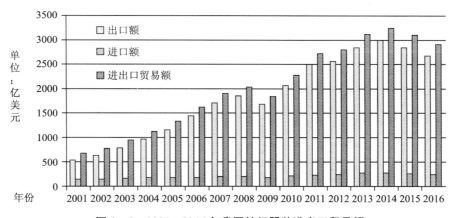

图 2-2 2001-2016 年我国纺织服装进出口贸易额

资料来源：根据中国海关统计整理。

（3）纺织服装贸易差额不断扩大

贸易差额是一国在一定时期内（一般为一年）出口总值与进口总值之间的差额，是衡量一国国际收支平衡的重要指标。贸易差额有三种情形，当出口总值大于进口总值时，也就是出现了贸易盈余，通常用"＋"号表示，称之为"贸易顺差"，也叫"出超"或"净出口"；当进口总值大于出口总值时，也就是出现了贸易赤字，通常用"－"号表示，称之为"贸易逆差，也叫"入超"或"净进口"。当出口总值与进口总值相等时，称为贸易平衡。一般来说，贸易顺差对一国经济发展有利。这一是贸易顺差促使国内总需求扩张，国内总需求扩张又促进了国民经济增长。二是贸易顺差增加了一国外汇储备，增强了综合国力，有利于维护国际信誉，提高对外融资能力和引进外资能力，能产生和放大外贸的乘数效应，使经济增长的规模数倍于净出口额。三是贸易顺差有利于经济总量平衡，不仅能够弥补财政赤字，还能有效稳定人民币汇率和实施较为宽松的宏观调控政策。四是贸易顺差使中国成为国际债权国，加强了中国抗击全球金融风险的能力，有利于维护国家经济安全。

2001—2016年全国货物贸易连年都是贸易顺差，16年间顺差总额为17 466.7亿美元，为国家的经济发展提供了大量的外汇储备和建设资金。同期，全国纺织服装贸易也连年保持贸易顺差，也就是纺织服装出口大于纺织服装进口，16年间贸易顺差总额为10 312亿美元（参见图2—3）占全国货物贸易顺差的59.04％。特别要指出的是，2001—2013年全国纺织服装贸易顺差总额达到18206.1亿美元，约占同期全国货物贸易顺差总额的92.28％，其中除2005—2009年外，其余年份纺织服装贸易顺差等于或高于全国货物贸易顺差，如果除去纺织服装贸易，当年全国货物进出口贸易差额实际为贸易逆差。差额比最高的是2003年、2004年分别高达247.03％和244.63％。2014—2016年，差额比在缩小，分别是66.75％、43.43％和47.81％。

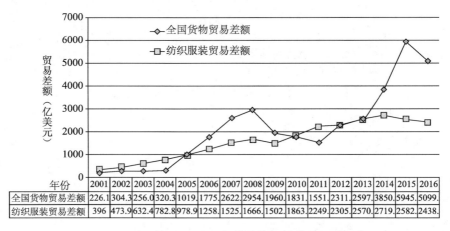

年份	2001	2002	2003	2004	2005	2006	2007	2008	2009	2010	2011	2012	2013	2014	2015	2016
全国货物贸易差额	226.1	304.3	256.0	320.3	1019.	1775.	2622.	2954.	1960.	1831.	1551.	2311.	2597.	3850.	5945.	5099.
纺织服装贸易差额	396	473.9	632.4	782.8	978.9	1258.	1525.	1666.	1502.	1863.	2249.	2305.	2570.	2719.	2582.	2438.

图2—3　全国货物贸易差额与纺织服装贸易差额

资料来源：根据中国海关统计整理。

2.2.2 结构持续改善

贸易结构是指某一时期贸易的构成情况，是反映对外贸易质量的重要指标，有广义和狭义之分，广义贸易结构主要是指一定时期内贸易中货物贸易和服务贸易的构成情况，一般称为贸易结构。狭义的贸易结构主要是指一定时期内货物贸易中各种商品的产品、市场、贸易方式构成情况。本书主要就纺织服装出口贸易的狭义的结构进行分析，我们认为，我国的纺织服装出口贸易结构在持续改善。

（1）贸易产品结构不断优化

贸易产品结构通常是指各类商品的贸易额在总贸易额中所占的比重。纺织服装出口的产品结构就是指纺织品、服装及其各种子类占纺织服装出口贸易总额的比重。入世以后，特别是进入后配额时代以后，我国纺织服装出口的产品结构始终处于一个比较合理的配置组合状态，全国纺织服装可分为纺织品和服装两个大类，其中纺织品又可进一步细分为纱线、面料和纺织制成品三个子类，服装可进一步细分为针织服装、梭织服装、毛皮革服装和其他服装四个子类。从表2－6可知。一是我国纺织品、服装的出口比重一直维持在37％和63％左右的合理水平。二是在纺织品大类中，虽然总比重12年间波动不大，没有太大的趋势性的变化，但子类的结构却出现了"两降一升"的变化。"两降"就是作为纺织原料性、技术含量低的纱线的出口比重由2005年6.53％下降到2016年的3.96％；作为中间产品附加值低的面料出口占比，也由2005年的19.32％下降到2016年的17.78％。"一升"就是作为最终产品的、技术含量和附加值较高的纺织制成品的出口占比在提升，由2005年的11.91％上升到2016年的16.01％。三是服装大类中，虽然总比重12年间波动不大，但在子类的出口额有变化，2016年较之2005年，针织服装出口增加了约1个百分点，梭织服装减少了3.9个百分点，附加值较高的毛皮革服装出口增加了约1个百分点，其他服装也增加了约1个百分点。

（2）贸易方式结构不断改善

贸易方式是指国际贸易中买卖双方所采用的各种交易的具体做法，当前在国际贸易中流行着各种各样的贸易方式，各种贸易方式也可交叉进行，按照海关统计一般分为一般贸易、加工贸易、边境贸易、其他贸

表2-6 我国纺织服装后配额时代的出口产品结构比重（%）一览表

商品名称	2005年	2006年	2007年	2008年	2009年	2010年	2011年	2012年	2013年	2014年	2015年	2016年
合计	100	100	100	100	100	100	100	100	100	100	100	100
纺织品	37.76	37.11	36.27	35.31	35.91	37.32	38.20	37.57	37.66	37.58	37.59	37.75
纱线	6.53	6.20	5.89	4.60	4.19	4.69	4.76	4.48	4.26	4.04	3.88	3.96
面料	19.32	18.88	18.26	16.64	16.33	17.28	18.25	17.85	18.27	18.24	18.30	17.78
纺织制成品	11.91	12.03	12.12	14.08	15.39	15.35	15.19	15.25	15.13	15.30	15.41	16.01
服装	62.24	62.89	63.73	64.69	64.09	62.68	61.80	62.43	62.34	62.42	62.41	62.25
针织服装	25.24	25.51	29.33	29.46	28.77	28.90	28.85	30.58	30.59	27.38	26.99	26.29
梭织服装	29.26	29.32	26.66	27.15	26.71	25.11	24.22	22.75	22.72	26.02	26.12	26.35
毛皮革制装	0.61	0.68	0.93	0.67	0.83	0.92	0.77	0.89	0.96	1.12	1.20	1.59
其他服装	7.13	7.38	6.81	7.41	7.78	7.76	7.97	8.21	8.07	7.90	8.10	8.02

资料来源：根据中国海关统计

易等类型。加工贸易一般分为来料加工装配贸易、进料加工贸易。贸易方式结构是指各部分的组成搭配与安排。我国纺织服装出口的贸易方式结构，就是指各种贸易方式的占比关系，各种贸易方式的占比关系的变化反映我国纺织服装出口贸易结构的改善与变化。入世以后，特别是在后配额时代，我国纺织服装出口贸易方式一直在调整和改善，其方向就是逐步增加一般贸易的比重，逐步减少加工贸易的比重（参见图 2—4）。2005 年我国纺织服装出口一般贸易的比重 69.40％，随后除 2013 年外一路上升，到 2016 年增长到 77.36，11 年间一般贸易的比重增加了 8.16 个百分点。2005 年我国纺织服装的进料加工和来料加工的出口比重是 26.5％，随后除 2013 年外，连年呈现下降趋势，到 2016 年下降到 10.67％，11 年间加工贸易出口下降了 15.83 个百分点。2005 年我国纺织服装边境贸易的比重仅有 2.5％，随着纺织服装边境贸易非常活跃，西藏、新疆、内蒙古、黑龙江、吉林、广西、云南等地分别与哈萨克斯坦、吉尔吉斯斯坦、塔吉克斯坦、俄罗斯、朝鲜、蒙古国、越南、老挝、缅甸、印度、尼泊尔、巴基斯坦等国境地区开展纺织服装边境贸易；既有原始的易货贸易，又有现代化的无纸贸易，比重增幅一波三折但趋势向上，到 2016 年增长到 4.7％，11 年间边境贸易出口增长了 2.2 个百分点。2005 年我国纺织服装出口的其他贸易只有 1.8％，但随后除 2009 年、2012 年外，保税仓库出口贸易、保税区仓储转口贸易的快速增长，到 2016 年增长到 7.18％，11 年间其他贸易出口增长了 5.38 个百分点。

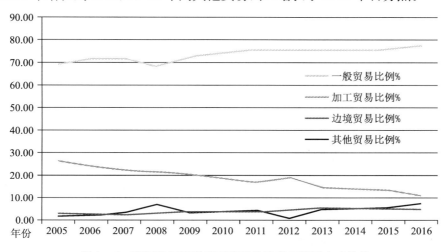

图 2—4　我国纺织服装后配额时代的出口贸易方式结构

资料来源：中国海关统计

经过改革开放的深入发展，我国纺织服装出口贸易方式多元化基本形成，一般贸易占主导地位的趋势基本确立，因此，可以认为我国纺织服装出口贸易方式是合理的。根据中国海关统计，从图2—5可以看出，2016年我国纺织服装出口一般贸易占77.38%，加工贸易占10.06%，边境贸易占4.79%，其他贸易占7.18%。

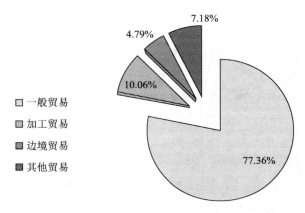

图 2—5　2016 年我国纺织服装出口贸易方式结构

资料来源：中国海关统计

（3）出口市场结构趋于合理

市场结构就是某一产品或服务市场中各种要素之间的内在联系及其特征，包括市场供给者之间、需求者之间、供给和需求者之间以及市场上现有的供给者、需求者与正在进入该市场的供给者、需求者之间的关系。市场结构有广义和侠义之分，广义的市场结构是指一个行业内部买方和卖方的数量及其规模分布、产品差别的程度和新企业进入该行业的难易程度的综合状态，狭义的市场结构是指买方构成市场，卖方构成行业。纺织服装出口市场结构通常是指出口的市场布局和出口的集中度。我国加入WTO以后，特别是进入到后配额时代，纺织服装出口竞争优势进一步凸显，按照广泛布局、重点布局、分片布局的方针，实施区域集中、梯度开发、多途并进的策略，基本形成了多元＋集中的出口市场格局。以2016年为例，我国纺织服装对世界各大洲的出口实行了全覆盖，出口市场达到200多个国家和地区。从图2—6可以看出，我国出口市场主要集中在亚洲、欧洲和北美洲，同兼顾到非洲、拉丁美洲和大洋洲。亚洲市场主要集中在中国香港地区、日本、东盟和中东国家。欧洲市场主要集中在欧盟27国，特别是非东扩的欧盟15国。北美市场主要是美国和加拿大。

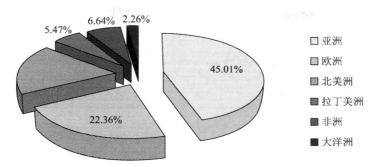

图 2-6　2016 年我国纺织服装出口地区结构图

资料来源：中国海关统计

市场集中度是反映若干地区或企业所占市场份额的总和，是用来衡量市场结构集中程度的测量指标，也是市场势力的重要量化指标。我国纺织服装出口市场集中度，通常用出口十大国家和地区来反映。2005年我国出口的十大市场依次是美国、日本、中国香港、俄罗斯、韩国、德国、英国、意大利、阿拉伯联合酋长国、澳大利亚，共计向前 10 大市场出口达到 754.32 亿美元，约占当年纺织服装出口总额 65.57%，前十大市场集中度较之上一年下降了 1.12 个百分点。随后，市场集中度持续下降，到 2016 年市场的前 10 国家和地区依次是美国、日本、中国香港、越南、英国、韩国、德国、俄罗斯、阿拉伯酋长国、菲律宾，对前 10 国家和地区出口额共计 1418.3 亿美元，占比只有 53.07%，且呈现连续下降并有进一步下降的趋势（参见图 2-7），说明我国纺织服

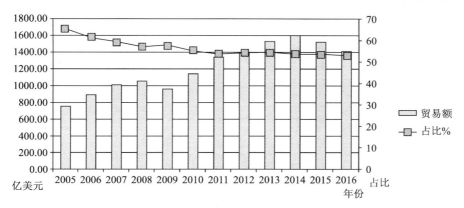

图 2-7　2005-2016 年我国纺织服装十大市场的贸易额与比重

装出口市场集中且多元化。有几点值得注意的，一是美国一直稳居我国纺织服装的第一大出口市场，日本和中国香港地区除个别年份外，一直是居于我国纺织服装的国别市场的第二、第三位。二是越南2005年没有进入我国纺织服装出口的前20强，但后来发展很快，2015年、2016年分别跻身于我国纺织服装出口国别市场的第三位、第四位。

2.2.3 国际竞争力持续增强

国际竞争力是指在世界经济的大环境下，一国在国际竞争中创造增加值和国民财富持续增长的能力。国际竞争力通常用国际竞争力指数表示。国际竞争力指数是国际竞争力的数字化表达，是对包含生产要素、需求条件、相关产业和支持产业、企业战略、政府、机遇等多维因素的综合体现，一定程度上可用来衡量一国的综合国力。下面，我们用MS指数、TC指数和RCA指数分析我国纺织服装的国际竞争力。

（1）MS指数走强

MS指数是国际市场份额（Market Shares）指数的英文简称，又称之为国际市场占有率指数，是国际竞争力分析的常用指标之一，它是指一国某类产品出口额占全世界该类产品出口总额的比重。某类产品的国际市场占有率越高，则表明该类产品的国际竞争力越强。纺织服装国际市场占有率指一国的出口总额占世界出口总额的比重，可反映一国某产业或产品的国际竞争力或竞争地位的变化，比例提高说明该国该产业或产品的出口竞争力增强。

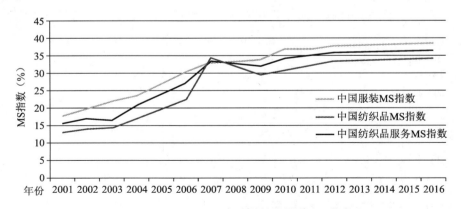

图2-8 2001—2016年中国纺织服装MS指数

数据来源：根据WTO《International Trade Statistics.》整理

从图 2—8 可以看出，加入 WTO 以来，我国纺织服装 MS 指数值进入高位运行的新常态，纺织品国际市场占有率、服装国际市场占有率、纺织服装国际市场占有率都很高，一直处于世界第一的地位，表现出极强的国际竞争力。具体来讲，我国纺织服装的 MS 指数运行可以分为两个阶段，第一阶段是 2001—2007 年，这是 MS 指数值连年快速增长阶段，我国的纺织服装 MS 指数值由 15.67％提升到 33.56％，其中纺织品 MS 指数值从 13.11％快速提升到 33.4％，服装 MS 指数值从 17.76％快速提升到 33.3％。这一变化表明入世以后，我国的纺织品、服装、纺织服装出口的竞争力得到快速提升。第二阶段是 2007—2016 年，这是 MS 指数值稳定增长阶段，我国的纺织服装 MS 指数值从 33.56％稳步提升到 36.68％，其中纺织品 MS 指数值从 33.4％稳定增长到 34.24％，服装 MS 指数值从 33.3％稳步增长到 38.58％。这一阶段虽然有国际金融危机的严重影响，但我国纺织服装的比较优势依然十分突出，保持较高的国际市场份额，MS 指数值保持在较高水平，表现出极强的国际市场竞争力。

（2）TC 指数走强

TC 指数是竞争优势（Trade Competitiveness）指数的英文简称，又称之为贸易竞争力指数，还称之为贸易专门化指数，是指一国进出口贸易的差额占其进出口贸易总额的比重。表明该国是某类产品的净出口国，还是净进口国，以及净进口或净出口的相对规模，用以衡量一国某产品的国际竞争力，也可以用来比较不同国家之间同种产品的竞争力。竞争优势指数的基本公式：TC＝（出口－进口）／（出口＋进口），其中，进口和出口分别表示某一年度某产品的进口额和出口额，出口－进口就是某产品的进出口差额，出口＋进口就是某产品的进出口贸易总额。TC 指数的测算标准：TC 指数取值范围为（－1，1），如果 TC 指数大于零表明该类商品具有较强的国际竞争力，越接近于 1 竞争力越强；TC 指数小于零，则表明该类商品不具国际竞争力。TC 指数越接近于－1 竞争力越弱；TC 指数为 0 表明此类商品为产业内贸易，竞争力与国际水平相当。当 TC＝1 时表明只有出口没有进口，完全出口专业化即净出口；TC＝－1 时表示只有进口没有出口，完全进口专业化即净进口。

从图 2—9 可以看出，自 2001 年加入 WTO 以后，由于贸易国际环境的改善，我国出口竞争的比较优势得以充分体现，TC 指数得到快速

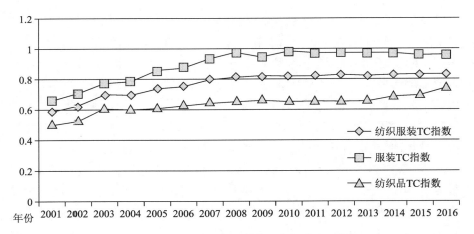

图 2—9 2001—2016 年中国纺织服装 TC 指数

数据来源：根据中国海关统计整理

提升。16 年间大体上分为两个阶段，第一个阶段是 2001—2008 年，这时竞争优势指数快速提升阶段，2001 年是 0.5856，2007 年是 0.8042，首次超过印度名列世界第一，2008 年的 0.8182，表明由较强的竞争优势发展成为极强的竞争优势。第二阶段是 2008—2016 年竞争优势指数稳中求进阶段，此阶段增速有所减缓，继续保持纺织服装 TC 指数世界第一的地位。除 2013 年、2015 年在高位略有回落外，其他年份依然迭创新高，2016 年 TC 指数为 0.8392，在国际市场上表现为极强的竞争优势。

我国纺织品 TC 指数低于服装 TC 指数，也落后于纺织服装 TC 指数。究其原因，是因为纺织品进出口贸易协同发展的需要，适当增加了纱线、面料和纺织制成品的进口比重，以满足国内的生产和人民的生活的需求，同时，也为服装出口创造更多的贸易机会和优势。但总体看来，纺织品 TC 指数依然延续上一世纪八九十年代的强劲增长态势，由 2001 年的 0.5074 提升到 2016 年的 0.7474，几乎是一路拉升，把比较优势转化或竞争优势。

我国服装 TC 指数远远高于纺织服装 TC 指数和纺织品 TC 指数。因为增加服装出口是调整纺织服装出口贸易地产品结构的需要，进入 21 世纪以后，我国继续保持服装出口优先发展的地位，出口比重一直维持在 65% 左右，而进口服装比重依然相对较小，也即我国纺织服装出口的贸易顺差大部分或绝大部分来源于服装贸易，因此，我国的服装贸易 TC 指数一直处于领涨地位。2001 年服装 TC 指数是 0.6638，分别高于纺织服装 TC 指数、纺织品 TC 指数 0.0782 和 0.1564，2005 年 0.8567 就超过印度，名列世界第一，此后，除 2009 年、2011 年、2012 年略显"滞涨"外一路强劲上升，2016 年增长到 0.9591，刷新世界服装 TC 指数新高，期间我国的服装贸易虽然受到了金融危机、TPP 的影响和冲击，但 TC 指数依然强势不减，表现出极强的竞争优势。

（3）RCA 指数走强

RCA 指数是显示性比较优势（Revealed Comparative Advantage）指数的英文简称，是一个国家某种产品占其出口总值的份额与世界该种产品占世界出口总额的比率，用来表现一国某种产品的比较优势程度，可以较好地反映一个国家某一产业的出口与世界平均出口水平比较的相对优势。如果 RCA 大于 1，则表示某国某一产品具有显示比较优势，其数值越大，显示比较优势越明显，反之其数值越小，比较劣势越明显。一般认为如下：

RCA≥2.5，则表明该国该产业具有极强的国际竞争力；

RCA＝2.5～1.25 之间，表明该国该产业具有很强的国际竞争力；

RCA＝1.25～0.8 之间，则认为该国该产业具有较强的国际竞争力；

RCA≤0.8，则表明该国该产业的国际竞争力较弱。

表 2－7　2001－2016 我国纺织服装 RCA 指数

年份	2001	2002	2003	2004	2005	2006	2007	2008
RCR	3.6467	3.4564	3.1557	3.2596	3.315	3.4274	3.8845	3.7093
年份	2009	2010	2010	2012	2013	2014	2015	2016
RCR	3.3667	3.3438	3.3438	3.2154	3.2446	3.2832	3.3154	3.3725

数据来源：根据 WTO《International Trade Statistics.》整理

从表 2－7 可以看出，1995 年我国机电产品出口首次超过纺织服装出口，其后虽然纺织服装出口贸易额增长，但在全国货物出口中的比重却呈继续下降趋势，但 RCA 指数仍然表现为强势。WTO 数据显示，入世以来，我国纺织服装 RCA 指数，除 2002 年、2003 年、2008 年、2009 年略有回落外，其他年份都保持增长，有升有降，涨跌不大，基本上呈现为"W 型"的运行态势，最高是 2007 年的 3.8845，最低是 2003 年的 3.1557，16 年年平均 RCA 为 3.3971，一直是在大于 3 的优势地位，远高于具有极强的国际竞争力的≥2.5 的国际公认指标。

2.3 纺织服装出口的问题

入世以来，我国纺织服装出口收获了一份优异的成绩单，出口贸易额、国际市场份额、国际竞争力不断提高，然而更大的收获是更新了观念，学会了站在世界平台上整合资源。毋庸讳言，我国是世界上最大的纺织服装生产国、出口国，但还不是世界上最强的纺织服装生产国、出口国，与世界纺织服装先进国家相比，与世界上第二大经济体的地位相比，还存在全球价值链、企业国际化和出口供给侧等问题。

2.3.1 我国纺织服装全球价值链问题

联合国工业发展组织认为，全球价值链是指为了实现商品或服务价值，而连接生产、销售、消费和回收处理等过程的跨企业的网络组织。纺织服装全球价值链涉及棉花种植、化纤生产、纺纱织布、印染漂洗、产品设计、服装制作、服装出口、服装零售直至服装循环利用，以及与之相关的研发、生产、物流、金融、技术装备、信息服务、人才培养等相关产业等共同形成的增值活动，本书结合运用数据分析的方法，着重提出全球价值链的主导主体严重缺失、全球价值链的动力机制严重缺失、全球价值链的自主品牌严重缺失的"三个严重缺失"的问题。

（1）主导主体严重缺失

全球价值链的主导主体是指在国际化产业链中具有主导和控制地位的企业或企业集团。作为世界上最大的纺织服装生产国、出口国，在全球价值链中应该具有一定量的主体，然而，我们在研究我国纺织服装出口企业构成的过程中发现，从宏观面上分析，我国出口企业平均对外出口成交量很小，且有越来越小的趋势，在全球服装价值链中难以担当主导地位的大任，也就是说，我国纺织服装全球价值链的主导地位严重缺失，与我国纺织服装大国的地位极不相称。

根据中国海关统计，近些年来，我国纺织服装出口贸易额在增加，出口企业构成也在发生变化（参见表 2—8）。具体来讲，国有企业及国有参股企业、三资企业的出口数量连年大幅减少，且有继续递减趋势。2016 年我国纺织服装国有企业及国有参股企业的出口家数减少到 2222 家，较之 2011 年减少了 582 家，减少幅度为 20.76％，5 年间各类出口企业数量持续下降，年平均减少幅度为 4.55％。2016 年我国纺织服装三资企业出口减少到 15907 家，较之 2011 年的 18531 家减少了 2624 家，减幅为 14.16％，5 年间三资企业出口企业数量持续下降，年平均减少幅度为 3.01％，其中中外合作企业、中外合资企业，受到后金融危机和产业转移影响减幅最大，2016 年中外合作、中外合资出口企业数分别是 234、3504 家，较之 2011 年分别减少了 219、1599 家，减幅分别高达 48.34％和 31.04％，5 年间这两类出口企业数量持续下降，年平均减幅达到 12.38％和 7.17％。较之 2011 年的 12929 家减少了 80 家，减幅为 6.23％，纺织服装出口中的外商独资在三资企业中数量最大，2016 年出口企业数达到 12123 家，5 年间这类出口企业数量也是连年减少，但减幅不大，年平均减幅仅有 1.28％。

表 2—8　2011—2016 年我国纺织服装出口企业构成　　　单位：家

企业性质	2011 年	2012 年	2013 年	2014 年	2015 年	2016 年
国有企业	2804	2675	2561	2504	2360	2222
三资企业	18531	18204	17941	17573	16677	15907
民营企业	58442	62188	63677	67736	71108	75313
其他	396	409	455	497	552	508
合计	80173	83476	84634	88310	90697	93950

资料来源：根据中国海关统计

虽然近年来国有企业及国有参股企业和三资企业的出口家数在连年减少，且减幅较大，但我国纺织服装出口企业总数却连年增加，这主要是民营出口企业在增加，且增幅较大。2016 年我国纺织服装民营出口企业达到 75313 家，占全国纺织服装出口企业总数的 80.16％，比 2011 年的 58442 家增加了 16871 家，增幅为 28.87％，5 年间民营出口企业数量持续强劲增长，年平均增幅为 5.20％。根据海关统计，民营企业分为集体企业和私人企业两类。就纺织服装出口企业数量而言，这两类企业冰火两重天，走势大相径庭。2016 年我国纺织服装集体出口企业仅有 759 家，比 2011 年的 1139 家减少了 305 家，减幅为 28.67％，5 年间集体企业出口家数连续走低，年平均减幅为 6.53％。2016 年我

国纺织服装私人出口企业创历史新高，达到 74554 家，占全国纺织服
装出口企业总数的 79.35％，比 2011 年的 57378 家增加了 17176 家，
增幅为 29.93％，5 年间私人企业家数连年持续增加，年平均增幅
为 5.38％。

　　近年来，由于出口企业数量的变化，企业年平均出口额也相应发生
变化。总起来看，我国的纺织服装出口民营企业是主力军，企业大多属
于中小企业、微型企业，年平均出口额偏小，且有继续下降的趋势，缺
少大型的、旗舰型的出口企业集团，在全球价值链中难以担任主导主体
的角色。从图 2—10 中不难看出四个问题：一是 2011—2016 年全国所
有的纺织服装出口企业年平均出口额基本上在 300 万美元左右徘徊，分
别是 309.27 万、305.46 万、335.65 万、338.00 万、313.02 万和
284.46 万美元，2014 以后还出现下降趋势。二是国有企业及国有参股
企业的纺织服装出口企业本应在全球价值链中有所作为，占据主导地
位，但随着市场经济的发展，国企改革步步深入，不仅企业数量在减
少，而且企业年均出口额没有大的突破，始终在 1300 万美元至 1500 万
美元之间踌躇不前，2011—2013 年间略有增加，2013 年最高峰值是
1451.5 万美元，随后一路下滑，到 2016 年只有 1329.15 万美元，其竞
争优势在弱化。三是三资企业曾经是我国纺织服装出口的主力军、生力
军，一般看来，中外合资、中外合作的纺织服装企业规模、出口规模较
外商独资企业要大，但这两类企业投资向东盟国家转移明显，不仅出口
企业剧减，而且企业年均出口额也在下降，中外合作企业的 2016 年均
出口额是 379.09 万美元，较之 2011 年的 526.34 万美元下降了
27.98％；中外合资企业的 2016 年均出口额是 480.75 万美元，较之
2011 年的 511.09 万美元下降了 27.98％；外商独资企业的 2016 年均出
口额是 300.39 万美元，较之 2011 年的 322.83 万美元也下降了 6.95％。
四是民营的纺织服装出口企业在国际化进程中，不再扮演补充和辅助角
色，而是充当主力军和生力军，但这类企业中为数不多的集体企业主要
以中小型企业为主，众多的私人企业主要是以小型企业、微型企业为
多。虽然集体纺织服装企业年均出口仅次于国有企业及国有参股企业，
维持在 850 万～10000 万美元之间，但因私人企业体量太多，且年均出
口较低，因此，民营企业年均出口额摊薄得很低，2016 年只有 236.35
万美元，较之 2011 年的 237.04 万美元涨幅无几。

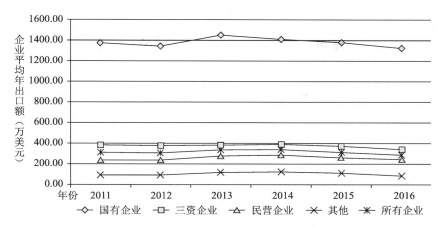

图 2—10　2011—2016 我国纺织服装出口企业年平均出口额

资料来源：根据中国海关统计

（2）动力机制严重缺失

前面已经提到，杜克大学的格里芬教授在迈克尔·波特价值链的基础上，提出了全球商品链的框架，把价值链与全球化的组织联系起来，形成全球价值链的理论体系，并提出了"二元动力机制说"，即生产者驱动型的价值链和购买者驱动型的价值链。我国虽然是世界上最大的纺织服装生产国、出口国，但在全球纺织服装价值链中存在动力机制严重缺失的问题，既不拥有像路易威登、ZARA 等知名品牌主导的生产者驱动型的全球价值链，又未形成沃尔玛、GAP 等知名品牌形成的购买者驱动型的全球价值链。我国的纺织服装企业几乎都是以非核心企业的身份参与国际分工和国际市场交换，以出口的形式嵌入全球价值链。

中国纺织进出口商会每年定期要根据海关统计发布出口企业百强榜单，我们选取了排名前 20 名的企业进行重点分析（参见表 2—9），进一步印证了"我国纺织服装全球价值链动力机制严重缺失"的判断，其理由有四：一是我国纺织服装企业的年出口额总体偏小，出口 5 亿美元至 10 亿美元以上的企业，2011—2016 年分别仅有 6、8、11、12、16 和 10 家；其中超过 10 亿美元的企业 2013 年仅有一家，2014—2016 年各有 2 家。上榜企业的出口额 2015 年及以前呈现上升趋势，2016 年出口有所回落，上榜门槛也就是入选百强企业出口额只有 16747 万美元，较之 2015 年上榜门槛的 19506 万美元，减少了 2759 万美元，同比下降了 14.15%。二是外贸综合服务平台的纺织服装出口业绩近年来十分靓丽。

表2-9 2016年中国纺织服装出口前20位比重及排名情况

序号	出口企业名称	占全国纺织服装出口比重（%）						全国纺织服装出口百强排名					
		2011年	2012年	2013年	2014年	2015年	2016年	2011年	2012年	2013年	2014年	2015年	2016年
1	浙江一达通企业服务有限公司	×	×	×	×	0.23	0.45	×	×	×	×	9	1
2	宁波申州针织有限公司	0.38	0.38	0.36	0.35	0.37	0.39	1	1	1	2	2	2
3	深圳一达通企业服务有限公司	×	×	×	0.09	0.29	0.39	×	×	×	50	4	3
4	江苏国泰集团国贸股份有限公司	0.2	0.19	0.2	0.21	0.27	0.33	7	10	7	7	7	4
5	山东一达通企业服务有限公司	×	×	×	×	×	0.27	×	×	×	×	×	5
6	福建一达通企业服务有限公司	×	×	×	×	×	0.27	×	×	×	×	79	6
7	江苏苏美达轻纺国际贸易有限公司	0.15	0.14	0.16	0.18	0.22	0.25	16	20	18	12	11	7
8	上海新联纺织进出口有限公司	0.14	0.15	0.13	0.13	0.17	0.22	18	18	27	20	17	8
9	凭祥航达进出口贸易公司	×	×	×	×	×	0.21	×	×	×	×	×	9
10	江苏国泰集团华盛进出口有限公司	0.12	0.11	0.14	0.16	0.19	0.2	24	29	23	13	15	10
11	广东溢达纺织有限公司	0.22	0.23	0.21	0.2	0.2	0.18	5	6	5	9	13	11
12	互太（番禺）纺织印染有限公司	0.27	0.27	0.17	0.25	0.23	0.18	2	2	12	4	8	12
13	青岛即发进出口有限公司	0.24	0.23	0.31	0.19	0.18	0.18	3	5	3	10	16	13
14	喀什美瑞国际贸易有限公司	×	×	×	×	×	0.17	×	×	×	×	×	14

续表

序号	出口企业名称	占全国纺织服装出口比重（%）						全国纺织服装出口百强排名					
		2011 年	2012 年	2013 年	2014 年	2015 年	2016 年	2011 年	2012 年	2013 年	2014 年	2015 年	2016 年
15	威海纺织集团进出口有限责任公司	0.13	0.12	0.14	0.14	0.15	0.17	21	25	25	18	24	15
16	孚日集团股份有限公司	0.18	0.17	0.16	0.16	0.16	0.16	11	15	17	14	21	16
17	广东中山丝绸进出口集团有限公司	0.2	0.17	0.19	0.19	0.17	0.16	6	12	8	11	18	17
18	江苏国泰集团国华进出口有限公司	0.08	0.09	0.11	0.12	0.13	0.15	66	41	33	27	30	18
19	宁波狮丹努进出口有限公司	0.08	0.09	0.11	0.13	0.14	0.15	64	41	33	27	30	19
20	鲁泰纺织股份有限公司	0.19	0.18	0.17	0.16	0.16	0.15	9	14	13	15	19	20

资料来源：根据中国海关统计，×表示未进入全国纺织服装出口企业 100 强

"一达通"是一个向中小微企业提供通关、物流、退税、金融、外汇等服务的、一站式的、外贸综合服务平台。"互联网＋外贸"改变了传统外贸经营方式，对降低外贸交易成本，缓解出口压力，促进快速增长，具有十分重要的作用。浙江"一达通"成立于2014年，2015年以10倍以上的增幅列入纺织服装出口百强第九名，2016年又以88.44％的增幅跃居榜首。深圳"一达通"2015年以195.67％的增幅，晋升到纺织服装出口百强第四名，继而以24.01％增幅晋升到第三名。山东"一达通"、福建"一达通"2016年分别以550.87％和220.00％高速增长，分别成为百强的第五名、第六名。值得注意的是"一达通"的出口业绩，并非是本企业所为，而是众多的、分散的中小微企业集约所致。三是纺织服装出口排名前20位的企业，冠有"进出口""国际贸易""贸易"的外贸企业有10家，工贸企业有6家，综合平台企业4家，无论哪种类型的企业，占全国纺织服装出口比重都很小，没有一家超过0.5％，在国际市场份额就更小。四是纺织服装出口排名变化很大，前面已经讲到，四家综合平台企业排名跳跃上升，工贸企业除宁波申州针织有限公司外，广东溢达、番禺互太、青岛即发、孚日集团、鲁泰纺织出口排名均有不同程度地下降。外贸企业排名波动更大。2014年出口排名第一的龙州龙霖贸易有限公司，2015年下降到第六位，2016年更是被挤出了百强。2015年排名第一的凭祥胜生商贸有限公司也挤出了百强。江苏国泰国际集团旗下的国贸、华盛、国华三家企业和上海新联织、江苏苏美达轻纺、威海纺织、宁波狮丹努等企业的排名则有不同程度的提升，凭祥航达进出口贸易公司和喀什美瑞国际贸易有限公司分别以674.76％和486.35％的涨幅，双双携手首次进入百强，分别位列第九名和第十四名。

（3）自主品牌严重缺失

中国纺织工业联合会在《纺织工业"十二五"发展规划》中，进一步明确加强自主品牌建设是今后一个时期纺织工业发展的重要任务之一，在《建设纺织强国纲要》中更是明确提出了建设纺织服装自主品牌强国的目标。在这样的大背景下，数以万计的纺织服装品牌在不断地发展壮大，成为支撑中国纺织服装业的中坚力量。据有关部门统计，我国的纺织服装品牌数以万计，其中规模以上的纺织服装品牌企业约10万余家，50多万个注册商标。外经贸部（后改为商务部）自1999年开始到2005年，先后确定了五批共190个出口名牌，集中力量进行重点培育，在境内外开展了一系列活动以提升自主出口品牌整体形象，其中纺织服装类品牌 56 个，但收效甚微，在全球价值链中、在国际上自主品牌依然严重缺失。目前纺织服装出口自主品牌不足 10%，且没有一个世界知名品牌。

自主品牌培育任务重、要求高、投入大、困难多、周期较长。我国纺织服装全球价值链自主品牌严重缺失，原因是多方面的，其主要表现是出口只做 OEM，不仅中小微企业出口做 OEM，而且纺织服装规模以上企业、上市公司也做 OEM，不仅外贸公司放弃 OBM 经营，工贸企业也甘为国际大牌代工。我国的纺织服装出口除波司登、李宁等极少数企业试水 OBM 外，其他的外贸公司、工贸企业、三资企业主要是通过贴牌，承接国际纺织服装采购商的 OEM 订单，嵌入全球服装价值链。以宁波申州针织有限公司为例，该公司 2005 年在香港上市，是中国最大针织制造商，也是我国纺织服装出口的龙头企业，其产品涵盖了所有的针织服装，包括运动服、休闲服、内衣、睡衣等。集团连续几年名列中国针织服装出口企业出口规模第一位，也在中国出口至日本市场的针织服装制造商中列第一位。2011—2013 年，连续三年占据出口百强首位，2014—2016 年出口连年超过 10 亿美元，这也是我国仅有的一家出口超 10 亿美元的工贸企业，在百强中处于第二位。该公司在长期的国际经营过程中，从 2013 年开始积极"走出去"，先后在柬埔寨、越南投资办厂、扩大产能、提升国际竞争力，但它仍然是一家典型的"贴牌""代工"企业，在国际上没有自主品牌，主要为 NIKE、ADIDAS、PUMA、FILA、UNIQLO 等国际知名服装品牌提供生产服务。

我国纺织服装自主品牌严重缺失的另一个突出表现，就是出口成交价格严重偏低。由于我国参与国际分工的位阶较低，处于"微笑曲线"低端的产品生产环节，其产品出口年均成交价格不高。一般来说，由于出口产品的劳动力工资增加、原料原材料涨价、美元贬值、国际营销费用加大等因素的影响，出口成交价格理应有一定幅度的提高。然而，由于国际市场竞争激烈、自主品牌缺失，2011—2016 年我国纺织服装平均成交价格却不升反降（参见表 2—10）我国出口的纺织品主要有纱线。面料和制成品三部分构成。2016 年各种纱线每公斤出口平均成交价格仅有 2.42 美元，较之 2011 年的 3.60 美元降低了 32.78%，五年平均降幅为 7.64%，其中降幅最大的是化纤纱线和棉纱线；2016 年各种面料每米出口的平均成交价格仅有 1.22 美元，较之 2011 年的 1.35 美元，降低了 9.63%，5 年年平均降幅为 2.00%，其中降幅最大的是棉布面料；纺织制成品中的无纺织物，2016 年每千克成交均价为 3.45 美元，较之 2011 年的 3.41 美元基本持平；2016 年各种地毯每平方米成交均价为 3.72 美元，较之 2011 年的 3.93 美元，降幅为 5.34%，五年年平均降幅为 1.09%。纺织制成品还有家用纺织品、工业用纺织品，因其数量单位较多，没有计算平均成交价格。

我国的服装出口主要以中低档的"大路货"为主、以贴牌为主，分类服装的对外成交价格也严重偏低。2016 年针织服装每件（套）成交均价为 3.44 美元，较之 2011 年的 3.41 美元基本持平。其中丝制针织服装、毛制针织服装有一定的涨幅，而出口数量较大的化纤制针织服装价格持平，出口数量最大的棉制针织服装则略有下降。梭织服装是我国服装出口金额最大的品类，2016 年梭织服装每件（套）成交均价 5.114 美元，较之 2011 年的 5.93 美元，降低了 13.83%，5 年年均降幅为 2.93%，其中丝制梭织服装和毛制梭织服装价格上升，棉制、化纤制即其他材料制的梭织服装价格则略有下降。令人欣喜的是，毛皮革服装出口虽然数量不大，但对外成交价格却在大幅提高，2016 年毛皮革服装每件（套）成交均价 251.81 美元，较之 2011 年的 115.49 美元，提高了 118.04%，5 年年均增幅为 16.87%。

表 2—10　2011—2016 年我国纺织服装出口成交价格　　单位：美元

类别	商品名称	数量单位	2011	2012	2013	2014	2015	2016	年均增长
纺织品	纱线	公斤	3.60	3.46	3.28	3.02	2.9	2.42	−7.64%
	棉纱线	公斤	5.43	4.88	4.81	5.75	5.06	4.38	−4.21%
	丝绒	公斤	37.99	32.25	37.1	35.06	40.66	37.06	−0.49%
	动物毛纱线	公斤	33.12	30.48	32.76	27.23	30.22	31.35	−1.09%
	化纤纱线	公斤	3.34	3.33	3.02	2.80	2.56	2.16	−8.35%
	其他纱线	公斤	1.40	1.43	1.39	1.50	1.46	1.32	−1.17%
	面料		1.35	1.33	1.35	1.36	1.35	1.22	−2.00%
	棉布	米	1.72	1.60	1.65	1.70	1.69	1.52	−2.44%
	丝织	米	4.90	5.11	5.74	5.80	5.67	5.40	1.96%
	羊毛	米	7.4	7.42	7.40	7.63	7.28	7.56	0.43%
	化纤	米	1.07	1.1	1.11	1.14	1.14	1.03	−0.76%
	制成品								
	地毯	平方米	3.93	4.21	4.22	4.24	4.14	3.72	−1.09%
	无纺织物	千克	3.41	3.60	3.87	3.83	3.78	3.45	0.18%

类别	商品名称	数量单位	2011	2012	2013	2014	2015	2016	年均增长
服装	针织服装	件（套）	3.42	3.72	3.83	3.68	3.75	3.44	0.12%
	棉制针织服装	件（套）	3.38	3.82	3.94	3.61	3.65	3.33	−0.30%
	丝制针织服装	件（套）	1.59	1.74	2.17	5.27	4.28	4.01	20.32%
	毛制针织服装	件（套）	14.41	15.89	16.57	15.66	16.82	17.14	3.53%
	化纤制针织服装	件（套）	3.36	3.59	3.70	3.62	3.71	3.36	0.00%
	梭织服装	件（套）	5.93	5.95	6.07	5.84	5.5	5.11	−2.93%
	棉制梭织服装	件（套）	6.75	6.90	6.93	6.76	6.69	5.98	−2.39%
	丝制梭织服装	件（套）	20.00	20.48	20.38	19.43	23.38	20.77	0.76%
	毛制梭织服装	件（套）	31.48	34.04	35.17	35.21	34.06	31.81	0.21%
	化纤制梭织服装	件（套）	4.84	4.82	5.01	4.87	4.45	4.18	−2.89%
	毛皮革服装	件（套）	115.49	146.99	166.69	210.2	206.3	251.81	16.87%
	其他服装	件（套）	3.98	4.19	4.15	5.14	5.12	3.71	−1.40%

资料来源：根据中国海关统计

2.3.2　我国纺织服装出口新常态

随着世界经济一体化步伐的加快，以及中国加入 WTO，各国经济相互联系与相互依赖的程度不断加深，几乎所有的国家都通过"南北对话""南南合作"被纳入国际分工体系中。纺织服装作为世界上最为敏感的商品。我国要从纺织服装生产大国、出口大国向从贸易强国、创新大国转型升级，需要在全球范围内整合资源，通过直接投资和产品出口开展国际化经营，在竞争中发展和壮大企业和品牌。但同时我们也要清醒认识到，由美国"次级债"引发的国际金融危机以后，全球经济变缓、贸易保护抬头、部分国家货币相应贬值，世界贸易进入到"新常态"，我国纺织服装出口面临巨大压力与挑战。本文基于新常态的大背景，从持续发展的角度，运用数据分析的方法提出贸易条件不断恶化、出口增速大幅波动、主要市场份额下降、全国出口占比下降四个问题。

（1）贸易条件不断恶化

改革开放以来，我们纺织服装出口贸易额总体向上，但对外贸易条件却在不断恶化。贸易条件是一种指数，是指一国的出口商品与进口商品的价格比率，意即出口每单位商品所能购买进口商品的数量，或单位进口所需出口量，是用来衡量在一定时期内一个国家出口相对于进口的盈利能力和贸易利益的指标。如果出口价格比进口价格相对上涨，称之为贸易条件改善，反之则称之为贸易条件恶化。常用的贸易条件有价格贸易条件、收入贸易条件和要素贸易条件几种不同的形式，其中价格贸易条件，也称之为净贸易条件或进出口比价指数，这项指标容易根据现有数据进行计算，其公式是：出口价格指数/进口价格指数×100%。以我国服装贸易中比重较大的针织服装和梭织服装为例，设 2010 年为基期，2011—2016 年为比较期，首先计算出 2010 年纺织服装进出口成交均价，计算基期的进出口价格比率并作为 100，其次是计算出比较期各年份的纺织服装进出口成交均价和进口价格指数、出口价格指数，最后根据进口价格指数和出口价格指数得出比较期的进出口比价指数。从图 2—11 不难发现，一是我国服装出口的贸易条件在持续恶化，贸易条件指数连年下降，并有继续走低的趋势。二是 2016 年我国针织服装、梭织服装的进出口价格指数分别是 80.98、78.83。这就意味着较之 2010 年，我国针织服装贸易环境分别恶化了 9.02、11.17 个点。究其原因，主要是我国的加工贸易品几乎没有定价能力、纺织服装贸易顺差巨大、出口企业低价竞销的恶性竞争、加之国际上发达经济体工业回归，以及其他发展中国家也在抢占市场份额。

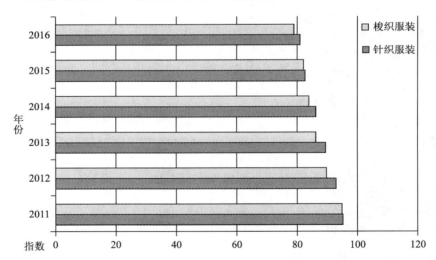

图 2—11　2011—2016 年我国针织服装梭织服装的进出口比价指数

资料来源：根据中国海关统计

（2）出口增速大幅波动

出口贸易要发展的重要表现是出口质量提高和数量增长，而出口增速是反映出口数量增长的重要指标。出口增速一般用同比增长率来表示增幅。2016 年我国纺织服装出口额为 2672.4 亿美元,较之中国入世的当年,也就是 2001 年的 532.8 亿美元的 5.16 倍,15 年间纺织服装出口平均年增长 11.35%,其中服装出口平均年增长 10.39%、纺织品平均年增长 13.11%。这组数据说明,我国纺织服装出口对发展经济、增加就业,交出了一份靓丽的答卷。欣慰之余,我们在研究中发现,我国纺织服装出口发展的增速是大起大落、剧烈波动,并进入增速放缓,甚至负增长的新常态(参见图 2—12)。

加入 WTO 以后,我国纺织服装出口大体上经过了四个发展阶段。第一阶段是 2001—2007 年,主要特征是高速发展,这一阶段除 2001 年外,都保持了两位数的增长,2003 年最高达到了 27.6% 的增幅。第二阶段是 2008—2009 年,主要特征是快速下跌,2008 年较之上一年增幅降低了 10.6 个百分点,2009 年极速下跌,出现了 9.8% 的负增长。第三阶段是 2010—2011 年,主要特征是大跌后快速反弹。两年都保持了两位数的增幅,而且增幅都在 20% 以上。第四阶段是 2013—2016 年,主要特征是增长乏力,期间的 2013 年也有两位数的增幅,但昙花一现,2014 年增幅降到个位数,2015 年、2016 连续两年负增长。

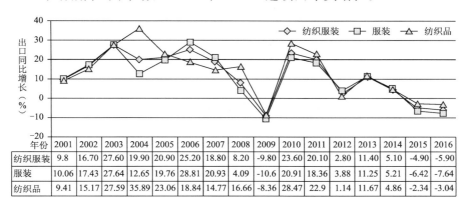

图 2—12 2001—2016 年我国纺织服装出口增速

资料来源:根据中国海关统计

(3)主要市场份额下降

20 世纪 80 年代开始,欧盟、美国、日本就一直是我国纺织服装出口的主要市场,20 世纪 80 年代末、90 年代初,我国就成为欧盟、美国、日本纺织服装最大的进口来源国,具有较高市场份额。WTO 统计数据显示,我国纺织服装在日本的市场份额曾达到 80% 以上,在欧盟、美国市场份额也高达 50％以上，但由美国"次级债"引发国际金融危机之后，东南亚加工能力快速提升和中国人口红利逐年消失，我国纺织服装出口的比较优势正在弱化，日本、欧盟、美国市场来自中国的纺织服装进口比重、市场份额在逐年下降。从图 2—13 可知，在日本市场份额 2016 年只有 66.79％，较之 2011 年下降了 7.3 个百分点；在欧盟市场份额 2016 年只有 38.26％，较之 2011 年下降了 4.54 个百分点；在美国市场份额 2016 年只有 36.34％，较之 2011 年下降了 4.36 个百分点。随着欧美国家的"工业回归"、东南亚纺织服装业快速崛起、中国人口红利的比较优势进一步弱化，我国对欧美日发达国家市场的出口额可能增长，但市场占有率还会继续下降。

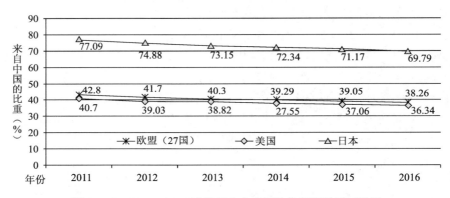

图 2—13　2011—2016 欧美日来自中国的纺织服装进口比重

资料来源：根据 WTO 统计

　　据中国海关统计，2011—2016 年我国对欧盟、美国、日本的出口占比在持续下降。我国对欧盟、美国、日本三大市场的纺织服装出口总额占当年纺织服装出口总额的比重曾高达 50％以上，2011 年下跌47.68％、尔后没有止跌回稳，到 2016 年仅有 42.98％。2016 年我国纺织服装对欧盟、美国、日本的出口总额是 1148.5 亿美元，较之 2011 年的 1182.2 亿美元，数量上只下跌了 2.85％，然而，出口占比却下降了 4.7％。

　　（4）全国出口占比下降

　　纺织服装是我国的传统支柱产业之一，也是我国在国际上具有比较优势的产品。20 世纪 80 年代中期，纺织服装成为出口我国货物贸易的第一大类出口商品，在全国出口贸易中具有较大的比重，最高达到30％以上，并一直保持到 1994 年。1995 年全国机电产品出口 438.6 亿美元，首次成为第一大类出口商品，纺织服装出口降为第二大类出口商品，出口额占全国出口贸易比重降为 24.13%，随后跌势不减，到 2010年占比跌破 20%，只有 19.46%。

2001 年我国加入 WTO，纺织服装出口贸易得到了快速发展，2016 年出口达到 2672.4 亿美元，是 2001 年 519 亿美元的 5.15 倍，年均增长 11.55%。期间的 2014 年出口达到 2984.2 亿美元。在出口贸易转型过程中，我国的机电产品、高新技术产品出口强势增长，致使纺织服装出口出现了贸易额增长、出口占比却继续下降的尴尬局面。从图 2—14 可知：2001—2016 年我国纺织服装出口占全国货物出口比重大体经过两个阶段，第一阶段是 2001—2008 年，这一阶段的主要特征是连续下跌，从 2001 年 19.50% 下降到 2008 年的12.97%，一路下跌、没有反弹。第二阶段是 2009—2016 年，这一阶段的主要特征是震荡走低，在下降通道中弱反弹，但续跌不止，从2009 年 13.90%，下降到 2015 年创出了 12.47% 的新低。根据我国纺织服装出口占比波动方向，形成了一条下降的趋势线，今后恐怕还会继续惯性向下。

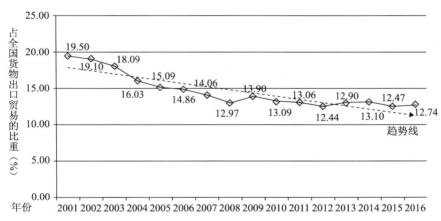

图 2—14　2001—2016 年我国纺织服装出口占全国货物出口比重

资料来源：中国纺织品进出口商会

2.3.3　我国纺织服装出口供给侧问题

所谓"供给侧问题"，就是供给方面的问题。由于我国纺织服装产能过剩，转型升级过程中需要去产能、去库存和去杠杆，需要进行供给侧的改革和结构治理，应对全球贸易新常态。在外贸新常态下发展需要新思路，需要大力推进供给侧结构性改革，以构筑我国纺织服装出口贸易持续发展的国内经济发展基础和条件。我们经过研究，运用量化分析的方法，认为我国纺织服装产业存在地区发展失衡、研发投入不足、企业出口乏力等问题。

（1）地区发展失衡

唯物辩证法认为，不平衡是绝对的，平衡是相对的。我国纺织服装出口从地区来看，发展不平衡十分明显，由于我国的对外开放是梯度进行的，沿海东部地区在利用外资、引进技术、发展出口贸易、承接国际产业转移等方面，始终走在全国的前面。浙江、广东、江苏、上海、山东、福建六省（市）每年的出口均排在前六位，六省市的出口额约占全国纺织服装出口总额的80％左右，这反映我国纺织服装出口贸易的地区发展极不平衡。

从出口贸易额上看（参见表2—11）：2005—2016年东部六省市2016年出口总额2184.36亿美元，是从2005年934.53亿美元的2.33

表2—11　2005—2016年东部六省（市）纺织服装出口贸易额汇总表

单位：亿美元

省市	浙江	广东	江苏	上海	山东	福建	六省市小计	六省市占比
2005年	244.35	220.10	188.20	128.69	106.20	46.99	934.53	81.24％
2006年	297.22	354.68	219.72	143.43	122.80	57.30	1195.14	83.01％
2007年	356.12	419.75	253.35	155.82	138.00	72.55	1395.60	81.51％
2008年	422.64	341.28	292.17	166.18	155.50	79.71	1457.47	78.69％
2009年	397.69	309.92	267.23	152.94	142.05	94.63	1364.46	81.67％
2010年	497.75	376.90	335.92	178.54	173.30	115.44	1677.85	81.24％
2011年	602.76	427.13	408.80	208.59	203.90	168.04	2019.22	81.43％
2012年	598.46	426.54	411.99	203.97	197.60	187.82	2026.39	79.47％
2013年	672.87	449.03	437.26	205.06	216.01	229.71	2209.88	77.79％
2014年	709.84	483.76	459.45	208.48	221.82	228.75	2312.10	77.46％
2015年	687.10	522.29	440.73	194.91	212.83	229.00	2286.85	80.55％
2016年	646.60	504.27	438.05	176.38	208.93	210.12	2184.36	81.73％

资料来源：中国纺织品进出口商会

倍，尤其是福建发展最快，2016 年的出口是 2005 年的 4.47 倍。从全国排位上看：2005—2016 年东部六省市一直处于前六名，具有排头兵的作用，浙江除 2006 年、2007 两年被广东省超越屈居第二名外，一直保持第一的龙头地位；广东除 2006、2007 两年领先浙江排在第一位外，一直稳居第二位；江苏一直保持第三位，上海 2005—2012 排位全国第四，2013－2016 排位全国第六；江苏一直保持全国第五位；福建2015—2012（除 2007 年排在全国第七位外）处于全国第六位，2013—2016 快速发展，超越上海和山东排在全国第四位。从年均增长速度上看：东部六省市平均年增长是 8.02％，高于全国纺织服装出口同期年均增长 7.96％的增幅，其中福建省增长最快，年均增幅达到14.69％，浙江省年均增幅也达到 9.25％，上海市年均增幅最低仅有 2.91％。

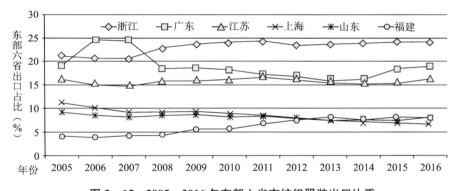

图 2—15　2005—2016 年东部六省市纺织服装出口比重

资料来源：中国纺织品进出口商会

　　从出口比重看（参见图 2—15）：2005－2016 年东部六省市纺织服装出口额约占全国纺织服装出口总额的 4/5 左右，11 年间发展可以看出三个阶段，2005－2011 年是比重横盘整理期，2012－2014 年是比重回调探底期，2015－2016 年又进入反弹上升期。比重最高的是 2006 年的 83.01％，比重最低的是 2014 年的 77.46％，值得一提的是浙江省，作为我国纺织服装出口最大的省份，其 2005－2016 年占全国纺织服装出口比重都在 20％以上，最高的 2011 年达到 24.31％，接近全国的 1/5，最低的 2006 年占比也达到了 20.64％。

　　（2）企业出口乏力

　　在"后危机时代"，全球经济复苏乏力，国际需求锐减的同时，纺织服装国际订单大量向东南亚国家转移，我国纺织服装出口额 2013 年两位数的增长后开始下跌，并在 2015－2016 连续出现负增长，且有继续下行的趋势，因此，有人认为我国纺织服装出口的拐点已经出现。尽管拐点是向上还是向下，还存争论，但企业在转型升级过程中，纺织服装企业出口乏力已经显现，一是受企业改革和战略调整的影响，国有及国有参股企业、三资企业、集体企业等原先的出口龙头企业数量仍在持续减少。二是有的外向度很高的纺织服装外贸企业也开始内外兼营，加大了内销的比重，减少了对出口的依赖。三是生产型的纺织服装企业，有的纺织服装收入占经营收入的比重在下降，有的纺织服装收入外销的比重持续萎缩。

中国最具价值品牌 500 强企业是行业的标杆企业，上市企业是行业的领头羊和优秀企业，A 股上市公司在业界也是有影响的企业。我们研究时，选取 2016 年中国最具价值品牌 500 强中 12 家纺织服装 A 股上市公司为研究对象，并根据公司年报追溯到前两年经营数据，

重点研究服装经营收入额占公司全部收入的比重，以及出口占公司销售的比重，一是世界品牌实验室发布的中国 500 最具价值品牌报告显示，2014 年、2015 年、2016 年纺织服装类上榜品牌分别是 36、39 和 37 个，较之前几年上榜品牌数略有减少，而有外销业务的 A 股上市企业只有 12 家榜上有名，这 12 家企业基本代表了全国纺织服装行业的优质资源。在行业中排名都在前 40 位。二是从上榜的 12 家纺织服装上市公司的营业收入占公司全部收入的占比情况来看，七匹狼、报喜鸟、孚日股份、红豆股份、步森股份等企业，在纺织服装收入占总收入的比例有所增加，继续呈现出强化纺织服装主业的、专业化的发展道路。红豆股份的服装收入占比虽在增加，但服装主业不如过去地位突出；森马服饰、海澜之家、美邦服饰等企业的纺织服装收入的占比略有下降，但依然凸显纺织服装业是主业的战略方向；鄂尔多斯、雅戈尔、杉杉股份、际华集团的纺织服装收入占比继续呈现下降的趋势，甚至在整个企业多元化经营发展中，纺织服装的生产经营业务虽还保留，但已经失去了主业优势地位。三是上榜的 12 家纺织服装行业上市公司，基本上是以内销为主，除孚日股份外出口经营占比很小，而且在国际市场上没有自主品牌。孚日股份是兼顾国内、国际市场的纺织品生产经营企业，出口经营占比维持在 65％左右；其他 11 家企业的出口经营占总收入的比重都在 10％以下，有的出口比率不到 1％，值得注意的是七匹狼、雅戈尔出

表2—12　12家A股上市公司服装经营占比和外销占比及其中国500最具价值品牌排名

股票代码	上市公司	纺织服装收入占比%			出口经营占比%			中国500强排名			中国500强行业排名		
		2014	2015	2016	2014	2015	2016	2014	2015	2016	2014	2015	2016
002029	七匹狼	94.14	95.6	99.44	0.39	0.34	0.22	154	157	157	8	8	8
002154	报喜鸟	91.21	93.47	94.02	8.79	6.53	7.8	293	290	296	19	15	16
002083	平日股份	81.74	87.01	83.03	69.47	68.66	65.59	×	440	443	×	27	25
002269	美邦服饰	93.44	94.68	93.08	0.92	1	1.05	355	354	×	22	18	×
002563	森马服饰	99.06	98.99	99.39	0.94	1.28	1	×	490	492	×	43	35
002569	步森股份	99.76	100	100	8.59	7.26	7.4	×	481	482	×	33	31
600177	雅戈尔	28.86	29.14	28.7	0.75	0.98	0.99	117	97	100	6	5	6
600295	鄂尔多斯	15.16	12.81	14.9	9.5	5.26	4.11	36	36	43	1	1	1
600398	海澜之家	98.44	97.31	97.19	1.56	2.69	2.81	236	238	240	14	11	12
600400	红豆股份	34.43	45.58	47.73	2.99	3.57	3.3	285	99	91	18	4	5
600884	杉杉股份	31.35	16.15	9.57	0.59	1.17	0.66	215	213	212	12	10	10
601718	际华集团	28.56	27.28	26.58	3.94	3.9	3.48	×	×	236	×	×	11

资料来源：据世界品牌实验室中国500强排名和上市公司年报表整理

口比例长期不足在 1%；美邦服饰、森马服饰、海澜之家、杉杉股份出口比例长期在 1%～3% 之间徘徊，其他 6 家企业（除孚日股份外）外向度也很低，出口经营比例继续不同幅度的下降，也继续呈现国际化萎缩的局面，出口经营比例维持在 3%～10% 之间。四是纺织服装业的 500 强上榜企业的竞争依然激烈，美邦服饰 2014 年、2015 年连续上榜，2016 年却落榜；孚日股份、森马服饰、步森股份 2014 年未上榜，2015 年、2016 年连续上榜；经过 2010 年重组的际华集团，2016 年以 500 强排名第 236 位、行业排名第 11 位的优异成绩跻身榜单。

（3）人才研发严重不足

科学就是生产力。科学技术对社会进步、经济发展具有首要的变革作用。现代科学技术广泛渗透到经济活动中，渗透到社会生产的各个环节，决定了它成为推动经济发展的决定性因素。据中国纺织工业联合会统计，我国纺织服装行业研发有很多突破，也获得一些国家级科学技术奖，如徐卫林教授 2008 年主持的"优质天然高分子材料的超细粉体化及再利用"荣获国家技术发明二等奖，2009 年其发明的"高效短流程嵌入式复合纺纱技术"荣膺国家科技进步一等奖，2015 年康平纳集团的"数字化筒子纱染色成套技术装备"荣膺国家科技进步一等奖。2016 年山东如意科技集团有限公司荣获中国工业大奖（中国工业大奖是经国务院批准设立的我国工业领域的最高奖）。我国的纺织服装科技进步取得了长足的发展和可喜的成绩，但与其他行业研发相比较，与纺织服装强国梦的目标相比较，全行业还是显得研发投入不足。

R&D 是英文 Research and Development 的缩写或简称，意即"研究与发展"或"研究与开发"，它包括基础研究、应用研究、试验发展三类活动。国际上通常采用 R&D 经费支出规模和强度指标反映一国的科技实力和核心竞争力。我国纺织服装业发展离不开 R&D，R&D 是全球价值链的高端环节。国际上的著名 NIKE、ZARA 等企业都把 R&D 视为品牌的生命，无不投巨资进行研发和设计，但我国纺织服装行业科技投入很少、强度很低，远远低于全国各行业的平均水平，更远远落后于世界发达国家水平。我国外贸专业公司大多没有研发机构，中小型企业、微型企业也很少有 R&D 部门。近年来，国家统计局、科技部、国家发展改革委、教育部、财政部等部门联合进行 R&D 普查与统计，并发表统计公报，我们根据公报对纺织服装行业规模上以上企业 R&D 经费情况进行了汇总。从表 2—14 可以发现，一是 R&D 投入很小，全国规模以上的纺织服装行业分为纺织业、服装服饰业和皮革、毛皮、羽毛及其制品业三大子类，其 R&D 经费支出总体很少，2011 年仅有 180.4 亿美元，随后逐年增长，2016 年也仅有 346.3 亿美元，虽然经费投入每年增加，且平均年增幅为 13.93%，但因基数太小，对于纺织服装产业的材料开发、技术升级、产品研发、工艺改造而言，还是显得杯水车薪。二是强度很弱，R&D 投入强度是指纺织服装 R&D 经费投入与国内纺织服装生产总值之比，纺织服装业的三个子行业中，纺织业的 R&D 投入强度大一些，从年份上看，2006 年数据最好，分别占 0.54%、0.45% 和 0.39%，但远低于同期全国 0.94% 的平均值，更低于全国制造业 1.01% 的平均值，也远达不到纺织服装强国梦的要求。

表 2—14　2011—2016 年纺织服装行业规模以上工业企业 R&D 经费情况

行业分类	R&D 经费支出（亿元）						R&D 投入强度（%）					
	2011	2012	2013	2014	2015	2016	2011	2012	2013	2014	2015	2016
纺织业	136.0	138.0	158.5	177.7	186.7	219.9	0.42	0.43	0.44	0.46	0.52	0.54
服装、服饰业	29.0	55.6	69.3	74.2	80.1	107.0	0.22	0.32	0.36	0.35	0.41	0.45
皮革、毛皮、羽毛及其制品业	15.4	27.5	33.9	40.1	51.3	59.0	0.18	0.24	0.27	0.20	0.35	0.39

资料来源：全国科技经费投入统计公报

　　人才是企业振兴发展的宝贵资源，我国在纺织服装出口和自主品牌国际化的进程中，迫切需要人才。以服装国际化经营为例，我们发现三类优秀人才奇缺，一是国际品牌离不开知名设计师的贡献，我国缺少像香奈尔、阿玛尼、范思哲、皮尔卡丹、唐纳·卡兰等优秀品牌的设计人才；二是国际品牌离不开知名品牌大师的贡献，我国缺少像古驰欧·古驰、阿曼奇奥·奥特加、菲尔·耐特等优秀的企业管理人才。三是国际品牌离不开优秀的企业家和职业经理人的贡献。我国缺少像瓦伦蒂诺·加拉瓦尼、汤姆·福特等优秀的品牌运行人才。

3. 启 示 篇

　　纺织服装产业是人类最古老的产业之一，随着技术进步，全球经济不平衡发展，从国际分工上看，世界纺织服装业经历了三次产业转移，从技术角度来看，世界纺织服装产业大致经历了四个阶段。随着纺织服装产业一次又一次的转移和升级，世界纺织服装产业的格局也在发生着一系列深刻的变化。因此，在纺织服装品牌国际化的进程中，总结世界纺织服装产业发展的历史沿革、了解世界各国知名纺织服装品牌国际化的做法与经验，对我国纺织服装品牌国际化、提升国际竞争力具有重要的借鉴作用。

　　从国际分工上看，世界纺织服装业大体经历了三次产业转移。产业转移的过程实质上是资本、技术、劳动力等资源禀赋和比较优势的利用过程，同时也产生了纺织服装的国际分工和贸易。第一次纺织服装产业转移是从以我国为首的东方国家转移到以英国为首的西方国家，也就是说，英国在此后成为世界纺织产业的生产中心，随后欧洲其他的发达国家以及美国、日本也逐渐成为纺织服装生产的大国、强国。第二次纺织服装产业转移发生在 20 世纪 60 年代，世界纺织服装产业工业中心从美国、日本和西欧转移到了亚洲新型工业化国家和地区，中国香港地区、新加坡、韩国和中国台湾地区成为"亚洲四小龙"。第三次纺织服装产业转移是从 20 世纪 80 年代开始至今，由韩国、中国台湾、中国香港等地向亚洲的其他发展中国家转移，如中国大陆、印度、巴基斯坦和东南亚等地。我国抓住了这一次世界纺织服装产业结构调整和转移的机会，成为世界上最大的纺织服装生产国和出口国。

　　纵观世界纺织服装产业发展史，中国纺织服装产业发展在国际上具有十分重要的地位。世界纺织服装产业经历的四个阶段就能印证这一观点。从技术角度来看，世界纺织服装产业依次经过了手工纺织、机械纺织、现代纺织和智能纺织四个阶段。手工纺织阶段最早可追溯到农业社会的手工纺织，那时的纺织业基本上是自给自足的家庭手工作坊，在亚洲、非洲、南美洲及欧洲都有纺纱、织布和加工制衣业。具有悠久历史的纺织品生产国中国，生产的丝绸、棉布等纺织品曾通过丝绸之路和海上丝绸之路远销世界各地，中国也因此成为当时的世界纺织品生产中心之一，在世界市场上占据重要地位。机械纺织阶段是在第一次工业革命的背景下形成的。第一次工业革命使纺织业从手工业进入机械纺织新阶段，飞梭（1733）、珍妮纺织机（1765）等一系列发明迅速提高了纺织工业的生产力。英国最先实现纺织工厂代替手工坊，在世界上最早成为纺织工业化生产的国家。当时英国纺织业在世界上具有"世界工厂"和"世界贸易中心"的地位和作用。现代纺织阶段是第二次世界大战以后至 20 世纪 90 年代末，随着世界由战争转向和平，纺织设备不断创新，纺织技术不断提高，现代环锭纺纱机、自动织布机的发明以及非织造技术的问世，特别是化学纤维的出现和发展改变了过去完全依靠农业供给天然原料的限制，纺织业进入高速增长阶段，纺织生产有了量的飞跃和质的突破，美国、德国以及日本等发达国家成为世界纺织大国和品牌大国。智能纺织阶段是 20 世纪 90 年代末以来，在"互联网＋"的背景条件下，产业结构不断升级，产品应用范围不断扩展，通过优化价值链、供应链，推动传统的纺织服装行业向高端化、智能化、绿色化、服务化转型。发达国家的纺织产业已经从劳动密集型转向资本密集型产业，并逐步向知识智力型产业转变，企业经营方式也从传统的以生产制品为中心转向以满足消费者需求为中心。这一时期，中国、东南亚等发展中国家和地区成为世界纺织服装的主要生产国和出口国。

西方国家纺织服装业历史悠久、积淀很深，形成了各具特色的纺织服装文化。经过数百年的发展，很多国家已经形成本民族和本地区风格的服装产业链和服装品牌，并不同程度的走向世界。有些已经成为家喻户晓的世界品牌。像意大利、法国、美国、西班牙、德国等国家都是国际服装品牌的先行者和成功国家，涌现出了像路易威登、迪奥、Gucci、PRADA、香奈儿、Nike、Gap、阿达迪斯、Mango 以及 ZARA等诸多的国际服装品牌。它们推崇时尚、引领潮流、精细产品、创新企业，成为行业翘楚和发展奇迹。这些品牌的国际化发展道路和成功经验为中国乃至其他国家的服装企业的品牌国际化道路提供了有益的借鉴和启示。

3.1 法国纺织服装品牌国际化

在时尚的历史中，法国拥有独特身份与地位，法国时尚的光环至今仍然闪耀。置身法国尤其是巴黎，你会感受到一种浓浓的、怡然自得的文化气息。法国的宗教气氛，法国的绘画、雕塑、音乐和建筑，法国的哲学、文学和美学，法国的葡萄酒、香水和时装，法国的"自由、平等、博爱"以及敢于创新的精神，无一不是它丰富而充满魅力的文化组成部分。而这种特有的文化氛围很大程度上影响了法国纺织品服装的发展。17 世纪的法国君主路易十四对服装怀有极大的兴趣，他提倡穿豪华服装，于是高档女装在巴黎起步。至今，法国的高级时装一直承袭着宫廷色彩的优雅、高贵与奢华。即使经历了两次世界大战，仍然保持法国贵族式优雅的艺术气质。百多年来，法国纺织服装在制造、价格、技术、顾客群与他国明显区别，有着独一无二的发展和运作。在精神趣味方面，法国时装代表着无上品位。

纺织服装产业一直是法国的"民族工业"。法国时装闻名全球，巴黎更是被誉为"服装中心的中心"。国际上公认的顶级服装品牌设计总部基本上都设在巴黎。而举世闻名的巴黎时装周，向来是全球四大时装周的压轴。从这里发出的信息是国际流行趋势的风向标，不但引导法国纺织服装产业的走向，而且引领着国际时装的风潮。Dior、Gabrielle Chanel、Givenchy、Louis Vuitton、Kenzo、Lanvin、GUESS、Karl Lagerfeld、Sonia Rykiel 等诸多的法国著名时装品牌成为世界消费者追崇的目标。

据法国行业部门 2007 年统计，法国纺织服装业劳动人口近 15 万，其中纺织占 8.6 万，服装 6.1 万，企业约有 8000 家（不包括 20 人以下的小企业）。法国纺织服装业的总营业额约为 230 亿欧元。法国每年举办的纺织服装展览有 20 多个，规模宏大，专业性强，国际化程度高，宣传力度大。法国亦是世界上最大的服装集散地之一，采购集中率高达 70%。根据 French Women's Ready-to-Wear Federation（法国女性成衣联合会）公布的 2016 年法国女性成衣行业的部分销售数据。本土市场的销售额为 104 亿欧元，出口额为 30.6 亿欧元。

3.1.1 Louis Vuitton（路易威登）

Louis Vuitton 是法国历史上最杰出的时尚设计大师之一。他于 1854 年在巴黎开了以自己名字命名的第一间皮箱店。一个世纪之后，路易威登成为箱包和皮具领域的全世界第一品牌，并且成为上流社会的一个象征物。如今路易威登这一品牌已经不仅限于设计和出售高档皮具和箱包，而是成为涉足时装、饰物、皮鞋、箱包、传媒、名酒等领域的巨型时尚航母。

（1）路易威登品牌

路易威登品牌名源于创始人路易·威登先生（Louis Vuitton）的名字。交织字母"LV"是路易威登的标志（参见图 3-1），也就是 Louis Vuitton 的简写。代代相传至今的路易威登，以卓越品质、杰出创意和精湛工艺成为时尚旅行艺术的象征。宫廷文化、作坊工艺文化、旅

图 3-1　路易威登徽标

行、探险文化就像 DNA 一样存在于路易威登的品牌内涵中并影响着它的价值体系。从皇室御用到顶级工艺作坊，路易威登未曾中断对旅行，传统和创新的热情与传承。百年文化底蕴的传承、铭记工匠精神的品质散发出它独有的魅力。

路易威登的传奇始于一段跨越万水千山的步行之旅。1835 年，14 岁的路易·威登告别瑞士家乡，徒步 250 公里远赴巴黎闯天下。他从行李箱工匠的学徒，一步步成为首席助理，并最终成为 Eugenie 皇后信任的行李箱专家。1854 年路易·威登革命性地设计了第一个 Louis Vuitton 的平顶皮衣箱，1859 年推出一款全新平盖白杨木行李箱，随后又开启了 LV 的个性化旅行箱定制服务。1867 年，路易·威登在世界博览会上赢得一枚铜质奖章，这使得原本就已经受欢迎的"路易·威登"品牌更加声名大噪。1888 年，乔治·威登推出威登皮箱的新设计。他把箱子的表面设计成西洋跳棋棋盘风格，颜色则是棕色和栗色相间。此外，在皮箱上还印有"路易·威登品牌验证"的标识。在 1889 年的巴黎万国博览会上，这一产品为路易·威登公司赢得了金奖，成为国际知名品牌，其影响力开始超出法国。

1859 年，随着路易威登推出的一款全新平盖白杨木行李箱大受欢迎之后市场需求激增，巴黎的工厂难以满足需求，路易·威登先生决定

将生产线迁到市郊 Asnieres。1875 年，时装大师 Charles-Frederic Worth 向路易·威登先生定制了一款旅行箱，以便在旅行中妥善放置时装物件。通过一次次草图与讨论，最终诞生了一款可以两面直打衣柜式旅行箱，同时也开启了 LV 的个性化旅行箱定制服务时代，LV 靠优良的品质赢得了第一批消费者——皇宫贵族。1892 年以前基本的经营活动是在法国，仅在 1885 年于伦敦开了第一家海外分店，经营的产品只有奢侈品旅行箱。

（2）路易威登品牌国际化

路易威登这个风行全球的品牌已有横跨一个半世纪的历史。经过几代人的奋斗和努力，路易威登从最初的小作坊起步，现在已经发展为涉足箱包、时装、皮鞋、名酒、化妆品等经营领域的超级奢侈品帝国。一个半世纪来，时代的风云际会、审美的观念更迭，并没有改变路易威登的经典、优雅与魅力，向大众印证了时尚的意义。

①品牌国际化的黄金期（1892—1936）

乔治·威登是路易·威登的儿子。1892 年路易·威登去世后，乔治·威登成为路易威登第二代传人。为了适应时代的发展，乔治·威登开启了品牌国际化进程、打造世界品牌的黄金时代。

乔治·威登是一位天才的设计师，是一位不断寻求突破的创新者。早在 1890 年他就设计发明了只需要一把钥匙就可以打开客户所有的 LV 皮箱的特殊锁扣"5—tumbler"，1896 年乔治·威登设计了 Monogram 以纪念先父，用一种独特的混合了星形、菱形和圆形的 Monogramme 组合图案，并配有路易·威登姓名简写 L 及 V 两个字母配合花朵图案，设计出到今天仍蜚声国际的"字母组合帆布"。经典从此诞生了，LV 成为路易威登延续 100 多年的品牌识别符号。这是商品"品牌化"的首度尝试，也标志着一个全球文化变革的到来，奠定了路易威登品牌帝国地位。此后，乔治·威登在继续保持 LV 旅行箱优良品质和奢华风格的同时，还注重开发新产品，陆续推出了旅行箱、旅行毛毯、手袋、旅行袋、水桶包、化妆包、运动箱包等系列 700 多款新品，打造路易威登高速发展的黄金时代。

乔治·威登还是一位品牌运作和管理大师。1893 年，乔治在美国芝加哥的世界博览会上展示了路易·威登的产品，1896 年乔治·威登再次远赴美国，游历纽约、费城和芝加哥等大城市，推行路易威登品牌，从此这一品牌正式登陆美国。乔治一直致力于提高品牌的国际知名度，1914 年位于香榭丽舍大街的路易·威登大厦竣工，成为全世界最大的皮具销售中心，此后到在第一次世界大战爆发之前，乔治·威登在伦敦、孟买、亚历山大、布宜诺斯艾利斯、纽约、华盛顿等地的分公司纷纷开张。

②品牌国际化的调整期（1837－1969）

1936 年乔治·威登去世后，乔治·威登的长子贾斯通·威登继任第三代掌门人。贾斯通·威登是一个艺术素养很高的人，致力于技术革新和艺术创意，受当时荷兰风格派和装饰艺术运动的影响，他不仅把这些美学思想和创意融进箱包，也将其带入路易威登的店面和展示中。此外，受世界博览会的影响，异域风情和稀有动物的皮骨亦成为路易威登的设计元素。这一期间因为第二次世界大战爆发，战时的多元化经营使 LV 并没有像大多数品牌一样萧条，依然保持品牌帝国的地位。为了应对战后经济萧条的局面，路易威登开始跨越箱包业向其他领域投资，不仅取得了较丰厚的经济回报，还物色不少法国的皮料加工作坊，大量充实 LV 的品牌生产力，以适应战后经济恢复的需求。贾斯通·威登注重开发新产品，1959－1965 年，LV 每年都有 25 款新产品问世，他在继续巩固原有销售渠道的同时，进一步开疆辟地，20 世纪 50 年代，美国经济进入黄金时代，经济呈现爆炸式增长趋势。市场需求旺盛，1951 年路易·威登公司为法国总统奥里奥尔访问美国提供全部旅行物品，进一步提升 LV 在美国的知名度和影响力。1968 年又在日本东京设立销售中心，进一步进行海外扩张，回归品牌国际化的巅峰状态。

③品牌国际化的恢复期（1970—　　）

1969 年贾斯通·威登去世，其长子亨利·威登成为 LV 第四代掌门人。面对 20 世纪 70 年代经济全球化快速发展，他觉得必须用新的商业思想阐释 LV 形象，于是先后在日本、中国香港、韩国、沙特阿拉伯开设分店。此时的 LV 虽然声名远扬、但限于家族控制，仍然是个中小企业，直到 1977 年以后，得益于迅速富裕起来日本人的喜爱、收入实现高速增长，1984 年 LV 股票在巴黎与纽约股票市场同时上市，并进入资本市场。尔后与法国贝尔纳·阿尔诺合并重组，完成了由家族式企业向现代企业管理模式的转变。1997 年 LV 首次引入成衣系列，正式进军服装市场。路易威登自 1992 年在北京王府酒店开设第一家分店以后，截至 2015 年底，路易威登已经在中国内地 33 个城市拥有 47 家专卖店，包括北京、大连、长春、成都、广州、上海、深圳、厦门、西安、青岛、杭州、昆明、温州、沈阳、南京、天津、三亚、苏州、长沙、乌鲁木齐、武汉、太原、无锡、哈尔滨、宁波、呼和浩特、福州、南宁、郑州、重庆、石家庄及合肥。LV 中国官方线上旗舰店上线后，服务覆盖北京、上海、重庆、成都、广州、深圳、杭州、南京、沈阳、大连、哈尔滨以及武汉 12 个城市。

在路易威登的发展过程中，家族继承权的争夺始终不断，并使 LV 的业绩一路下滑，最终权利的接力棒落到了亨利·威登的女婿拉卡米手中。1987 年拉卡米成功说服了酩悦·轩尼诗集团的总裁阿兰·舍瓦利耶，与其合并组成世界上最大的奢侈品集团，即酩悦·轩尼诗—路易·威登集团（简称路威酩轩，英文简称 LVMH）。从 1989 年开始伯纳德·阿尔诺担任 LVMH 集团主席和首席执行官至今。最近阿尔诺在接受媒体采访时说，1987 年以来，路易威登的销售额增长了 4 倍，利润增长了 5 倍，虽然说这个古老的奢侈品牌在外姓人手中发扬光大，但如今的路易威登巴黎旗舰店如同一座艺术博物馆，已经成为巴黎时尚的丰碑，LV 家族和 LV 品牌依然是法国人的骄傲。

表 3—1　路易威登品牌国际化发展进程（1977—2016 年）

年份	标志性事件
1977	在沙特阿拉伯开设分公司
1978	在日本东京和大阪开设分店
1979	在中国香港半岛酒店开设分店
1983	在韩国汉城开设分店
1984	股票在巴黎与纽约股票市场同时上市，进入资本市场
1987	与 Moët Hennessy 合并组成世界奢侈品集团 LVMH
1992	在北京王府饭店开设中国大陆首家专卖店，正式进入中国内地市场
1998	推出成衣系列，进入服装市场
2007	苏联前总统戈尔巴乔夫曾代言路易威登皮包广告，进军俄罗斯
2008	华中区首家店武汉时代广场开张
2010	上海世博会法国馆展览，展示 LV 一个半世纪的历史和辉煌
2012	哈尔滨卓展购物中心的 LV 旗舰店开业
2015	广州环市东路易威登首家专卖店关门

续 表

年份	标志性事件
2016	路易威登中国官方线上旗舰店上线

备注：根据公司网站信息及相关资料整理

（3）路易威登品牌国际化的经验与值得注意的问题

路易威登在其160多年的成长历程中，有成功的黄金时代，也有挫折，但一直把崇尚精致、品质、舒适的"旅行哲学"作为设计的出发基础，路易威登这个名字现已传遍欧洲和整个世界，成为旅行、生活用品精致、奢华的象征。2016年度进入福布斯的全球最具价值品牌TOP100，品牌价值达到273亿美元。我们认为，路易威登的成功主要得益于创新设计的激情、精致奢华的品质和营销方略的独特。

①创新设计的激情

激情是创新的动力，创新是品牌永葆青春的动力。路易威登能够长盛不衰的重要原因，那就是路易威登的一直传承和保持的激情也即创新能力。路易威登对新事物有超常的敏感力，总是走在同行的面前，发明与时俱进的新箱包。有了火车，它的新款式就适合火车，有了汽车，他的新款式就是狂爱汽车的贵族们最需要的那一种。战争来了，它的新款式特别适合于战场携带……不断地产品创新体现在经典产品标识的问世与广泛应用、新产品种类的不断丰富以及打破艺术界限的跨界合作产品设计上。路易威登对款式的创新有着狂热的激情，主要是因为其每一款新设计很快就会被别人模仿，只有不断用创新的产品去打击对手。其行为造成了"时尚总是变化最快"的现象，所以巴黎那些追赶时尚的贵族们不得不经常光顾其店铺，免得一夜之间就落伍了。通过不断创新，路易威登旅行箱、手袋、旅行袋、水化妆包、服装、珠宝等产品系列与时俱进，紧跟时尚、潮流、色彩为艺术化服务，保持实用、精致、典雅和华贵。总之，路易威登从来没有停止过创新，这一品质为后世的威登家族成员所继承，直到今天，路易威登在创新方面仍然是奢侈品牌中的翘楚。

②精致奢华的品质

质量是品牌的生命。路易威登依靠近乎苛刻的对于质量的追求，建立起了自己牢固而不可被替代的奢侈品帝国，全世界的王后公主、达官贵人、亿万富翁、成功人士、影视明星、超级模特，都以拥有路易威登的箱包为自豪。尽管全世界有无数人疯狂追捧，不管过去还是现在，作为顶级奢侈品，路易威登一贯遵从用料考究、做工精细的质量观念。路易威登选用最好的皮革、木材、帆布材料，牛皮选用法国和德国的，保证材料的整体性，绝不拼接，每个皮包都用一块完整的皮子做成。生产依然保留了师徒传承的一些作坊式做法。所以在他们手里，每一个产品都经过精雕细琢。随着技术的纯熟，产品的制作更加精细，内部结构更加复杂。至此，路易威登的箱包更像一件实用性极强的精密仪器，它的工艺已经有了严谨理性的科学探索的意味，制作过程坚持手工缝制的传统生产方式，规定了"每道工序限时制"，保证每道工序都有规定的制作时间不得缩短，产品制作时间比其他品牌高出30％。路易威登在法迪赛的生产厂的院子里有一台粉碎机，专门用于销毁那些不合格的产品。检验员清点手提包皮带上的针脚数目，哪怕只差了一个针脚，提包也会被送入粉碎机。

③营销方略的独特

每个品牌因产品特性和市场定位不同，应用不同的、独特的营销策略。路易威登的品牌定位是奢侈品。"稀缺性"奢侈品重要的产品特征，也是奢侈品营销的重要方略。路易威登的独特的营销策略，就是保持要严格控制每个国家、每个地区、每个城市的专卖店的数量，也不做加盟连锁，而且对选址也有严格的要求。开店不以速度取胜，也不追求开店的规模大，强调要符合路易威登全球标准。中国一线、二线城市众多，但仅在33个城市设立47家专卖店，每个店的导购、销售人员都要到巴黎参加培训，让他们了解其品牌的历史和文化以及顾客的消费心理和购买特征。路易威登不仅注重售前和售中服务，还为产品提供永久保养的售后服务，力图营造一种家的氛围，让LV产品像"传家宝"一样代代相传。路易威登作为全球领先的奢侈品，一贯采用溢价策略，不参加任何打折活动。广告传播一贯是少而精、运用简约、典雅、高大上的广告创意，请名人代言，对媒体进行精准投放，并结合公益、赞助等公关活动，宣传企业形象和品牌形象，提升了品牌认知度、美誉度和忠诚度。

④值得注意的问题

路易威登进军世界市场取得了巨大的成功，印有"LV"字样的商标更是已经成了妇孺皆知的品牌。不过，在160多年的发展过程中，路易威登并非一帆风顺，也曾遭遇过一些挫折。

在品牌国际化的进程中，有两个问题值得注意：一是家族式企业的发展局限，二是国际化过程中要注意与不同国家（地区）间的文化融合。

3.1.2　Dior（迪奥）

Dior 是世界知名的时尚品牌，迪奥品牌在巴黎地位极高，一直是炫丽的高级女装的代名词。它选用高档、华丽、上乘的面料，表现出耀眼、光彩夺目的华丽与高雅女装，备受时装界关注。主要经营女装、男装、首饰、香水、化妆品等高档消费品。1946 年创始以来，Dior 一直是华丽与高雅的代名词。不论是时装、化妆品或是其他产品，克里斯汀·迪奥一直雄踞在时尚殿堂顶端。《国际论坛先驱报》的编辑多西曾说："当你在出租车司机面前提及迪奥先生的名字时，就如同法国国歌马赛曲一样如雷贯耳"，因为，他继承着法国高级女装的传统，始终保持高级华丽的设计路线，既迎合上流社会成熟女性的审美品位，又象征着法国时装文化的最高精神。

（1）迪奥品牌

克里斯汀·迪奥是一个天生的设计师，从没学过裁剪、缝纫的技艺，但对裁剪的概念了然在胸，对比例的感觉极为敏锐。1937 年就是 Piguet（皮盖）服装店的助理设计师，1941 年成为 Lelong（勒隆）服装店的设计师，1946 年他

图 3—2　迪奥品牌

42 岁的时候，在巴黎创立了以他的名字（Christian Dior，简称 CD）命名的个人服饰店，创立了"Dior"品牌，"Dior"在法语中是"上帝"和"金子"的组合，金色后来也成了迪奥品牌最常见的代表色。所有奢侈品的设计对细节追求都非常苛刻，"Dior"徽标设计中的 D 字母与 O 的搭配（参见图 3—2），是一个半圆与椭圆的相呼应的完美的弧线，迪奥的徽标直接纯色的黑，整个标志表现得非常简约、流畅。Dior 服装与其他品牌做法不同，它从不用任何 CD 或 Dior 等明显标志放在衣服身上，而衣标上 Christian Dior Paris 是最好的辨识方法，Dior 专用的钻石格纹，较少出现在服装上，Dior 独创的衣标条码下很细的红线多用于比较高端服饰系列。

（2）迪奥品牌国际化

迪奥激情演绎了半个多世纪的女性梦想，迪奥品牌缔造了时尚神话，在短短的 70 年的时间里，将一家街头服装店打造成世界知名的奢

侈品牌。迪奥以 49.09 亿美元的品牌价值入选国际品牌咨询公司（Interbrand）发布的《2016 年全球最具价值品牌 100 强》；迪奥时装以 20.58 亿美元的销售额入选世界品牌实验室（World Brand Lab）的《2016 年世界顶级奢侈品 100 排行榜》，并排在榜单的第 26 位。

①初期品牌国际化（1946—1989）

克里斯汀·迪奥代表了法国巴黎高级订制服饰传统的经典，他以美丽、优雅为设计理念，采取精致、简单的剪裁，以品牌为旗帜，以法国式的高雅和品位为准则，坚持华贵、优质的品牌路线，迎合上流社会成熟女性的审美品位。1947 年 2 月 12 日，这是个辉煌的日子。他推出被誉为"新风貌"（New Look）的第一场个人服装发布会，迪奥的时装具有鲜明的风格：急速收起的腰身凸显出与胸部曲线的对比，强调女性隆胸丰臀、腰肢纤细、肩形柔美的曲线；裙长不再曳地，长及小腿的裙子采用黑色毛料点以细致的褶皱，再加上修饰精巧的肩线，打破了战后女装保守古板的线条，颠覆了所有人的目光，改写近代女装时尚风貌的华丽传奇。迪奥的晚装豪华、奢侈，在传说和创意、古典和现代、硬朗和柔情中寻求统一，这种风格轰动了巴黎乃至整个西方世界，给人留下深刻的印象。迪奥品牌一直是华丽女装的代名词，不仅体现优雅与实用完美结合的设计，还体现在选用绸缎、传统大衣呢、精纺羊毛、华丽的刺绣等高档、上乘面料，而做工更以精细见长。这一阶段的设计师先后有克里斯汀·迪奥、伊夫·圣罗兰、马克·博昂，最为著名的是克里斯汀·迪奥。克里斯汀·迪奥的创新设计，1947 年获得美国的雷门马可斯奖，1950 年获得法国"荣誉勋位团"勋章。克里斯汀·迪奥不仅是一位天才的时尚设计大师，也是一位优秀的营销大师，积极把迪奥品牌推向国际化。1948 年 Christian Dior 服装店出现在纽约的第五大道上。1953 年迪奥相继在日本的东京、大阪、京都、神户和名古屋推出系列作品。1954 年 Christian Dior 在伦敦的第一家店开业，员工达 1000 人。随后 Dior 有计划地将他的事业发展到古巴、墨西哥、加拿大、澳大利亚等国家，短短的几年在世界各地建立了庞大的商业网络。

②现行的品牌国际化（1989—　　）

迪奥初期品牌国际化主要集中在欧美国家，现行的品牌国际化阶段则注重开发中国及其他亚洲国家市场。这一阶段迪奥的设计师先后有奇安弗兰科·费雷、约翰·加里亚诺和拉夫·西蒙，继续秉承女性服装的造型线条而并非色彩，让黑色成为一种流行的颜色，诱惑、华贵、创造力、女性化是迪奥服装风格的永恒追求，典雅、细致、充满艺术性和创造性是迪奥一直坚持的品牌内涵。如今，迪奥品牌产品不仅用于高级时装，也早已延伸到鞋、香水、皮草、针织衫、内衣、珠宝及化妆品等领域，与时俱进，却始终保持着优雅的风格和品味。在经营上加大了品牌国际化的力度，特别是加大了进入亚洲市场的力度（参见表 3－2），1993 年就在中国香港成立迪奥分公司，负责迪奥亚洲地区市场开发和管理业务，此后，进一步拓展在日本、韩国、中国台湾的市场业务，有计划地在中国的北京、上海等地开设专卖店。目前，迪奥品牌在中国地区的店铺数量多达 40 余家，其中更包括 18 家迪奥桀骜店，这使中国成为全世界拥有迪奥男装店铺数量最多的国家（全球迪奥桀骜店铺共有 60 余家），这说明迪奥看好中国市场。如今的迪奥已经成为奢侈品中的顶尖品牌，无论是在服装、皮具还是化妆品、香水领域，都是世界著名的奢侈品品牌，目前在全球上百个国家和地区共有 200 家直营门店，年销售额超过 50 亿欧元，仅高级时装业务 2016 年销售额就达 20 亿欧元以上。

表 3－2　迪奥品牌国际化发展进程（1993—2016）

年份	标志事件
1993	在中国香港成立迪奥分公司，负责迪奥亚洲地区业务
1998	迪奥日本首家精品店在东京中心地段的银座（Ginza）开业
2000	设计师 Hedi Slimane 掌管男装，迪奥·桀骜（Dior *Homme*）男装上市销售
2002	迪奥服饰有限公司在中国上海成立。负责迪奥服饰亚洲区域业务发展
2004	迪奥服饰第一家直营专卖店在武汉开业，新的经营模式便由此拉开帷幕
2008	代言人"莎朗斯通"事件，影响迪奥产品在中国的销售
2011	"迪奥门"事件，迪奥首席设计师约翰·加利亚诺跌入人生低谷
2012	中国台北设立有史以来最大的旗舰店
2013	在莫斯科红场 Dior2013 秋季系列高级成衣展，Dior 首家澳大利亚旗舰店开业
2014	在意大利时装之都佛罗伦萨开设了全新旗舰店
2015	在加拿大温哥华开店、在韩国开店
2016	纽约开了一家货品最齐全的美妆概念店
2017	Dior 的时装线（Christian Dior Couture）被 LVMH 收购

备注：根据公司网站信息及相关资料整理

（3）迪奥品牌国际化的经验与值得注意的问题

迪奥最初是一家生产和销售女装的企业。而今，已经成长为以服装为主，多元发展的企业集团。无论是女装、男装、童装，还是皮具、首饰、香水、化妆品，都让人感到创意跃动、璀璨炫色、华丽极致、尊享愉悦。在企业成长的路上，在品牌国际化的进程中有很多值得我们借鉴和学习的经验。我们认为迪奥的成功主要得益于先进的品牌文化、高雅的设计风格和整合的营销策略。

①先进的品牌文化

迪奥一直是法国人的骄傲，是世界知名的奢侈品牌。奢侈品不仅用价格区分，价格只是区分奢侈品与非奢侈品最表象的一种方法，而且奢侈是一种生活态度，奢侈品是一个精英行业，享受奢侈品是对高品质生活的追求。奢侈品往往是与成功的品牌价值观、过硬的产品质量、优秀的设计理念以及文化积淀与传承联系在一起的，昂贵的价格其实是最后的因素。

品牌文化就是品牌在运作发展中逐渐形成的文化积淀，它代表着品牌自身价值观，世界观。迪奥的文化是一种能反应消费者对其在精神上产生认同、共鸣，并使之持久信仰该品牌的理念追求，能形成强烈的品牌忠诚度的文化。良好的企业文化是推动迪奥品牌迅速发展的不竭动力。

发展愿景：做行业顶尖，打造迪奥产业帝国

价值观：性感自信、激情活力、时尚魅惑

经营哲学：产品就是人品

品牌理念：我行我素

行为准则：以人为本、技术领先、精益求精、客户至上

品牌内涵：时尚其实就是一种生活态度

设计原则：精致剪裁

②高雅的设计风格

迪奥始终以名师设计、精致剪裁作为自己产品的核心竞争力。设计师是时尚品牌的灵魂，在群雄环伺的今天，迪奥的魅力有增无减，依然雄居时尚界顶端，其历届极具才华的设计师功不可没。迪奥设计师新人辈出，不仅有马克·博昂、波翰、费雷、约翰·加里亚诺和拉夫·西蒙等优秀设计师，还培养了皮尔·卡丹、伊夫·圣洛朗两位知名的设计大师，他俩离开迪奥后分别成为圣罗兰、皮尔卡丹两个世界知名品牌的创始人。迪奥历经了七任首席设计师的更替，却一贯坚持以法国式的高雅

和品位为准则，以品牌为旗帜，以精致剪裁为设计原则，体现美丽、优雅、华贵、时尚的设计风格。如今，迪奥品牌范围除了高级时装，早已拓展到鞋、香水、皮草、针织衫、内衣、珠宝、化妆品等领域，不断尝试、不断创新却始终保持着优雅的风格和品味。迪奥的创始是从服装开始的，服装始终是迪奥发展的重点，不论是"Haute Couture"（高级定制），还是"Ready To Wear"（成衣），无论是女装、男装，还是童装、内衣，都始终坚守精致剪裁是创造时尚的最高原则，始终秉承着法国高级女装的传统，始终保持高级华丽的设计路线。

③整合的营销策略

整合营销就是根据市场和客户的需要，把各种营销工具和手段进行综合运用的活动过程。迪奥在品牌建立之初便从全球战略的高度，有计划地将集团不同业务分别扩展到古巴、墨西哥等国，在世界各地建立起庞大的商业网络。采用"六个相结合"，即广告宣传与直接营销相结合、人员推销与展会营销相结合、店铺销售与事件营销相结合、直营销售与授权销售相结合、营业推广与公共关系相结合、销售与服务相结合，布局开发全球市场，以产生协同效应。极大促进了迪奥品牌国际化的进程。近年来，随着中国成为世界第二大经济体，中国市场成为迪奥的重点市场。据统计。目前亚洲市场已占迪奥总销售 30％ 的份额，成为其全球第二大市场。针对中国大陆市场，除重点一线城市外，迪奥集团亦加紧对二线潜力市场的开发。中国大陆 40 多家店成为迪奥集团实现收入增长的重要拉动力。迪奥集团充分认识到，加大对高增长新兴市场的投入力度是目前迪奥集团品牌扩张战略道路上的重要战略步骤，可为迪奥赢得稳定的高增长。

迪奥每次在品牌标识演变上的系列重大举措都精确地把握住了最佳时机，成为品牌营销的经典成功案例；迪奥的特许授权商业运作模式，更是开创全球时装界之先河。在迪奥集团的资产架构中，品牌无形资产占集团总资产的 47％，足见品牌资产在集团发展战略中的重要地位。迪奥集团全资控股的 Financière Jean Goujon 公司拥有世界第一大奢侈品集团 LVMH 集团超过 40％ 的股份，迪奥集团的利润也因此倚重于 LVMH 旗下各产品线的表现，其大力发展腕表、珠宝等，使迪奥品牌在产品线扩张的同时，完美提升了其在该领域的品牌地位。

④值得注意的问题

迪奥是世界著名的奢侈品品牌，在品牌国际化的路上总体来看是成功的，但有两个事件值得我们警醒。一是要慎重选择品牌形象代言人，谨防"莎朗斯通"事件重现。2008 年的代言人莎朗斯通在第 61 届戛纳电影节被记者问及中国汶川地震时，发表不当言论，遭到中国和世界舆论的谴责。莎朗斯通个人遭到世界性的封杀，其代言的迪奥产品在中国销售也遭到消费者的强烈抵制。二是企业高管要谨言慎行，谨防"迪奥门"事件。2011 年 2 月 24 日，迪奥首席设计师约翰·加利亚诺接受法国广播电台采访时，发表了仇视犹太人和带有种族歧视性质的言论，随后被警方带走质询，从此不仅让约翰·加利亚诺跌入人生低谷，也让迪奥品牌的形象一度受损。

3.2　意大利纺织服装品牌国际化

意大利历史悠久，从古至今散发着一股浓郁的浪漫人文气息，自古以来在经济、文化、政治上一直处于较为领先的地位，特别是在艺术领域。意大利人在建设着物质文明的同时，也不断地建设着精神文明，其在雕塑、建筑、文学等领域有着巨大的成就，特别是在文艺复兴时期，意大利人创造了令人瞩目的成就，并影响着整个世界。服装，虽是一种工业化的产品，却和美学息息相关。人文主义的气息使得意大利人一直在追求着服装的美和舒适性。

第二次世界大战后，意大利大力发展纺织工业，1956 年 7 月 22 日，佛罗伦萨的 PalazzoPitti 首次举行意大利最高级别的服装表演，没有人意识到这将是一个史无前例的传统的开始。从那以后意大利时尚开始全方位走向繁荣。其凭着本国在欧洲地区劳动力相对低廉的优势，重点发展毛纺、棉纺、服装工业，从 70 年代起很快成为欧洲的纺织、服装工业中心。期间诞生了如复古与极简并存、时尚又不失高雅的古驰（Gucci），性感与诱惑的范思哲（Versase），意大利式自然与优雅的阿玛尼（Amani），华丽与冷艳、自由与个性的杜嘉班纳（Dolce & Gabbana）及实用与美观的普拉达（Prada）等世界知名奢侈品牌。

20 世纪 80 年代，意大利纺织服装业在人员减少的情况下销售额却显著上升，到 2012 年，意大利时装行业的生产企业总数约 73060 家，销售收入约 900 亿欧元，雇用全职职位近 38 万个。如果包括批发和零售企业，意大利在该产业的企业总数达 28 万家，销售收入共计 1640 亿欧元，雇用劳动力近 59 万人。特别值得一提的是：2012 年当意大利制造业销售收入整体下降 1.9％时，高端时尚品牌销售收入逆势增长 1.4％，其中的顶级品牌的销售收入更是增长了 4.4％。据贝恩资本预测，2016 年，整个奢侈品行业增长速度是自 2009 年以来的新低，而意大利代表品牌 Gucci 的表现却一季好过一季。2016 年上半年，Gucci 取得 3.9％的增幅，远高于行业平均的 1％，反观其竞争对手 Lous Vuitton、Burberry、Dior 等品牌不是增长停滞就是出现倒退。

1961 年到 1978 年，意大利服装出口额不间断的以 17.8％的年均速度递增，1977 年到 1983 年以每年 21.3％的速度递增，1985 年意大利服装生产总产值为 123000 亿里拉，成衣工业已成为国家第三大工业，全球出口额 49000 亿里拉，是全球最大的服装出口国。2009 年至 2013 年间，意大利时尚产业持续保持贸易顺差，甚至在最艰难的国际金融危机时期也是如此。反观其他欧洲时尚产业强国法国和西班牙，时尚产业出口表现远不及意大利，两国纺织品和服装出口处于贸易逆差状态，法国纺织品净出口逆差甚至超过 110 亿欧元。2015 年，意大利的服饰、配饰以及鞋袜在内的时装出口总值达 480 亿欧元，相比 2014 年增长了 2％。

不容置疑，意大利是世界最大的时装之都之一。这里诞生了无数世界顶级奢侈品牌及手工高级品牌，每年的米兰时装周聚集了时尚界顶尖人物，上千专业买手和来自世界各地的专业媒体，一直被认为是世界时装设计和消费的"晴雨表"，它引领着世界潮流，推动了时尚发展的进程，在未来将继续绽放璀璨的光芒。

3.2.1　GUCCI（古驰）

GUCCI 最初是意大利的皮革店，后来发展成为意大利最大的时装集团，进而成为引领全球时尚的超级品牌。古驰品牌时装一向以高档、豪华、性感而闻名于世，以"身份与财富之象

GUCCI

图 3—3　古驰徽标

征"品牌形象成为上流社会的消费宠儿，时尚又不失高雅，一向被商界人士垂青，华贵而又经典深受明星们的青睐。古驰发展跌宕起伏，从家族纠纷声势一落千丈到汤姆·福特接手后的再生崛起，古驰从云端到谷底，再从谷底到云端的故事，书写了一部奢侈品牌传奇。

（1）古驰品牌

1906 年古驰欧·古驰（Guccio Gucci）结束了旅居巴黎、伦敦的生

活，回到了意大利佛罗伦萨，跟着父亲学习皮件制作，1921 年开了一家高级皮革店，主要经营高档行李配件和马术用品，出售由当地最好工匠制作的精美皮具，并在上面打上古驰（GUCCI）标志。仅几年时间这家店就吸引了一批国内外有背景的客户。其后以其卓越的品质和精湛的意大利工艺闻名于世，旗下精品包括服装、皮件、鞋履、香氛、珠宝和腕表，成为全球卓越的奢华精品品牌之一。

古驰品牌名源于创始人古驰欧·古驰的名字。My Good Life.（中文译为"与古驰同行"）是 Gucci 的广告语，简洁有力。成对字母"G"是 Gucci 的标志。金黄的颜色与设计形式所给人们带来的感觉都无可挑剔地展现其企业的气质，沉稳而大气。"绿红绿"的醒目底纹是 Gucci 的象征。选择红色和绿色是因为这两个色彩刚好是意大利国旗上的主色调，公司刻意要突出意大利制造的品牌特色。个性且有内涵。20 世纪

图3—4　古驰双 G 徽标

60 年代，印有成对字母 G 的图案（参见图3—4）及醒目的红与绿色作为 Gucci 的象征，双 G 就是 Guccio Gucci 的简称，寓有纪念古驰品牌创始人之意，一个大写的字母 G 相互咬合，既简洁、清晰，又时尚经典，出现在公文包、手提袋、钱夹等产品中，能傲然引领出独树一帜的流行风格。

Gucci 品牌上沉淀的近百年文化底蕴显示出其独有的魅力。浓郁的意大利风情结合对消费者心理的把握，无论是承袭了奢侈之风的锦衣华服，还是前卫个性的新潮时装，无一不流露出万种风情。将契合现代人追求切身实用与流行美观的双重心态与其设计相融合，略显张扬的性感唤醒了每一个人灵魂深处的渴望与梦想。

（2）古驰品牌国际化

古驰这个 20 世纪 20 年代于意大利佛罗伦萨创办的品牌已成为现代奢华的终极之选。百年来时尚界潮流迭起，风光轮转，古驰也与很多品牌一样历经一段品牌低潮期之后，才逐渐回到国际主流，历经时光、潮流与品位的涤荡后，古驰也愈发显现出动人的奢华、现代、经典韵味，古驰用近百年时光向大众揭示出时尚的要义。有人将古驰的发展划分为六个阶段，但从品牌国际化角度看，大体上可分为如下三个阶段。

①初露锋芒期（1921—1953）

意大利人古驰欧·古驰旅居伦敦和巴黎期间耳濡目染，对当地时尚

人士的衣着品位渐有心得。1921 年返回佛罗伦萨后，他开了一家专门经营高档行李配件和马术用品的商店，出售由当地最好工匠制作的精美皮具，创立了古驰标志，经典的设计和优良的品质，吸引了一批国内外有背景的客户。这一巨大成功促使古驰奥·古驰扩大业务，于是开更大规模的店，先后于 1937 年在阿尔诺河畔、1938 年在罗马开张，开始缔造时尚商业帝国的神话。第二次世界大战以后由于马具需求下降，古驰陆续推出服装、皮带、皮鞋、香水及玻璃器皿等家用日用品，继续坚持走贵族化路线，以其完美精湛的意大利手工技艺，融合奢华与时尚的品牌精神不断赢得市场。1949 年在米兰设第一家分店，1953 年纽约分店开业，标志着古驰开始向全球市场出击，从此、经典优雅、高尚品位的"意大利制造"开始风靡全球。

②升腾跌宕期（1954—1993）

这一阶段是从古驰创始人 1953 年去世到公司完成现代企业制度转型。第二代四个儿子中的 Aldo 接下来掌管古驰共计 32 年（1952—1984），业务和品牌随着战后经济迅速增长而扩展，古驰国际扩展也在加快，60 年代伦敦、巴黎、佛罗里达棕榈滩分店成立，1970 年香港、东京分店成立，Gucci 的全球扩张取得初步成功。但某些策略也带来严重伤害，例如仿冒、泛滥的授权产品大量出现在折扣大卖场，造成品牌形象一落千丈。然而，更严重的是 Aldo 去世后家族因继承问题陷入混乱，直到 1989 年第三代毛里奇奥·古驰（古驰奥·古驰的孙子）正式取得经营权后，他把 50％股份卖给美国投资银行 Investcorp，古驰正式从家族企业转型为国际化企业。

③高速发展期（1994—2016）

汤姆·福特在 1994 年升任创意总监，掌管商品路线包括广告、品牌形象、橱窗等。汤姆·福特首先将古驰的 LOGO 由金色改为银色，以年轻形象重新装潢面市，1995 年秋冬以华丽 70 年代复古嬉皮风设计，结合创新广告震惊时尚界，开创了古驰崭新的品牌形象，年轻、摩登、魅力、性感，主导了时尚界的脚步，成为流行的创造者，造就了古驰时尚王国。1994 年古驰集团合并为 Gucci Group NV，接着索勒·德索尔任全球总裁兼首席执行官，成为第四代经营者，从此古驰品牌进入了高速发展期。一方面加快了国际销售渠道的网店布局和终端建设（参见表 3-3），一方面加强资本运营，增强品牌的竞争力。1995 年古驰在纽约和阿姆斯特丹挂牌上市；1997 年古驰收购了瑞士表厂 Severin

Montres，从而完全控制钟表的供应链；1999 年古驰收购法国圣罗兰女装和意大利顶级女鞋 Segrio Rossi 的 70％股权，同年还与著名的零售商巴黎春天结成战略联盟，使单一品牌转变为多品牌的超级王国；2000年 12 月买下英国设计师品牌 Alexander McQueen 的 51％股权，逐渐完成多元化品牌的全球布局。此外，加快国际营销网络建设，努力扩大市场，尤其加强对中国市场的建设。1996 年就进驻上海开专卖店，尔后在北京、天津、重庆、广州、深圳、杭州、南京、沈阳、大连、武汉、成都、西安等城市设专卖店，并在上海成立古驰（中国）贸易有限公司，截至 2016 年底，古驰在中国共开设了 80 多家门店。门店网络的扩张给 Gucci 带来良好的业绩表现。

表 3－3　古驰品牌国际化发展进程（1994—2016）

年份	标志性事件
1994	聘 Domenico De Sole 为全球总裁兼首席执行官，Tom Ford 为创意总监
1995	股票在纽约及阿姆斯特丹联交所上市
1996	上海专卖店开业，开始进军中国市场
1997	与世界最大手表制造与销售集团 Severin Montres 联盟，建立 Gucci 全球销售网
1999	收购法国 YSL 圣罗兰女装和意大利顶级女鞋 Segrio Rossi 的 70％股权
2000	买下英国时装设计师 Alexander McQueen 品牌的 51％股权
2004	古驰（中国）贸易有限公司在上海市南京西路挂牌
2009	武汉国际广场店开业
2011	西南地区的首家形象店在成都开业
2012	韩国首尔全新旗舰店、台北旗舰店（101 店）开业
2015	Frida Giannin 离职，Alessandro Michele 接棒成为 Gucci 新一任创意总监
2016	新总部落户米兰蒙特拿破仑大街；古驰北京 SKP 旗舰店开业

备注：根据公司网站信息及相关资料整理

（3）古驰品牌国际化的经验与值得注意的问题

古驰品牌时装一向以高档、豪华、性感而闻名于世，以"身份与财富之象征"品牌形象成为富有的上流社会的消费宠儿。一向被商界人士垂青，时尚且不失高雅。福布斯 2016 年度全球最具价值品牌排行榜中，古驰以品牌价值 120 亿美元排在第 44 位；我们认为古驰的成功主要得益于科学的经营管理、高端的产品品质和经典的情感营销。

①科学的经营管理

索勒·德索尔是古驰集团化后第一任总裁，他认为品牌成功的关键在于重新控制和监管特许经营权发放、生产和分销等重要环节，这才是奢侈品品牌经营之道。"我们每天都会收到成百上千的申请，要求代理销售古驰的产品，只用一个小时的时间，我就可以批准新开 2000 家古驰专卖店。"索勒认为单纯的销售并不是塑造品牌形象的关键，一味地扩大生产追求销量不只是令品牌丧失其独有的价值，甚至会破坏品牌形象。70 年代盲目的品牌拓展计划就是最好的证明。索勒同时也采取了一些实验性的方式对品牌进行考察，例如客户调研。调研结果显示了该品牌的两大主要实力所在。首先是古驰的款式，其次是古驰的品质。这正是人们希望从知名品牌中得到的。通过市场调研了解自己品牌的同时，也在研究了解其他的品牌，根据调研情况，对相关部分作出具体调整。索勒说："古驰的情况不太一样，我们必须在时髦和品质之间求得完美的平衡才行。"

②高端的产品品质

古驰一向以奢华、性感而闻名于世，而百年的奢华之路，始终在不断地推陈出新中保持着自己独特的个性。古驰产品设计精致、制作精细，保持和发扬了"意大利制造"风格。"意大利制造"的精髓就是高品质，生产注重研发，生产的每一道工序都有严格的工艺要求和质量标准，古驰七任首席设计师一贯坚持高档、高雅、豪华、性感的设计风格，每一产品系列、每一产品项目设计独具匠心，材料高档、细节精美。第六任首席设计师弗里达·贾娜妮曾经说过："这里的一切都是奢华的，鳄鱼皮和皮草当然最为显眼，但只有当工艺融入每一个细节，才是真正的奢华。"设计师要根据不同时代人们对美的理解，以及设计师独具慧眼捕捉到的时尚灵感，从华丽到性感，既能适应时代潮流，又始终保持自我个性。服装从织布、染布、裁剪、缝纫、印花、绣花、熨烫、叠装 的每一道工序，都要坚持"工艺至上"的原则，注重细节、精益求精。为了保证高端的产品质量，为了不失去"意大利制造"的品位，不失去它作为奢侈用品的潜在身价，古驰一贯坚持从来不在意大利以外的地方生产，所有的产品都要在托斯卡纳生产和加工，托斯卡纳是意大利艺术的摇篮，也是"意大利制造"的发源地。

③经典的情感营销

古驰最近的一系列营销手段堪称经典。情感营销——与顾客建立直接的联系：设立"已然未然"免费艺术展览，"即买即秀"活动以及邀请著名导演拍摄品牌短片；提供品牌创新性定制化服务，打造专属产品等营销手段在圈内赢得阵阵喝彩，引致同行业者争相模仿。

跨界营销：将时尚概念与二次元文化结合，打破常规，大胆创新；与影视明星的长期合作大大提升了品牌的知名度。Gucci 的营销模式不是虚幻的、空泛的概念，而是产品风格和时尚指向融为一体的，渗透在产品深层次的精神特质。这种精神特质是贯穿于 Gucci 整体运作的各个环节，并通过产品造型风格体现出来，且与消费者的需求相统一。

④值得注意的问题

品牌成长道路上也会有挫折和教训。根据古驰品牌国际化的实践，有两点需要注意：一是品牌要做大做强必须打破家族式管理经营的局限，一定要按照现代企业制度去运行和管理。二是品牌快速扩张要注重质量，避免盲目扩张。知名品牌一定要谨慎对待特许经营，一定要谨慎对待打折之类的促销活动，一定要加强对品牌监管，否则就会泛滥成灾，影响品牌的形象和美誉度。

3.2.2 PRADA（普拉达）

PRADA 是意大利知名品牌，于 1913 年在米兰创建。马里奥·普拉达的独特天赋在于对新创意的不懈追求，融合了对知识的好奇心和文化兴趣，不仅能够预测时尚趋势，更能引领时尚潮流，从而开辟了先驱之路。在百多年的发展过程中，通过致力于创造兼具经典色彩和创新精神的时尚理念，一个米兰小作坊成长为欧洲的时尚宠儿，成为享誉世界的传奇品牌。

图 3—5　普拉达徽标

（1）普拉达品牌

1913 年马里奥·普拉达鉴于当时美洲与欧洲之间的交通频繁，在米兰著名购物圣地——埃马努埃莱二世长廊，开设了 PRADA 旅行用的皮具精品店，专门销售设计时尚、品质卓越的手袋、旅行箱、皮质配件及化妆箱等系列产品，由于甄选优质原材料，精湛工艺制作、配饰优质奢华，得到了来自皇室和上流社会的宠爱和追捧，很快该店就成为欧洲贵族和上流社会雅士以及追求品质生活人士最爱光顾的场所。1919 年，PRADA 品牌被指定为意大利皇室的官方供应商，也因此被授予塞沃家族的盾徽和结绳标记的使用资格，成为 PRADA 品牌标识中的组成元素。作为意大利皇室供货商的 PRADA，以塞沃盾徽和皇家章纹的图形作为标志。而今这家仍然备受青睐的精品店依然在意大利上层社会拥有极高的声誉与名望，成为意大利最著名的奢侈品品牌之一。

普拉达的徽标由图文组合而成（参见图 3—5)），文字是核心标识，上方是品牌名称 PRADA，中间的标着"MILANO"是意大利语米兰的意思，直接说明了品牌的诞生地，"1913"代表品牌创立的时间，最下面是塞沃家族的盾徽和结绳标记，表明是意大利皇室的供货商。普拉达的徽标整体是一个倒三角形，恰似飞翔的图案，给人一种飞天女神的意味与联想，昭示了沉淀已久的文化渊源。

（2）普拉达品牌国际化

普拉达品牌故事完全是丑小鸭与白天鹅故事的翻版，是一个家族与一个女人的故事，是能够带给人们向往、崇敬感情的故事。而这些就是品牌故事的魅力，通过描述品牌发展创业奋斗中有意义的、代表性的故事，带给人们心灵震撼，赢得人们的情感，加深品牌形象，形成强有力的品牌联想，从而树立起与人们共鸣的品牌文化，打造情感品牌。

①20 世纪的国际化（1978—1999）

普拉达原本是一家精品店，是一家意大利时装品牌，专门提供男性和女性用的顶级成衣、皮革、时尚配饰、鞋、箱包、香水等奢侈品。马里奥·普拉达不相信女人的领导能力，所以马里奥·普拉达阻止女性家庭成员进入他的公司。但 1950 年马里奥·普拉达去世，儿子对父亲的企业并没有兴趣，所以女儿路易莎·普拉达成为普拉达第二代掌门人，在她二十多年经营的时光里，普拉达并没有多大的名气，不过是欧洲一个普通的家传三代、专做手工时装饰物的小牌子，其中还曾几度濒临破产边缘。然而，一个女人改变一切，演绎了一个丑小鸭变白天鹅的美丽神话与传奇。

缪西娅·普拉达是马里奥·普拉达的孙女，儿时她对自己的家族品牌兴趣不大，也没有按照家里人的要求学设计、当名媛，而是选择学习政治学，曾获得博士学位，并一度活跃于政坛。70 年代末转向服装设计，1978 年开始接管家族事业，成为普拉达的第三代掌门人。她认为没有创新与突破，普拉达很容易没落。于是，她努力寻找和传统皮料不同的新颖材质，历经多方尝试。她在一次参观军事基地时，突发奇想采用军用帐篷和降落伞材料制作手袋，1984 年一款质轻耐用尼龙布料黑色手袋应运而生，一经发布就引起了轰动，风靡一时、成了经久不衰的经典款；1983 年推出皮鞋，1989 年推出女装，1994 年推出男装，1998 年推出运动装……好的产品还需要大市场。1984 年普拉达走出国门，相继在巴黎、马德里、纽约的繁华商业区开店（参见表 3—4），开始在欧洲大陆和美国扩张。1998、1999 两年还先后完成了几项大手笔收购：收购了 Gucci 集团 9.5％的股份，随后又出售给 LVMH 集团；收购了总部设在美国纽约的海尔姆特·朗公司 51％的股份（2006 年卖掉了）；收购吉尔·桑达公司（2006 年卖掉了），加力多元化的全球布局。

②新世纪的国际化（2000— ）

进入 21 世纪以后，普拉达继续加大品牌国际化的力度。一方面丰富多元化的产品经营格局，优化产品结构，2000 年推出太阳镜、2004 年推出女士香水，2006 年推出手机，2007 年推出男士香水……普拉达同时以资本运作进行多元化经营和市场扩张，普拉达股票在港交所挂牌上市，先后与法国 LVMH 集团、意大利陆逊梯卡（Luxottica）集团、韩国的 LG 集团合作进行产品开发。普拉达采用新型业务模式，成功地将工业化生产流程与精湛的制作工艺和卓越的手工产品相结合，逐渐成为一个完整的精品王国，主要提供高档的男女成衣、皮具、眼镜、鞋帽、香水、手机等，并提供量身定制服务，市场版图拓展到全世界，一时间普拉达成为追求流行简约与现代摩登的最佳风范，完成了由一个米兰小作坊成长为欧洲的时尚宠儿，一个不太知名的小牌子成为世界知名奢侈品牌的华丽转身与完美蜕变。

缪西娅·普拉达在注重产品开发的同时，还注重市场的国际化，一方面继续在欧美市场精耕细作、步步为营、继续开店。另一方面加强了对亚洲市场，特别是中国市场的开发，2001 年就进驻中国开专卖店，此后，陆续在中国的一线二线城市开店，并在上海注册成立了普拉达中国总部——普拉达贸易（上海）有限公司。2016 中国门店达到 60 多家，在全球增至 620 家。世界品牌室发布的《全球 100 大奢侈品公司排行榜》显示，2016 年普拉达销售额为以 31.9 亿美元，位居第 17 位；以 55 亿美元的品牌价值入选《2016 年全球最具价值品牌 100 强》。

表3—4 普拉达品牌国际化发展进程（1978—2016）

年份	标志性事件
1978	Miuccia 从母亲手中接管公司，与帕特里兹奥共同经营
1984	走出国门、在欧洲大陆和美国扩张，相继在巴黎、马德里、纽约的繁华商业区开店
1993	Miuccia 获得美国服装设计师协会配饰大奖
1998	收购了 Gucci 集团 9.5% 的股份，第一家 PRADA 男装精品店在美国洛杉矶开张
1999	收购海尔姆特·朗公司 51% 股份；与 LVMH 集团合伙收购芬迪 51% 股份，收购吉尔·桑达公司
2000	与 Azzedine Alaia 品牌签约合作，在纽约建立第一间体验店
2002	集团营业收入达 19 亿美元，全世界拥有超过 150 间直营店
2004	PRADA 中国总部——普拉达贸易（上海）有限公司注册成立
2006	《穿 PRADA 的女魔头》上映，"Prada Phone by LG" 手机上市，售出 100 多万部
2007	Prada Men-Amber pour Homme 获得 2007 年 FIFI 奖（英国）最佳男士香水包装奖
2008	香水 Infusion d'Iris EDP 荣获 2008 年 FIFI 奖最佳女士香水奖
2010	世博会的意大利馆，工作人员制服由 PRADA 设计提供
2011	6 月 24 日 Prada 股票在香港上市；复古系列在 PRADA 品牌的 2010/2011 秋冬系列上得以展现
2012	PRADA（普拉达）台北 101 旗舰店开
2013	在卡塔尔首都多哈的 VillaggioMall 内开设首家门店
2015	大阪第一家普拉达旗舰店在大阪心斋桥正式开业
2016	温哥华第一家普拉达大型旗舰店在市中心的阿尔伯尼街开业

备注：根据公司网站信息及相关资料整理

（3）普拉达品牌国际化的经验与值得注意的问题

20 世纪 70 年代中期之后，曾经风靡一时的普拉达处在最黑暗低潮的时期。普拉达品牌国际化主要是在缪西娅·普拉达成为第三代掌门人之后，在短短 28 年时间内，重树家族雄风，并建立起意大利时尚地图上最夺目的世界级品牌。普拉达有蓬勃发展辉煌的业绩主要得益于高端定位、品牌协同和创意设计。

①高端定位

普拉达品牌从诞生之日起，就奉行高端定位，即将品牌定位于"高利益价值区间"的品牌定位策略，比较注重品牌的长远建设，针对高端人群，采用最佳材料＋最佳品质＋最好价格＋最优促销媒介的战略方针，在竞争越来越激烈的消费市场中占据了一席之地。普拉达的目标群体最初是王室成员和富人阶层中的女性消费者，现在主要是成功人士、城市中产阶层。普拉达讲究用料上乘，即使是创业初期，在物流不很便捷的情况下，为了要求最好的品质，马里奥·普拉达还是坚持从英国进口纯银，从中国进口最好的鱼皮，从波希米亚运来水晶。"意大利制造"的精髓就是优良的品质。普拉达的最佳品质就是要体现"意大利制造"的最高工艺水平，要代表意大利水准最高的工厂制作，无论是服装、箱包还是香水、鞋帽、都要成为精品。最好价格就是采用高溢价策略，价格比一般品牌要贵，甚至在 10 倍乃至上百倍。将产品定位高端可以提升品牌价值，也可以获得高额利润，但由于高溢价品牌给予消费者的主要价值是个性与身份的象征。最优的促销场所就是机场、五星酒店、高端写字楼等豪华高档场所设零售终端，选择好莱坞及世界各地影星、明星代言，PRADA 和 MIU MIU 品牌每年春夏和秋冬两季都要在米兰做发布会，挑选模特儿走秀、平面广告及其他宣传推广活动。

②品牌协同

现在，普拉达实行的是多系列、多品牌的发展战略，产品不仅有皮包、旅行箱和皮质配件等传统的产品系列，还有男女服饰、香水、鞋帽、手机等新的产品系列，走进普拉达旗舰店就等于走进了一个多系列、多品种的产品王国。普拉达产品更加丰富，顾客挑选余地更大，通过创造和利用新的细分市场机会，实现商业经济利益。1992 年以后出现开始多品牌经营，在普拉达品牌的男女时装受到市场充分肯定后，缪西娅·普拉达趁势追击，适时推出个人色彩浓重的副线品牌 MIU MIU，在更加率性自我的空间里，发掘女人深层本色，从而扩大目标市场，得以占领较大的市场份额。在普拉达的品牌架构中，PRADA 品牌是主品牌、核心品牌、一线品牌，而 MIU MIU、Marc Jacobs 是副品牌、二线品牌，收购来的迪芬也是副品牌、二线品牌。Jil Sander、Fendi 以及 Helmut Lang 等是三线品牌，每个品牌有不同的细分市场与品牌形象，可以满足不同的消费需求，达到整体的协同。MIU MIU 是缪西娅·普拉达 1992 年以自己小名命名的品牌，这个属于普拉达唯一一个年轻副线的品牌。而缪西娅·普拉达的丈夫 Marc Jacobs 也以自己的名字命名了一个品牌，满足了年轻知识男性消费者的需求，该品牌具有非常的文艺青年个性。多品牌运行与管理是很复杂的，多品牌策略整体优势的发挥在于理顺品牌间的关系。理顺品牌间的关系，可以避免直接竞争、浪费资源、损害品牌形象，并有利于形成整体优势。普拉达很好地处理了多品牌的问题，达到了品牌之间的协同补充、彼此依靠，让不同的品牌，让每个二线品牌、三线品牌满足不同的消费需求。同时，共同支撑和维护普拉达主品牌的形象和利益。

③创意设计

生活在米兰这座以精湛技艺与典雅风格著称的时尚城市，缪西娅·普拉达从小耳濡目染，熟知各类面料风格与服装的缝制工艺。她对生产的各个环节，从样衣的制作到工艺单的制定，亲自进行把关控制，努力把每一件普拉达的工艺化成品制成艺术家手下的精品。她将自己个性中无拘无束的天性充分表达在设计理念中，打出了"Less is More"口号，这种极简主义设计的美学主张正好与潮流不谋而合。她设计的服装穿着运动自如，远离所有束缚与限制。她每季作品都会含有各种组合，以供顾客挑选与随意搭配。她的设计通常是古典主义中注入前卫的元素，融合了传统与时髦，表达了优雅的精致感和浓浓的书卷气。所有时装配饰都是在意大利水准最高的工厂制作的，尽管强调品牌风格年轻化，但品质与耐用的水准依旧，特别注重完整的售后服务，这也是以高级皮革制品起家的普拉达的传统。无论是过去还是现在，普拉达亮眼的表现主要归功于设计与现代人生活形态水乳相融，不仅是在布料、颜色与款式，其设计背后的生活哲学契合现代人追求切身实用与流行美观的双重心态，在机能与美学之间取得完美平衡，不但是时尚潮流的展现，更是现代美学的极致。

④值得注意的问题

普拉达的品牌炙手可热，最近二十多年来发展势头很猛。仅就品牌国际化而言，也有两个问题值得注意。一是随着"互联网＋"的迅猛发展、电子商务对传统门店形成了极大的压力与挑战，因此，通过建门店进行市场扩张的思路值得反思。二是兼并、参股为企业做大做强的有效路径，也是强势品牌价值的最好展现，但收购只是兼并、参股的过程，文化融合、品牌融合，形成 $1+1>2$ 的效应才是品牌延伸追求的结果。

3.3 西班牙纺织服装品牌国际化

西班牙服装产业发展很早，并形成了自己的风格。《外国服装史》一书中曾提到，19世纪被称为"流行的世纪"，其中认为西班牙风格和古希腊风格、巴斯尔样式是引领这个世纪最主要的三大服装潮流。西班牙各民族和地区独具特色的传统服装不仅追求极端的奇特造型和夸张的表现，而且缝制技术高超，颇具民族色彩。随着时代的进步，西班牙服装在民族特色的基础上不断演化和提升，形成了诸多自有的服装品牌，并走向国际市场。西班牙纺织品服装的品牌很多，其中不乏闻名世界的品牌，像 ZARA、MANGO/MNG、LittleKiss、BERSHKA、Pull and Bear、Massimo Dutti、Stradivius、TINTORETTO、Ealingerie、Adolfo Dominguez、Loewe 等众多品牌都是非常有国际影响力的品牌。Inditex 集团下的 ZARA 服装品牌创立于1975年，是全球排名第三、西班牙排名第一的服装零售商，在世界各地 57 个国家内，设立超过两千多家的服装连锁店；MANGO/MNG，创办于 1984 年，是一个与 ZARA 齐名的世界知名服装品牌，迄今在世界各地 68 个国家开设超过 575 家店面；LittleKiss 则创建于 1959 年的瓦伦西亚，如今已经遍及五大洲四十多个国家，作为西班牙和环地中海地区内衣第一品牌和欧洲前三位品牌、世界十大内衣品牌，Little Kiss 以其青春、时尚、充满活力和个性的品牌形象差异化于其他内衣国际品牌并成为二流品牌纷纷模仿的对象。西班牙服装品牌以超前的时尚意识，卓越的设计与品质和精准的价格与定位成为市场最大的卖点。纺织服装业在西班牙工业中占重要地位。2014 年西班牙纺织服装业产值达到 164.73 亿欧元，同比增加 3.93%。占工业总产值的 4%左右。从业人数超过 20 万人，西班牙纺织服装产量占欧盟总产量的十分之一，居德国、意大利、英国、法国之后。

3.3.1 ZARA（飒拉）

ZARA 是西班牙 Inditex 集团旗下的一个子公司，它既是服装品牌，也是专营 ZARA 品牌服装的连锁零售品牌。Inditex 集团是西班牙服装行业的龙头企业，是居于美国的 GAP、瑞典的 H&M 之前全球排名第一的服装零售集团。其旗下拥有 ZARA、PullandBea、MassimoDutti 等八大品牌，ZARA 是其最大、最成功、最有影响、也是最有价值的品牌。ZARA 以超前卫的优异设计以及平民的价格深受全球时尚青年的喜爱，是"快速时尚"的代名词，也是世界上成长最快的品牌，2005年以品牌价值 37.15 亿美元第一次入选 Interbrand 发布的《全球最具价值品牌 100 强排行榜》，2016 年 ZARA 的品牌价值增长到 167.66 亿美元，是 2005 年的 4.5 倍，品牌价值年均增长 14.68%，成为百强当中增长最快的 10 大品牌之一，100 强的排位也由 2005 年第 95 位晋升到第27 位。

（1）飒拉品牌

阿曼西奥·奥尔特加·高纳原本是一位服装商人，1963 年创立 Inditex 集团，在西班牙致力于服装零售业，该集团是世界四大时装零售集团之一。1975 年的时候，因为一家

图 3-6　飒拉徽标

德国客户取消了一个大的订单，于是，他被迫在拉科鲁尼亚创办了一家 ZARA 零售店，初衷是为了销售批发商取消订单后的存货，但是这次经历却让他认识到生产与零售"联姻"的重要性，于是，飒拉逐步形成了产供销一条龙的全球价值链、产业链、供应链，成为世界服装行业的一颗耀眼明星。

飒拉品牌的徽标是由四个字母组成的 ZARA，创意源于一个长着胡子的希腊男人的名字。1969 年品牌创始人阿曼西奥·奥尔特加·高纳看了电影《希腊人佐巴》（Zorba the Greek），喜欢上了宽宏大量、和蔼可亲、富有智慧的主人公佐巴（Zorba），并且决定使用 Zorba 这个名字为自己的品牌命名。他发现"当时有一个酒吧的名字也叫 Zorba"，担心两个名字会引起混淆，于是他重新调整了字母，最后决定采用 ZARA 这个名字（参见图 3-6）。

（2）飒拉品牌国际化

在经济学中，国际化是企业有意识地追逐国际市场的行为体现。它既包括产品国际流动，也包括生产要素的国际流动，国际化进程是企业产品与服务在本土之外的发展战略。飒拉品牌国际化进程堪称神速，短短 40 年攻城略地，急速扩张、风靡世界。

①探索发展期（1975—1990）

这一时期是飒拉品牌创立初期，也是品牌国际化的探索发展期。这一阶段的主要特点是着重于西班牙国内市场布局，积蓄国际化的能量，

在20世纪90年代后期才试探性地进入欧美其他国家市场。其主要进程是1976—1984年在西班牙布局，各大中城市开设飒拉分店，使得飒拉时尚概念在国内得到广泛认可。1985年确立Inditex集团为母公司、母品牌，并使飒拉成为Inditex旗下的分公司和最有价值品牌，为日后的飒拉的发展奠定了基础。1986—1987年Inditex集团致力于飒拉连锁店的发展。1988—1990年先后在波尔图、纽约、巴黎等城市分别设立了门店，试探性地进入葡萄牙、美国和法国市场，迈出了品牌国际化的第一步。

②稳步发展期（1991—2000）

在这10年内。飒拉扩展到28个国家，新增欧洲国家14个、美洲国家5个、亚洲国家6个（参见表3—5），先后进入希腊、比利时、瑞典、马耳他、塞浦路斯、挪威、以色列、英国、日本、阿根廷、委内瑞拉、黎巴嫩、德国、荷兰、波兰、沙特阿拉伯、巴林、加拿大、巴西、智利、乌兰圭、奥地利、丹麦、卡塔尔和安道尔25国。这一阶段国际化有两个明显特点，一是1991—1995年间，稳步地在欧洲推进品牌国际化，为进一步大规模品牌国际化摸索经验，积蓄力量。二是1996—2000年，国际化的步伐在加快，国际化的市场在扩大。

表3—5　飒拉品牌国际化发展简表（1991—2000）

年份	标志性事件
1991	创立PULL&BEAR连锁品牌，并买入MASSIMO DUTTI集团65％的股份
1992	在希腊开设第一家门店，开始涉足欧洲一些较远的市场
1993	在比利时开设第一家门店
1994	在瑞典开设第一家门店
1995	在马耳他开设第一家门店
1996	在塞浦路斯开设第一家门店
1997	在挪威和以色列首次开店
1998	在英国、日本、阿根廷、委内瑞拉、黎巴嫩首次开店
1999	在德国、荷兰、波兰、沙特阿拉伯、巴林、加拿大、巴西、智利和乌拉圭首次开店
2000	在奥地利、丹麦、卡塔尔和安道尔首次开店

备注：根据公司网站信息及相关资料整理

③高速发展期（2001— ）

伴随着世界进入 21 世纪高速发展，飒拉也加快了品牌国际化的步伐，发起了在零售终端全球布局的猛烈攻势。从表 3－6 可以看出：2001－2006 年间先后在 31 个国家首次开店，显示开辟国际新市场的力度很大、气势很猛；2007－2016 年表面上看每年首次开店的国家少了，但在已经进入国家继续开店的力度并没减小。据不完全统计，截止到 2016 年底，飒拉已经成功进入 70 多个国家（地区）市场，全球的门店总数已经超过 2000 家。2016 年，飒拉品牌价值达到 107 亿美元，入选福布斯《2016 年全球最具价值品牌 100 强》。

飒拉 1995 年就进入中国，在上海设立办事处，主要负责中国市场的面料采购，并了解、熟悉、研究中国市场。蛰伏 10 年后，于 2005 年在办事处的基础上成立中国总部——飒拉商业（上海）有限公司，吹响了拓展中国市场的号角，负责中国市场的开发和运行管理。2006 年 2 月在上海南京西路开设一家旗舰店，随后其门店数迅速增加，到 2016 年底门店总数约 500 家，仅 2014 年新开店就超过 120 家，门店已经进入超过 70 个城市，其中 85％集中在一线、二线城市，少量布局在经济相对发达的三四线城市。门店类型主要以购物中心为主，其中每个城市万达广场（购物中心）几乎是飒拉必进的商场。除此以外，王府井、港汇等主流购物中心也是首选。毫无疑问，中国内地已成为飒拉在全球最大的海外市场。

表 3－6　飒拉品牌国际化发展进程（2000—2016）

年份	标志性事件
2001	波多黎各、约旦、爱尔兰、冰岛、卢森堡、捷克和意大利等国首次开店
2002	萨尔瓦多、芬兰、多米尼加共和国、新加坡和瑞士等国首次开店
2003	俄罗斯、斯洛伐克、斯洛文尼亚以及马来西亚等国开店
2004	摩洛哥、爱沙尼亚、拉脱维亚、罗马尼亚、匈牙利、立陶宛和巴拿马等地首次开店
2005	摩纳哥、印尼、泰国、菲律宾和哥斯达黎加等国首次开店
2006	塞尔维亚、中国内地和突尼斯等地首次开店
2007	韩国、墨西哥首次开店
2009	埃及首次开店

年份	标志性事件
2011	南非、澳大利亚、中国台湾等地首次开店
2013	印度首次开店
2014	在美国出现"死老鼠"事件
2015	新西兰首次开店；上中央电视台 3·15 晚会国际大牌黑榜。
2016	越南、印度、墨西哥等国首次开店；成都的 ZARA 专卖店关闭

备注：根据公司网站信息及相关资料整理

（3）飒拉品牌国际化的经验与值得注意的问题

40 多年前，学徒出身的阿曼西奥·奥尔特加在西班牙西北部的偏远市镇开设了一间名叫 ZARA 的小服装店，在国际化进程中以惊人的速度崛起，如今已经成长为全球时尚服饰的领先品牌，声名显赫。我们认为飒拉的成功主要得益于创新的商业模式、强大的设计团队、快速的物流供应。

①创新的商业模式

飒拉的成功首先要归功于商业模式的创新，定位于时尚大牌服饰和大众服饰中间，采用"快速时尚"模式，突出的特点就是"时尚设计、优质平价、限量发售、快速流通"，形成飒拉"快速、多款、少量"的经营特色，"快速"就要很快推出新的时尚款式，让消费者紧跟时尚潮流的节奏和步伐。"多款"就是同时推出更多的不同风格、款式、花色、型号的服装，以满足不同细分市场的客户需求。"少量"就是采用"饥饿营销"、不怕缺货，保持奢侈品的"稀缺"特性，通常一家门店的每一款服饰只有两件，卖得好也只有两件，每天都有新品上柜，每周两次的补货上架，每隔三周就要全面性的汰旧换新。这样做一方面是让消费者感到与众不同、避免了"撞衫"的尴尬。另一方面就要减少库存。更重要的是买方市场中持续维持一个关于时尚的卖方市场的格局。长期以来，飒拉一直坚守"一流形象、二流产品、三流价格"的经营之道，"一流形象"就是快速时尚的形象；"二流产品"就是要删除大牌服饰奢华的元素，减掉与"时尚"无关的细节，让消费者感到实在实用；"三流价格"就是摒弃时尚大牌高溢价的策略，平价销售，尊重普通市民爱美的权利，让他们买得起、消费得起，进一步打破了服装传统的"奢侈品"与一般消费品的边界，让时尚服装走下"奢侈"的神坛，让普通市民也能消费得起时尚大品牌，使其大众化、平民化。飒拉的商业模式中还有一点值得学习，那就是"口碑"，从不打广告，在阿曼西奥看来，门店是飒拉最主要的市场工具，口碑就是最好的广告。我们在研究时还发现，飒拉的"三个专注"既是商业模式的重要内容，也是助其成功的重要基因，即专注服装产业链发展，不搞多元化经营；专注在西班牙本土生产，很少发展代工厂；专注自营连锁经营，不搞授权加盟。

②强大的设计团队

飒拉的设计团队是强大的，公司总部的专业设计师有 300 人左右。众多设计师中，大多是年轻人，平均年龄只有 25 岁，既没有特别多的顶尖设计师，也不设首席设计师，推崇开放、民主与创新的氛围，然而飒拉却有着"快时尚"的美誉，得益于"两个鼓励"，即鼓励设计师从全球任何一个地方获得取灵感，鼓励全球各个连锁店给设计提建议、参与设计过程。设计团队对时尚的高度敏感，第一时间预览所有时装周、时装杂志、官网等，及时分析世界各地观察员收集到的时装发布会、展示会、交易会、剧院、舞厅、饭店、校园等场所流行元素和服装细节的信息；及时研究总部信息系统中的各种数据，以及对客户、市场分析专家、采购员、促销员的各种信息，进行整理、归类分析，发现许多时尚元素，并结合流行趋势与订单需求，以此为依据设计草图，再利用分布在全球各地的客户的眼光和需求，综合的意见进行修改，以期达到最新、最时尚、最亲民设计。因此，飒拉新品上市快而且多，快人一步的设计速度和大量的新款上市，成为"快时尚"的最重要的元素。一般的国际品牌从产品设计到上市大约需要 80～120 天，然而飒拉最短只需要 7 天，平均都在 12 天左右。飒拉设计团队与竞争对手不同，不仅设计下个季度的新产品样式，同时还不断地更新当前季度的产品。据统计，飒拉每年有 12000 多款新品投放市场。

③快速的物流供应

飒拉的物流总部设在西班牙拉科鲁尼亚，这是一家规模很大、设施先进、管理科学的现代物流中心，2003 年又在西班牙东北的萨拉戈萨建成第二个物流中心。在西班牙周边国家的连锁店商品主要靠陆地运输，距离西班牙本土较远的连锁店商品主要靠空运。ZARA 第一个配送中心附近有拉科鲁尼亚、圣地亚哥两个机场，距离拉科鲁尼亚机场 10 公里远，距离圣地亚哥机场 70 公里远，第二个配送中心附近有萨拉戈萨机场和马德里机场。一般来说，货物从配送中心在 24 小时内运到欧洲各分店，在 48 小时之内运到美国、日本、中国等地。速度显然是压倒一切的，正如 ZARA 的一个高级经理说的那样："对于我们来说，距离已经不用公里数来计算，而是用时间来计算。"

飒拉拥有最先进的管理信息系统，充分应用 JIT、BPR、CRM、EDI、EPR、HRM 等管理平台，构建了以市场驱动力的强大供应链，每个市场终端、每一门店利用互联网与总部系统相连，总部不仅能够及时掌握各门店销售、库存的动态信息，还准确了解库存、进货状态。利用最先进的科学物流系统对全球近 2000 家专卖店进行物流管理，按照每一个专卖店的订单需求，每天两次，把产品及时运送到全球各专卖店。一周逾 250 万件衣服的物流量致使飒拉仓库里所有的服装都不会停滞超过三天。对飒拉而言，仓库的意义不是拿来"存放"东西，而是用来"流动"的。

④值得注意的问题

ZARA 自诞生以来，快速时尚的成功体现得淋漓尽致。但在辉煌的同时也有两个问题值得注意：一是"抄版大王"问题。飒拉因设计抄袭、复制、山寨、过度模仿，侵权风波不断，每年要为此付出高额赔偿，甚至千万欧元的罚款，这不仅让企业蒙受巨大的损失，也对品牌形象造成极大的损害。二是质量问题，在美国发生过"死老鼠"事件，在中国 2015 年上了中央电视台 3·15 晚会国际大牌黑榜。质量是品牌的生命，低劣的质量对品牌伤害是致命的。

3.3.2　MANGO（芒果）

MANGO 是西班牙第二大服装品牌，也是国际上知名的"快速时尚"品牌。快速时尚就是能够将时尚的产品概念转化为消费品，很快推向市场，它尽量缩短时尚产品的前导时间，本着不创造时尚，但制造时尚的理念，主张品牌产品要快速、时尚、平民化。

（1）芒果品牌

对于 MANGO，无论是英文含义还是英文发音，很容易与水果之王芒果混为一谈，事实上，MANGO 品牌与水果之王芒果有密切联系。英文意为芒果，源自其创始人 Isak Andik（伊萨克·安迪克）在菲律宾品尝了鲜甜清香的芒果，从这一刻开始，创办人爱上了芒果，并把自己的时装品牌命名为 MANGO，希望 MANGO 时装像芒果一样，拥有无限吸引力，一试难忘，可以让世界每一位时尚女性都能分享，让喜爱时髦、钟爱流行的时尚女性有全新、与众不同的漂亮选择。现在人们更为习惯使用 MANGO 的简称"MNG"。MANGO 的 logo 也是经历了一系列变化，最后采用 1992 年设计的新徽标（参见图 3—7）。

芒果服饰创立于 1984 年西班牙的巴塞罗那，以时尚、摩登、流行、大都会感的服装设计赢得了全球女性的一致青睐。不仅如此，MANGO 以他特有的风格迅速传递西班牙时

MANGO

图 3—7　芒果徽标

装的形象语言，让所有爱美、爱时髦的时尚女性有了全新的选择。芒果服饰除了着重摩登都市感，推崇硬朗而又柔美的设计风格，更以适合大众、易于搭配为设计前提，并且 MANGO 每一季都会发展四大主题：Suit 上班系列、Basic 基本系列、Jeans 牛仔系列、Casual 休闲系列，紧紧将 MANGO 与流行、时尚、创新画上等号。

（2）芒果品牌国际化

芒果的理念出自独有的设计、做工精良及统一连贯的品牌形象，其经营目标是致力于打造国际"快速时尚"知名品牌，经营哲学是永远让消费者得到平价、有质感与设计，同时享受尊容的完美待遇，"让时尚不贵"。

①上世纪的品牌国际化（1984—1999）

芒果公司在创立之初，也就 1984—1991 年间，在西班牙进行渠道建设的同时，出口实现国际化经营。1992 年在葡萄牙第一家店开业具有里程碑意义，这不仅仅是芒果的第 100 家分店开业。更重要的是开始向全球化进军的征程。此后，快速地在海外扩张，1995 年进入亚洲市场，店铺分布中国香港、韩国、中国台湾、菲律宾、印度及新加坡等地，1997 年巴黎旗舰店开业，标志着芒果海外的连锁店数量首次超过了其在西班牙国内的数量，为后续的国际市场开拓奠定了一定的基础，也积累了更多经验。1998 年成为西班牙第二大服装出口商，到 1999 年末，芒果已经成为先后进入 40 个国家和地区，拥有 400 多家连锁店的跨国企业集团。

②新世纪的品牌国际化（2000—　）

进入 21 世纪后，随着生产力的进一步发展，全球经济一体化趋势走强，世界经济的联系空前紧密。芒果在新世纪继续乘胜前进，增强了"走出去"开店的力度，尤其是 2000—2004 年发展较快（参见表 3—7），到 2004 年底芒果已在 75 个国家和地区设有连锁店，到

2016 年芒果在全球 107 个国家（地区）拥有 2415 家门店，其扩张的速度惊人，扩张的主要方式就是授权许可的加盟连锁，MANGO 曾在很长一段时间对外宣称加盟店和直营店的数量将保持在 75％和 25％的比例。

芒果 2003 年进入中国，在北京国贸设立了第一家中国连锁店，同年在上海开了第二家店，并设立 MANGO 中国总部－芒果服饰（中国）有限公司。尔后，首先在全国一线城市、二线城市布局，以后渠道下沉逐渐向三四线城市拓展，原先曾乐观地计划要在中国开 1000 家门店，但到 2016 年底只有 300 多家门店，值得警醒的是 2013 年以后，芒果的门店受到了来自网上购物和竞争对手的双重夹击，还出现了关店的现象。

表 3—7　芒果品牌国际化发展历程（2000—2007）

年份	标志性事件
2000	在伦敦市中心牛津街的旗舰店开业
2002	中国、澳大利亚、保加利亚、意大利及突尼斯等国首次开店
2003	在洪都拉斯、塞尔维亚及黑山共和国开设新店
2004	在阿塞拜疆、爱沙尼亚、萨尔瓦多、中国澳门及越南等地开设新店
2005	在美国、加拿大等国开店
2006	在科斯达梅萨、达拉斯、麦克莱恩、奥兰多及圣莫尼卡开设新店
2016	在全国 107 个国家（地区）拥有 2415 家门店

备注：根据公司网站信息及相关资料整理

（3）芒果品牌国际化的经验与值得注意的问题

不得不说，MANGO 所有服装饰品几乎都符合现代女性的品位需求，一直被定位为凭借最新的潮流，自身个性化的设计和可接受的价格来装饰现代都市女性，通过不断的变化和创新迎合全球现代女性对服装的追求，让喜爱时髦、钟爱流行的时尚女性有全新、与众不同的选择。我们认为芒果的成功主要得益于全球连锁、加盟发展；团队创新、时尚设计；新颖多款、花色多样。

①全球连锁、特许经营

连锁经营模式是一种现代商业运作方式，以其独特的经营机制显现出强大的生命力。芒果的成功得益于通过连锁迅速做大做强，特许经营连锁可以突破资金和时间限制，迅速实现规模扩张。芒果在全球连锁的发展进程中，实行的是自营与特许加盟相结合的方式，自营与特许加盟的比例大约是 25：75。无论是自营店还是特许加盟店，统一牌匾、统一服饰、统一进货、统一店面形式，打破了传统的"一家一店、各自为政"的经营思想，让消费者树立对于芒果的独一无二的品牌形象和突出印象。芒果始终坚持全球各地的旗舰店、门市、甚至店中店的设计、陈列于营销都要符合其品牌形象，大到店面设计，小到商品的陈列样式，无一不体现出它对消费者的尊重和对品牌的一贯坚持。它所营造出来的这种浓郁的品牌推广和购物氛围，让来到这里的消费者陡然燃起购物的欲望和无比愉悦的购物体验。针对不同的市场，芒果制订了不同的市场推广计划，包括配合新店开张进行全国宣传、在女性杂志刊登广告、街头广告、时装表演及公关活动等。再加上完备精美的产品目录、体贴用心的会员制度，为所有来这里的消费者提供了平价、有质感与设计感的时装，同时也享受芒果独有的完美消费体验。

②团队创新、时尚设计

芒果服饰独有的设计，来自设计团队对全球设有专卖店的东道国的现代都市女性的日常穿着需求进行了分析和研究，然后通过设计上的变通和应用，设计出创新的各种风格的服饰，这正是芒果商业成功及国际知名化的关键之一。芒果拥有超过 1800 人的设计团队和超过 550 名的女装及配饰设计师团队。这个团队是由一群充满激情、训练有素，平均年龄在 32 岁左右，82％为女性的年轻员工组成。她们在拥有 10000 平方米的欧洲最大的设计中心芒果设计中心及巴塞罗那总部工作。2014年，芒果 KIDS 童装系列创立了属于自己的设计师团队，分别负责不同产品系列。与此同时，芒果继续扩大产品类别，不断推出服饰配件、内衣以及鞋类等其他纺织类产品。芒果除了自己设计之外，很注重与外界同行的交流与合作，吸取国际优秀设计团队和名家以及其他竞争对手好的设计，并从 2006 年开始创立"芒果风尚大奖"，借此提高自身品牌知名度，收集来之世界各大设计师的优秀作品。

③新颖多款、花色多样

几乎所有的购物者都知道，选择越多吸引力就越大。芒果强大的设计能力保证了有足够多的款式供客户进行差异化的选择。每一季，芒果都会提供多达 1000 款的商品给消费者选择。久而久之，商品齐全，选择性高就成了芒果的特色之一，再加上芒果每周都会补充商品，隔周就会添增新品，这样快速的配货系统，绝对能够让消费者都紧跟流行的脚步，让芒果女性的流行度遥遥领先。芒果的基本款服饰设计就已经多达10种颜色，还有芒果鞋子、腰带、包包、饰品等配饰单品，这些都可以让芒果女性自由搭配，满足其个性化需求。

④值得注意的问题

从创立至今40余年，芒果在服饰界创造了快速发展的奇迹。成功的背后，有两个问题值得注意：一是产品的质量问题。2015年3月15日，央视315晚会曝光不合格服装品牌。2014年，全国检验检疫机构抽检进口服装时就发现芒果服装的ph值、甲醛、偶氮、色牢度等不符合要求，曾被列入不合格品牌。二是特许加盟问题。特许加盟作为一种新的商业模式本身没问题，但若把关不严、管理不到位，就会出现损害品牌形象的问题，要谨防"多米诺骨牌效应"。

3.4 美国纺织服装品牌国际化

美国是世界上最主要的纺织品市场，也是我国纺织品出口的主要市场。美国纺织工业已有200年左右的历史。100多年前，纺织工业曾在美国的经济活动中占据重要位置。如今作为劳动密集型的纺织服装工业，由于劳动成本不断增加，在美国已不具备比较优势，国内需求主要依靠进口。2000年以来，美国的纺织服装业不断萎缩。特别是美国纺织工业中的面料生产正在向其他国家和地区转移，目前已将相当的纺织生产能力转移至拥有廉价劳动力的墨西哥。在服装生产的大部分工序中，美国仅承担包装加工的最后环节。纺织服装产业在美国整个经济中的占比非常低，2015年，美国纺织服装产业总产值760亿美元，仅占GDP的0.2%。纺织服装产业从业人数为57.93万人，占美国总就业人口1.52亿的0.38%。

美国一直是全球最大纺织品服装消费市场和第一大进口国。纺织品服装进口数量逐年增长，逆差不断上升，纺织服装进口来源集中在亚洲和加勒比地区。服装在纺织服装进口总额中占了很大比例。美国纺织业很注重创新和新技术的应用，新技术、新产品层出不穷，尤其是新型纤维产品的产量占据世界首位。

美国服装消费者的品牌意识很强，品牌服装尤其是名牌服装在美服装市场中占有绝对重要的地位。各个服装公司根据自身多年的经验推出各自的品牌，如时装有 CK、安娜·苏、迈克·科尔、拉夫劳伦、唐可娜儿、唐娜凯伦、布克兄弟、花花公子、汤丽柏琦、汤姆·福特、凯特·丝蓓、香蕉共和国、AA 美国服饰、马克·雅可布、贝齐·约翰逊、黛安·冯芙丝汀宝等知名品牌；休闲服装有盖璞、美国鹰、老海军、诺帝卡、霍利斯特、圣大保罗、NAC 北美风、阿贝克隆比费奇、Esprit、J. Crew 等品牌；牛仔服装有苹果、李维斯、第五街、迈克·科尔、Wrangler 等知名品牌；运动服有耐克、匡威、冠军、新百伦、哥伦比亚、Danskin 等品牌；内衣有媚登峰、名利场、维多利亚Hanes、Jockey、Joe Boxer 等知名品牌；童装有史努比、迪士尼、金宝贝、Tommy、OSHKOSH 等知名品牌，其中不乏耐克、GAP、POLO、LEVIS 等世界级知名品牌。这些知名品牌服装不仅在美国占有80％以上的份额，而且还纷纷在中国发展，如耐克（1980）、Lee（1995）、花花公子（1991）、诺帝卡（1994）等知名品牌很早就进入中国市场。

3.4.1 NIKE（耐克）

NIKE 是全球著名的运动品牌，公司总部位于美国俄勒冈州波特兰市。"体育、洒脱、自由的运动精神"作为耐克独特的企业核心文化，Just do it（想做就做、只管去做）就是耐克独特的个性，"推广运动"就是耐克的经营哲学，着重于技术研发、开拓市场，不仅将运动服装、运动鞋、运动器材推向世界，还促进世界体育运动，特别是青少年体育运动的发展。通过近半个世纪的奋斗，菲尔·奈特和比尔·鲍尔曼携手创造了一个举世闻名的新品牌，创造了创新创业的辉煌与传奇。

（1）耐克品牌

1963 年，俄勒冈大学毕业生比尔·鲍尔曼和校友菲尔·奈特各出资 500 美元，合伙创立了一家名为"蓝带体育用品公司"，主营体育用品。1972 年，蓝带公司更名为耐克公司，菲尔·奈特任董事长兼首席执行官，从此开始缔造属于自己的传奇。NIKE 这个名字，源

图 3—8　耐克徽标（1971）

于一位名叫杰夫·约翰的年轻员工，一天晚上他在梦中呓语"NIKE"，惊醒后产生了公司取名 Nike 的灵感，因为，NIKE 不仅易读易记、叫

得很响，而且还能产生希腊胜利女神的联想，在约翰的建议下，经过一个星期的争论后决定采用 Nike 作为公司名字。

　　耐克的徽标是一个文字加图案的组合，文字就是 NIKE，图案就是 Swoosh（有人称之为"钩子"、也有人叫"对号"）。1971 年波兰国立大学艺术系的一位名叫卡洛林·戴维森学生设计了图文组合标识，文字 Nike 小写，图案是一个 Swoosh（嗖的一声）标志（参见图 3－8）。奈特说："不是特别地喜欢，但是我相信它会因为我们和我们一起成长。"1978 年，耐克的 Swoosh 标志由框线变为实形填充，出现在标准字的下方，标准字变小写为大写，还略带倾斜，给人健壮有力和运动感，配合下方实形填充的 Swoosh 浑然一体。更加醒目突出、相应生辉，更能阐释体育精神（参见图 3－9）。1985 年，标志组合在方形中形成正负效应。如今，Swoosh 标志依据需要可被单独运用。图案小钩子，造型简洁有力，急如闪电，一看就让人想到使用耐克体育用品后所产生的速度和爆发力，体现了体育、表演、洒脱自由的运动员精神。因此。Nike 这个名字，在西方人的眼光里很是吉利，而且容易识别、朗朗上口，其图案象征着希腊胜利女神翅膀的羽毛，代表着速度，同时也代表着动感和轻柔。整个徽标简洁而不简单，蕴涵着无限的激情、活力和拼搏精神。

图 3－9　耐克徽标（1978）

（2）耐克品牌国际化

　　早在菲尔·奈特的大学时代，他就立志要打败阿迪达斯，建立自己的世界体育用品王国。1964 年在一次鞋类产品交易会上，他认识了日本制鞋商鬼冢虎，并由此找到商机，他和比尔·鲍尔曼敏感地觉察到，运动鞋在美国有巨大市场，并坚信一定能在这个领域成功，于是，蓝带体育用品公司便成为"tiger"牌运动鞋的美国独家代理商，获得成功后，蓝带体育公司拥有了运动鞋产品，耐克从此正式成立。

　　①"试跑"阶段（1972—1979）

　　这一阶段是耐克公司的初创阶段，是一个苦练内功、塑造品牌阶段，其主要特征是"热身、试跑"。耐克公司成立前是日本鞋美国代理商，成立后转型为体育用品的品牌制造商。经验丰富的田径教练比尔·鲍尔曼是既是耐克的联合创始人，又是耐克最初的创新者。他着迷于运动鞋设计和技术改进，1966 年设计出第一双跑鞋"Corte"；1967 年首创质轻耐穿的尼龙鞋面跑鞋；1970 年受到妻子所穿高跟鞋的启发设计出 "WaffleTrainer" 运动鞋；1972 年受宇航员离开月球时的启发设计出 "Moon Shoe" 的跑鞋；1974 年从华夫饼模具中偶获灵感设计出 "Waffle Trainer" 二代运动鞋……1979 年，第一款运用 NIKE 专利气垫技术的 Thaiwind 跑步鞋面世。

耐克公司 1972 年结束与日本鬼冢虎的合作后，一方面加强在美国本土推广运动鞋品牌，1973 年聘请美国 2000 米到 10000 米纪录创造者史蒂夫·普雷方丹作为形象代言人，他是成为第一个穿耐克运动鞋的田径运动员；在美国奥运选拔赛中正式推出 NIKE 牌；成立美国的第一个田径训练俱乐部……努力提升耐克品牌的在美国的知名度和美誉度。另一方面也开始试探性地进入国际市场，进行品牌国际化运作。1972 年进入加拿大市场；1977 年同时分别在中国台湾及韩国设厂扩大生产；1978 年耐克国际公司正式成立，同年耐克鞋进入澳大利亚、欧洲和南美等海外市场。

②"跟跑"阶段（1980－1999）

这一阶段是从耐克公司股票发行到合伙创始人比尔·鲍尔曼去世，是耐克随着龙头阿迪达斯"跟跑"阶段，也是与锐步、彪马以及在 20 世纪 80 年代后期诞生的中国品牌李宁的竞争，从一个小企业成为世界龙头地位的发展过程，其主要特征是"跟跑、追赶、超越"（参见表 3－8）。这一阶段耐克在全球价值链中注重运动鞋、运动衣及其他运动用品设计，到 1982 年运动服饰推出 200 多款。耐克始终占据"微笑曲线"的两端。自己没有一家工厂，设计出来的体育产品全部通过外包方式进行生产，耐克在低人力成本地区广设代工厂商，开始主要集中在日本和"亚洲四小龙"，20 世纪 80 年代中期以后，逐步转移到中国、泰国、印度、越南、印尼亚洲等地以及非洲国家。目前中国是耐克代工厂最多的国家，据统计，耐克公司在中国有 124 家工厂之多，有 70％的耐克鞋都是中国制造的，这些代工厂大多分布在中国的沿海地区。

表 3－8　耐克品牌国际化发展历程（1980—1999）

年份	标志性事件
1980	股票在纽约交易所公开上市；在北京设立生产联络代表处
1981	穿着耐克跑鞋的 Alberto Salazary 参加马拉松比赛创世界最好成绩

续　表

年份	标志性事件
1982	Nike 运动服饰成长至今近 200 种款式；为每位 NBA 球员提供运动鞋
1983	穿着耐克跑鞋的 Joan Benoit 打破世界女子马拉松纪录
1984	赞助的 58 名选手在洛杉矶奥运会上获得 58 块奖牌
1985	美国著名篮球运动员乔丹开始为耐克作形象代言人
1986	全球营业收入达到 10 亿 7000 万
1988	使用广告语——"Just Do It"
1990	全球总收入突破 20 亿美元，全球市场份额达到 28％，
1991	成为全球第一家营业收入突破 30 亿美元的运动用品公司
1992	海外收入首度超过 10 亿美元，约占营业收入总额的 30％
1994	全球总收入达到 48 亿美元，超过阿迪达斯、全球市场份额达到 40％
1995	与美国、意大利国家男女代表队、中国足球队签订赞助合约
1996	中国代表团 22 支队伍使用耐克的装备参加亚特兰大奥运会
1997	亚洲地区营收同比增长 166.67％达到 8 亿美元。中国成耐克亚洲最大市场
1998	与西班牙巴塞罗那足球俱乐部签订了为期 10 年赞助协议
1999	全球销售总额达到 161 亿美元，电子数据交换系统开始使用

备注：根据公司网站及相关资料整理

　　在此期间，耐克展开了猛烈的"运动营销"，一方面签约体育巨星作形象大使，进行广告宣传使耐克名扬全球、家喻户晓；另一方面通过赞助赛事、支持青少年体育运动。不仅提高其知名度，还极大地提升美誉度，使体育运动的专业人士、体育运动的爱好者以及广大青少年以拥有耐克产品为荣。成功的广告极大促进了门店销售。20 世纪末，在 170 多个国家和地区建立了销售网络。耐克的全球销售网络有分销中心、批发商、零售商和代理商组成。耐克在全球有 17 个分销中心，耐克在每个国家根据地区或省份设若干个批发商，耐克的零售包括店铺零售和无店铺零售两种，店铺零售主要是指定经销商、专卖店形式。以中国市场为例，进入 20 世纪 80 年代以后，耐克就很少设直营店，主要靠特许经营进行加盟连锁。耐克在中国市场实行了多级代理的制度，一级经销商下面设区域经销商。耐克销售渠道目前除了百丽、宝胜两家全国性经销商外，还有上海瑞丽运动、广州滔博体育、沈阳腾达日语和成都劲浪体育等知名的区域性经营商。据不完全统计，到 20 世纪末，耐克在中国的门店就超过 7000 家，同时还有网上购物平台，分销网络异常壮观。庞大的销售网络促使耐克业务迅速做大做强。营业收入超高速增长，1986 仅有 10.7 亿美元，1990 年倍增到 20 亿美元，1994 年 48 亿美元，全球份额上升到 43%，首次超过阿迪达斯、彪马、锐步等知名品牌，登上全球体育用品的霸主地位。随后，业绩继续高歌猛进，到 1999 年全球销售总额达到 161 亿美元，业绩出现超高速增长，继续稳居龙头地位。

③ "领跑" 阶段（2000—　）

进入 21 世纪后，全球一体化进程进一步加快，产业内的贸易也在蓬勃发展。这一阶段耐克虽然承受着巨大压力，但依然顽强地维持霸主地位，其主要特征是"领跑、超越自我"。随着科技进步，耐克也在不断地进行技术更新，以运动鞋为例，耐克继续坚持"不是卖产品。而是推广一种生活方式"的经营哲学，引导消费者"不是买鞋。而是相信跑步"，为此，先后运用了气垫技术、新型缓震技术；FIT 技术、跟灭 Nike free 科技，不断颠覆传统运动鞋的概念，推出消费者喜买爱穿的新产品，继续引领全球运动鞋、运动服、运动装备和用品的市场的健康发展。同时，继续运用"耐克模式"和"运动营销"的方式，进一步确立、维持、巩固世界最大运动用品制造商、服务商的地位。

不可否认，进入 21 世纪以后，特别是美国"次级债危机""欧债危机"以后，世界经济格局和经营环境发生了巨大的变化，耐克也面临很大压力和严峻考验。如在中国市场不仅受到阿迪达斯、彪马、锐步、斐乐、卡帕等知名国际品牌挑战，也遇到来李宁、361°、特步、安踏等本土运动品牌的狙击。面对严峻形势，耐克直面竞争，在保持技术领先的同时，继续加大"运动营销"力度，在中国举办 NIKE3 对 3 足球赛、NIKE3 对 3 篮球赛、NIKE 高中男子篮球联赛、NIKE 青少年足球超级杯赛、NIKE4 对 4 青少年足球公开赛等活动；邀请 NBA 巨星来华传播体育文化，不仅有国际巨星的广告，还请姚明、李娜、刘翔等中国明星代言，取得了很好的效果。虽然有些年份出现了业绩下滑、门店增速和业务增速下降。但总体来看，业绩进入到由超高速增长进入中低速增长的新常态。耐克公司年报显示，门店到 2016 年底约为 7500 家，不仅比高峰时期的 8000 多家有所减少，而且较之 1999 年门店增加无几；营业收入 2016 年达到 306 亿美元，增速为 10.1%。尽管如此，耐克世界霸主地位无法撼动，品牌资产价值继续提升。2016 年以 65.43 的活力分数入选《2016 全球最有活力品牌百强榜》，排在第 4 位；以 250.34 亿美元的品牌价值入选 Interbrand《2016 年全球最佳品牌》榜单，排在第 18 位；以 275 亿美元的品牌价值入选福布斯《2016 全球最具价值品牌排行榜》，排在第 18 位。

（3）耐克品牌国际化的经验和值得注意的问题

从 1972 年创立，耐克仅有 40 多年的历史，通过"试跑""跟跑"和"领跑"，过程中虽然有很多艰难困苦，但最后缔造了商业神话，实现了菲尔·奈特最初的梦想，超越阿迪达斯，建立起自己的体育用品王国，成为世界体育用品的"领头羊"。我们认为其成功主要得益于"耐克模式"、技术创新和"运动营销"。

① "耐克模式"

耐克公司的商业模式创新是其最大的成功。耐克公司和耐克品牌在成长的过程中，没有复制原先体育用品企业的发展模式，而是采用了一条注重研发设计、注重市场销售、虚拟化生产的模式。简单地说，就是构建没有工厂的体育用品制造商、服务商的模式。管理大师汤姆·彼得斯曾经指出"做你做得最好的，剩下的外包"，以加强竞争优势。菲尔·奈特认为运动鞋、运动服是劳动密集型产品，根据"微笑曲线"，设计、营销比生产更有价值，买方市场格局的背景下，设计和营销是企业的核心竞争力，集中人力、物力、财力进行产品的研发和市场营销手段的创新才是王道，而生产环节完全可以在全球范围内找到优秀生产商进行贴牌加工，从而形成"哑铃型"的企业结构，哑铃的一端是产品的研发和创新，另一端是全球化的品牌营销，中间细长的部分是生产加工制造环节。这不仅能节省大量的生产设备的投资，而且可以利用当地的廉价劳动力、节省大量的人工费用，以进一步增强品牌国际化的比较优势，还能降低企业经营风险，优化资源配置，实现企业利益的最大化。

②技术创新

随着现代科学技术和知识经济的发展，技术创新既是企业转型升级的驱动力，也是提升核心竞争能力的突破口。技术创新成为决定企业生死存亡的关键。耐克公司从小到大、在很短时间内，迅速登上世界第一大体育用品制造商、服务商宝座，技术创新功不可没。公司建立之初，菲尔·奈特和比尔·鲍尔曼敏锐地认识到，要做大做强品牌，唯有技术创新，不断开发出领先竞争对手、高技术含量、且价格低的产品。因此，创新在耐克发展史上贯穿了全过程，不管是服装还是运动鞋，耐克通过技术的创新，使产品更加舒适新颖，更符合购买者的需求，从而吸引消费者。同时，耐克把握消费者心理、不断推出新的产品，让人们对耐克始终保持着新鲜感，提高自己的受欢迎程度。

耐克公司总部有一个"创新厨房"，就是耐克公司研究开发未来新品的实验室，有120多名技术创新工作者，他们之中有设计师、材料学家、科技开发者，他们决定着耐克的最终产品形态的设计方案。公司聘请运动员、教练员、医生、整形大夫、设备经营者等相关成员成立了研究委员会和顾客委员会，共同审核各种设计方案。耐克一直致力于创新科技和研发，学习和研究如何使得运动鞋、运动服等产品表现得更专业，更符合生理学、物理学，以及所用的材料如何使得运动鞋更具功能性，它的产品一直瞄向更安全、更耐用、更轻便、更舒适、更美观，如运动鞋先后运用了软尼龙鞋帮、华夫鞋底、加气囊鞋跟，缓震、聚酯纱线一体成型等技术……先后推出了 Mercurial 系列、Tiempo Legend 系列、T90 系列、CTR360 系列、AF－1 系列、Jordan 系列、AW77 系列等运动鞋、深受全球消费者欢迎和喜爱。耐克的运动服同样用上了高科技。2010 年耐克推出 Hyper Elite 新球衣，成为当年篮球世锦赛的高科技战袍。Hyper elite 短裤重量只有 5 盎司，球衣也是耐克有史以来最轻的，且具备透气、耐用，聚酯材料都源于回收的塑料瓶，每套球衣平均使用 22 个回收塑料瓶。2010 年世界杯中，美国、巴西、葡萄牙、荷兰、韩国、澳大利亚、新西兰、塞尔维亚和斯洛文尼亚 9 支参赛球队均穿着耐克用再生塑料瓶制造的球衣。

③运动营销

耐克不只是卖运动鞋、运动服等产品，它所推销的是一种爱运动生活方式，这就是运动营销，也有人称之为体育营销。体育营销就是以体育活动为载体来推广产品和品牌的一种市场营销活动。一方面，耐克公司针对青少年消费者热爱运动、崇敬英雄人物、追星意识强烈、希望受人重视、思维活跃、想象力丰富并充满梦想等特征，相继与一些大名鼎鼎、受人喜爱的体育明星签约，如乔丹、C罗、史蒂夫·普雷方丹、德罗巴、小罗、托雷斯、法布雷加斯、伊布、罗比尼奥、阿圭罗等国际巨星，也有姚明、刘翔、李娜等中国明星，并拍摄了许多想象力十足的广告，尤其是"Just do it""I have a dream"非常励志，使青年消费者始终被耐克所吸引。1984 年，耐克与后来的篮坛神话当时的毛头小子迈克尔·乔丹签订了一份 5 年高达百万美元的合同，同时将乔丹作为市场战略和运动产品生产的核心。事实证明，耐克这一抉择是历史性的，乔丹不仅代表了非裔美国运动员卓越的运动能力，为耐克赢得了非裔美国人市场，同时乔丹身上凝聚的追求变革的个性以及令人振奋的体育精神，完美地诠释了耐克的企业文化。另一方面，为各国家的运动队参加奥运会、世界杯、世锦赛等重大全球性、或洲际性、或国家性的赛事提供运动衣、运动鞋等赞助换取广告。这种形式具有时限长、气氛好、"明星效应"明显的特点。如 2015 年 1 月 3 日，耐克与中国足球队签订了为期 12 年、总金额 12 亿元的赞助合同，同时也结束了中国足协与阿迪达斯长达 30 年的合作。赞助体育赛事也是耐克运动营销的重要形式。

④值得注意的问题

耐克的发展取得了巨大成功，也遇到了两个问题。一是质量问题。2011 年"打假第一人"王海爆料耐克运动鞋"货不对版"，2012—2016 年耐克时有产品上黑榜，2017 年央视 3·15 晚会上，央视曝光耐克 zoom air 气垫鞋没有气垫，涉及虚假宣传。二是持续发展问题。耐克创造神话的两个创始人先后离开了公司，比尔·鲍尔曼于 1999 年去世，菲尔·奈特 2016 年退休，何况现在的经济形势与竞争格局今非昔比，在 2016 年的四个季度，耐克在大中华区的营收增长则分别为 30%、28%、27% 和 23%，虽然增长速度仍然较快且好于其他地区，但下滑趋势较为明显。未来的耐克公司向何处去？"耐克模式"能否延续神奇？耐克品牌能否再续辉煌？全球拭目以待。

3.4.2　GAP（盖璞）

GAP 是美国最大的服装公司之一，全球最大的服装零售商，休闲时装巨头，在全球性的专业零售业中居领先地位，其产品主要包括成人、妇女、儿童及婴儿的服装、配饰品。盖璞在美国、中国、英国、加拿大、法国、日本和爱尔兰等 50 多个国家经营着大约 4000 家门店，其业务覆盖到美洲、欧洲、亚洲及其他地区。

（1）盖璞品牌

1969 年，GAP 的创始人唐纳德·费歇和道瑞斯·费歇在美国加州的一家时装店里挑选适合自己的牛仔裤，但挑来挑去找不到一条合适的。于是，他俩在旧金山创立了第一

图 3—10　盖璞新旧徽标

家服装店，采用的是牛仔裤和录音带并肩销售的方式。唐纳德·费歇曾介绍说："我创建 GAP 是因为一个简单的想法：能够更容易地找到一条牛仔裤"。谁曾料到。这家小店尔后成为著名的美国服装品牌。到盖璞第二家店开张时，唐纳德·费歇将重点转向年轻人，着重强调一种年轻化的购物氛围。所销售的商品也只包括服装，比如圆领 T 恤、短而精干的纯棉质上衣、牛仔裤等。这种全新的销售方式，使盖璞名气在美国很快提升。在 20 世纪八、九十年代，盖璞致力开创"时髦与平价"时代，它的三大系列品牌相继上市，并在最短的时间内占领了美国休闲品牌市场，并得到了美国及海外的认可，成为著名跨国服装集团公司。

GAP 这个名字的灵感就源于当时叛逆的嬉皮士年轻人与老气横秋的父母之间的代沟（Generation gap），其意是随意简单的牛仔裤，是每个人都能穿的便服，希望 GAP 能弥合"代沟"，在两代人之间架起桥梁。GAP 的徽标简洁明快，就是采用独特的 Spire Regular 字体、书写的蓝底白字 GAP（参见图 3－10，左边为旧标志右为新标志）。2010 年 10 月 6 日，盖璞更新了其已使用 20 年的标志，推出了一种新的标志，企图建立一个在零售市场上更现代的存在。公司发言人路易丝·卡拉丝称：设计新徽标的目的就是代表盖璞从"经典的美式设计向现代性感、酷的转变"。这款全新标志仍然保留原来的海蓝色方格，但改为较浅的渐变色调，更显轻盈。Gap 字母独立出来，由白色变成黑色，由 Spire Regular 字体改为 Helvetica 字体并位于海蓝色方格的品牌标志之外，具有现代感。但 GAP 在新标志发布前，未进行有效沟通，也没有举办任何的发布会，加之有人认为新标设计过于简单，新标亮相过于草率。因此，新标一推出舆论哗然、消费者茫然，成千上万的网友通过 Facebook 和 Twitter 社交平台表示了强烈的不满和抗议。盖璞最后尊重舆论的意见、听取消费者的心声，于新标亮相仅一个星期后，也就是 2010 年 10 月 12 日决定放弃新徽标，沿用旧的标志，以平息更换徽标的风波。CNN 表示是互联网谋杀了 GAP 的新标志，英国金融时报称这是民主的力量战胜了专制的力量。

（2）盖璞品牌国际化

国际化战略是企业产品与服务在本土之外的发展战略。随着企业实力的不断壮大以及国内市场的逐渐饱和，有远见的企业家们开始把目光投向本土以外的全球海外市场。企业的国际化战略大体可以三种类型，即全球中心战略、多国中心战略和本国中心战略，因为美国是世界上最大的服装市场，所以盖璞实行的是一种本国中心战略。

①"试飞"阶段（1969—1989）

这一阶段是从公司成立到提出 SPA，其主要特点就是以美国市场为主，从品牌代理到创立自己品牌，为品牌国际化奠定基础。万事开头难，盖璞开始作为一个服装零售商没有自己品牌，只作为一般经销商进了一批近 4 吨的牛仔裤，卖的不是当时比较有名气的牛仔品牌大亨 Levis，滞销难卖，最后只好以进价出售，后来盖璞就成为 Levis 的经销商，并于 1973 年推出盖璞（Fall in to The Gap）广告系列，成为美国消费者，尤其是年轻人喜爱的服装门店，业务和市场营销力越来越大，其股票 1976 年在纽约证券交易所和太平洋证券交易所上市。名气虽大、但业务规模始终做不大，1982 年公司的市值总额只有 4.8 亿美元。

1983 年米基·德雷克斯勒（Mickey Drexler）加入发展处于停滞阶段的盖璞，这位有着"变革大师"称号的 CEO 采取了一系列的革新措施，开始调整经营模式，大胆进行自有品牌建设，当年就收购了有两个店面的服饰品牌"香蕉共和国"（Banana Republic），并重新进行品牌定位，由经营野外旅行服装转变为高档奢侈服饰，并提供了多样的服饰在时尚男装、女装的开发上，由此成为美国时尚品牌，与此同时，还倾力打造 GAP 品牌，定位在中档品牌、主要以经营休闲服装为主。1984 年 GAP 推出了著名的口袋 T 恤，共有 21 种色彩选择，深受市场欢迎。1986 年公司年报正式提出，也是首创"SPA 模式"，其核心是"设计—生产—零售"一体化（参见图 3-11）。1987 年海外的第一家店在伦敦开业，1989 年在加拿大温哥华开店，昭示盖璞进入品牌国际化的"试飞"阶段。

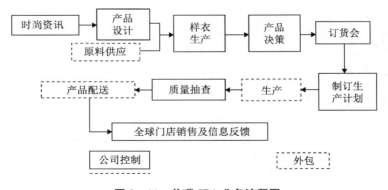

图 3-11 盖璞 SPA 业务流程图

② "起飞"阶段（1990—2001 年）

这一阶段是从 20 世纪 90 年代开始到 CEO 米基·德雷克斯勒离职，这个阶段是盖璞发展最快的时期，也是品牌国际化"起飞"的阶段。这一阶段"老海军"（Old Navy）品牌店开业，完成了拥有三大品牌，男装、女装、童装、婴儿装四大系列协同并进的发展格局。盖璞先后推出白色衬衣配裤子、短上衣配亮粉色裤子、连帽衫和紧身毛衣、皮裤、迷你裙、娃娃装礼服、婴儿系列产品。盖璞继续秉承 SPA 模式，一方面自有品牌系列的产品 95％以上靠美国以外的代工厂协作生产，仅中国的代工厂就有 400 多家。另一方面加强终端控制，在美国、美洲、欧洲及其他地区以直营连锁为主，强调盖璞门店只出售盖璞的品牌产品，而且盖璞的产品不再投放百货商店，只能在盖璞门店独家销售。1997 年盖璞创办了在线网店拓展电子商务。美国是世界上最大的服装市场，本土市场仍是其主要市场。盖璞在维护、巩固美国市场的同时，积极开发国际市场。1995 年开始，海外扩展明显加速，但与 H&M、Inditex 相比还是比较缓慢的（参见表 3—9）。2000 年全球直营门店超过 3700 家，市场覆盖美国、加拿大、英国、法国、日本等 10 多个国家，收入规模达到 140 亿美元。公司 1980－2000 年收入复合增速 20.9％，1986－1999 年净利润复合增速为 24.1％。值得一提的是，2001 年是米基·德雷克斯勒在盖璞工作的最后一年，这一年，股票市值达到 136 亿美元，是他 18 年前接手盖璞前市值 4.8 亿美元的 28.33 倍、年平均增长率达到 20.5％，创造了商业发展的传奇，这也使他成为现代美国 20 年最成功的 20 位 CEO 之一。

表 3—7　盖璞品牌国际化发展历程（1990—2002 年）

年份	标志性事件
1990	baby GAP 婴儿系列产品线诞生
1992	Gap 成为世界第二大畅销服装品牌。
1993	Gap 进入法国，在巴黎老佛爷百货销售
1994	第一家 Old Navy 和 Gap Outlet 店开业，形成三大品牌协同并进的发展格局
1995	GAP 和 GapKids 童装店在日本开业
1997	GAP 创立了自己的在线网店、拓展电子商务
1998	莎朗·斯通再次用一件 GAP 白色衬衣搭配淡紫色长裙出席了奥斯卡颁奖礼

年份	标志性事件
1999	公司营收达到 111 亿美元，利润超过 10 亿美元
2000	向国内外推出连帽衫、紧身毛衣、迷你裙、娃娃装礼服和皮裤等新产品生产线
2001	成功进入 20 多国市场，销售总额达到 146 亿美元

备注：根据公司网站及相关资料整理。

③"腾飞"阶段（2002—　　）

这一阶段处于后危机时代，世界经济低迷，盖璞依赖的美国市场也处于"滞涨"和严重下滑，国际市场竞争加剧，盖璞的王者地位受到挑战，有人称 2001—2011 年是盖璞"失去的 10 年"，世界上的最大服装零售商地位已被 ZARA 的母公司西班牙 Inditex 集团所取代，甚至还被瑞典的 H&M 所超越。为了摆脱经营困境，盖璞做出了闭店、裁员、提价的"算计一分钱"计划；全面实施数字化终端跟踪管理；改变设计路线使产品更加时尚，2007 年开始特许门店等改革措施取得了短期效果，但无法改变业绩下滑、高管离职、三大品牌群全线告急、关店潮四起的颓势。2015 年 5 月宣布关闭门店 240 家，其中北美关掉 175 间分店；2006 年 5 月宣布北美主市场以外关闭门店 75 家，其中日本市场关闭 53 间老海军门店。没有永远的王者，后来盖璞领悟到"机会就是市场中的间隙"，及时调整市场布局，重点开发亚洲市场，特别是中国市场，盖璞曾在 2013 年计划其后三年通过特许经营的方式进行全球扩张，最终打入 90 个国家市场。2016 年盖璞的营业收入 164.35 亿美元，较之 2015 年微增 1.8%，较之 2000 年仅增长 12.57%，16 年年均增长只有 0.74%。值得注意的是盖璞营业收入"滞涨"出现两极分化的局面，一方面在美国本土市场、欧盟其他国家市场及日本市场的业绩出现严重下滑，另一方面在中东市场、东盟市场和中国市场则是业绩稳定及微涨，也就是说这一阶段整体业绩不如人意，但盖璞的国际化进程在加快，力度在加大。

盖璞 2010 年开始在上海、北京各设两家门店，同年在上海设立中国总部——盖璞（上海）商业有限公司，正式进入中国市场，应该说是姗姗来迟，失去了市场先机。因为美国服装品牌耐克（1980）、花花公子（1991）、诺帝卡（1994）、Lee（1995）早就进入中国市场，国际知名服装品牌路易威登（1992）、迪奥（1993）、飒拉（1995）、古驰

(1996)、芒果（2002）、普拉达（2004）、优衣库（2001）、Inditex（2006）、H&M（2006）也较早就在中国分享改革开放的成果。事实上，盖璞很早就考察中国市场。据盖璞（上海）商业有限公司有关人士披露，20世纪70年代，也就是公司创立之初，盖璞创始人的长子就亲赴中国考察。80年代开始在中国采购，与中国400多家工厂保持业务关系。自2010年GAP正式登陆中国，品牌的中文名称就由"盖普"更名为"盖璞"。预定中国市场通过直营门店和特许经营方式，完成300门店的市场布局，2016年已经有140家门店，分布在全国32个城市，其中上海、北京最多，分别是20家和18家。

（3）盖璞品牌国际化的经验与值得注意的问题

盖璞从最初的夫妻服装店发展到美国第一大服装集团，从无品牌的服装零售商，发展到自有三大品牌的跨国服装集团。而现在又从业界追捧、效仿变成了追随别人，其中的经验教训是很多的。我们认为，其成功主要得益于首创的SPA模式、准确的市场定位、严格的销售管理。

①首创的SPA模式

SPA（Speciality Retailer of Private Label Apparel）是"自有品牌服饰专营商店"，其概念是由美国服装巨头盖璞公司从快速消费品行业的经营模式中提炼出来。SPA是一种企业全程参与商品（设计）企划、生产、物流、销售等产业环节的一体化商业模式。记住，是"全程参与"而不是"全部拥有"，生产环节是外包、零售环节进入20世纪后有部分特许经营。从运营形态看，SPA模式与"纵向一体化"较为相似，但也兼有"横向一体化"优点。SPA实行的是扁平化组织结构，对市场和客户需求具有快速反应（QR）能力。SPA的运行和管理有四大要素，一是前提定位于零售商；二是核心是时髦又平价，也就是现在所说的"快速时尚"；三是生产95%外包，少量自己做JIT生产；四是门店要做好展示、促销和服务。这一模式从20世纪六七十年代始就成为GAP公司业务发展的根本体制，并于1986年在公司的年度报告中正式定义SPA模式。这种模式不仅促进了盖璞的业务发展，也促进了世界服务业的繁荣，因此，SPA模式被世界同行广为效仿。

②准确的市场定位

GAP在最初将"把顾客需求放在第一位"的经营理念运作得非常成功。GAP会定期询问他们的顾客需要些什么。他们相信，只要有一件适合的衣服，就会吸引来顾客，更把重点放在了顾客的审美情趣上，这在很大程度上让大部分顾客都不会空手离开。最后，怎么样最好地服务顾客就成为公司的传统。

GAP针对不同的消费群体相应设计了3种不同定位的品牌。从追寻流行到崇尚价值乃至大众消费都具备，使所有的消费者都能在这里找到自己的心中所选。不仅产品定位不同，其相应的营销定位、营销方式和营销手段都不尽相同，各有各的特点和不同，一切都是服从于相应的品牌定位。香蕉共和国（Banana Republic）主要做偏正式的服装，为顾客提供最佳质料及一流剪裁的服饰，并为着重衣着品位的男、女士提供多样的设计，属于高端的定位；GAP聚焦于休闲式工作服装，设计独特的T恤、舒适自然的牛仔裤，质料柔软的卡其裤，属于中档定位；而老海军（Old navy）主要是提供比较便宜的服装，侧重于让顾客在挑选心爱服饰的同时，也能够享受购物的乐趣。每一个品牌都有其所针对的目标市场，这样的策略既能让每一个品牌共享公司所有的资源，同时又不至于让各个目标市场有所混淆。

③严格的销售管理

长期以来，盖璞以直营连锁为主，把销售的经营权和管理权牢牢地掌握在自己手中，强调盖璞门店只出售盖璞的品牌产品，而且盖璞的产品不再投放百货商店，只能在盖璞门店独家销售。1997年增加了自己网上销售，2007年在亚洲增加了一些特许经营销售，形成了自营为主、加盟为辅，门面为主、网购为辅的全球销售网络。加强销售的制度管理，对店面的装修、店堂布局、服装摆设、模特儿衣服的更换、销售员的衣着和行为举止都有一套严格的规范要求，以便统一管理和遵循。加强绩效管理，形成了门店管理人员、销售人员的销售业绩与薪酬相结合的管理模式，鼓励员工多劳多得。加强科学管理，较早运用先进的信息共享系统，将库存、订单、销售、价格、运输和发货等动态信息反应在集团总部的控制中心，对多市场作动态监测，同时还避免供应链"牛鞭效应"的产生。

④值得注意的问题

盖璞从小到大，在60年时间里，完成了服装零售小店到美国第一服装集团的华丽蜕变，成绩和经验是主要的，但目前经营发展确实遇到了不少问题。概括地讲，有两点值得注意；一是科学决策问题，前面提到的2002年的"算计一分钱"、改变产品设计路线、2010年更换企业徽标……这些都属于企业重大决策，若公司高层管理者在这些重大决策前贯彻民主、严谨、科学的决策原则，工作做得细一些，风波和失败就可以避免。二是自以为大的问题，长期以来盖璞自恃美国是最大的服装市场，忽略了快速崛起的亚洲市场、中国市场；自以为是世界服装业的老大，殊不知 90 天的前导时间周期，被 H&M 的 21 天和 ZARA 的 12 天所超越。世界上没有永远的王者，唯有不断超越对手和自己。盖璞难以摆脱自以为大、自以为是思维，以致陷入"滞涨"的困境不能自拔。

4. 探索篇

　　创新是国家经济发展的引擎，品牌是企业发展水平和市场认可的标志。经济转型与创新发展，自主品牌与质量效益，是当前和今后一个时期我国经济发展的重要课题。2014年5月，习近平同志在河南考察时首次以新常态描述中国经济发展新阶段指出，自立更生是中华民族立于世界之林的基点，自主创新是我国攀登世界科技高峰的必由之路，自主品牌是企业转型升级的必然选择，强调"推动中国制造向中国创造转变、中国速度向中国质量转变、中国产品向中国品牌转变"。2013年3月、李克强总理在政府工作报告中谈到对外贸易工作时指出，"要引导加工贸易转型升级，加快培育国际竞争新优势。支持企业打造自主品牌和国际营销网络，提升中国制造在国际分工中的地位"。发展中国自主品牌是国家、民族和企业、品牌共同成长的过程，是复杂、持续又涉及多方面多层次的系统工程：也是适应经济新常态的发展方略。首先，自主品牌是新常态下获取竞争优势的战略需要。纺织服装出口企业要获取国际竞争优势，在新常态下要从过去价格竞争的"红海作战"转向品牌服务的"蓝海战略"。通过培育和经营自主品牌适应和引领新常态下国际竞争优势的要求。其次，自主品牌是满足新常态下个性化、多样化消费的必由之路，自主品牌不仅具有使用价值、交换价值，更具有最重要的符号价值，能够使纺织服装企业适应、引领新常态，有效发展出口贸易的国际经营活动。最后，自主品牌是适应、引领新常态对外直接投资发展的客观要求，纺织服装企业在"一带一路"建设指引下，有效利用品牌无形资产，积极"走出去"。为此，国家先后出台一系列政策措施，鼓励自主创新，发展自主品牌，努力营造培育自主品牌的发展环境、提升自主品牌的竞争能力和品牌价值。企业也基于全球价值链，进行了大量的、大胆的自主品牌国际化的实践探索，并取得了可喜的成绩。

4.1 我国纺织服装自主品牌蓬勃发展

我国纺织服装业飞速增长，很大程度上应归功于改革开放政策，近40年来，在我国不仅形成了大纺织的工业布局，形成了世界上最完备的全球产业链条，形成了一大批以纺织服装为核心的产业集群和专业市场，还形成了本土自主品牌与外来的国际品牌争奇斗艳的繁荣景象，不仅极大地解放了生产力，满足了国内外市场的需求，还凸显较强的比较优势和国际竞争力，促进了纺织服装出口贸易的蓬勃发展。

随着我国社会经济发展，消费结构变化、居民收入的提高，人们对纺织服装消费提出了更多、更高的要求。由于国内纺织服装市场是一个完全自由竞争的市场。人们在购买时更加注重品质、讲求品牌消费；注重个性化、多样化，讲求高端化的体验式消费；注重便利化、讲求"O2O"购物。这些新的市场特性，不仅为本土自主品牌发展带来了新契机，也提供了一个前景广阔的市场和舞台。

4.1.1 本土自主品牌茁壮成长

品牌是一种名称、术语、标记、符号或图案，或是它们的相互组合，用以识别企业提供给某个或某群消费者的产品或服务，并使之与竞争对手的产品或服务相区别。从这个意义上讲，国内的纺织服装企业数以百万计。我国纺织服装业在三资企业带来国际品牌的同时，本土的企业，无论是国有企业或国有控股企业，民营企业中的集体企业或私营企业，大多以单一品牌或多品牌进行运作经营，也就是说，纺织服装本土品牌在与国际品牌同场竞争中加速成长。

（1）自主品牌争奇斗艳

衣食住行衣为先。中国自古以来都是礼仪之邦，中华民族五千年文明，从草衣兽皮中诞生了服饰，从秦汉古道到丝绸之路，从胡服、旗袍到中山装，从长袍马褂到西装革履、都在书写中华民族纺织服装五千年的演变与文明。文明需要传承，自主品牌就是文化传承的最好载体和形式。改革开放，我国通过利用外资和引进技术极大地解放了、发展了纺织服装产业的生产力，1983年底国家正式取消了布票，告别了"缺衣"的计划经济，同时国外品牌、国际知名品牌陆续入驻，打破了长期以来纺织服装缺少竞争的局面，企业开始以消费者为中心、实行以销定产，以质取胜的经营模式，为了适应竞争、赢得竞争，纺织服装品牌如雨后春笋迅速成长。

本土纺织服装自主品牌成长具有"多""快"的特点。"多"就是纺织服装知名的自主品牌数以百计，不知名的品牌没有一个确切的统计数据，但可以推断有几百万之多，因为2015年规模以上的纺织服装制造法人单位有近30万家，还有比这个数字更庞大的中小微企业，此外流通中的纺织服装企业有的也有自有品牌。这里就前面讲到几大流派服装品牌为例，原先只以几家或十几家女装品牌为代表，现在却形成了女装、男装、童装众多系列协同发展的品牌群（参见表4—1）。

表4—1　服装几大流派旗下的主要代表品牌（排名不分先后）

区域品牌	主要品牌名称
沪派	日播、序言、天恩、亦谷、三枪、海螺、水性、凯盛、怡菲、春竹、绚瑞、莫代尔、恒源祥、北极绒、斯尔丽、艺元素、菲亚非、宜而爽、南极人、黄色小鸭、马克·华非、贝拉维拉、拉夏贝尔、拉格蓓芮、美特斯.邦威等
京派	婷美、白领、雷蒙、依文、顺美、靓诺、滕氏、际华、红都、爱慕、蓝地、绅士、阿尤、水森、玖而美、赛斯特、木真了、维克多、探路者、维斯凯、可娃衣、萨巴蒂尼、罗马世家、派克兰帝、蕾特琳娜等
粤派	以纯、李宁、格风、桔子、健将、威鹏、例外、影儿、群豪、松鹰、富绅、卡宾、乔士、越位、歌莉娅、歌力思、安莉芳、梵思诺、法勃尔、欧卡曼、威丝曼、卡佛连、欧时力、淑女屋、艺之卉、富安娜、娜尔思、朵兰帝、安奈儿、小猪班纳、卡尔丹顿、莱克斯登、雷迪波尔、依丁可唯、柏仙多格、丹诗格尔等
汉派	红人、佐尔美、太和、猫人、元田、子岩、福田、盒荣、康丽、爱帝、安都、鹤翔、精益、天鸣、温馨、邦珈、卓思、名典屋、裕大华、贝芙妮、柏维亚、珍依佳、依百特、阿珍妮、博美佳、梵蒂妮、港森新惠等
杭派	杉杉、罗蒙、法派、报喜鸟、庄吉、欧维、红袖、三彩、步森、夏蒙、洛兹、玖姿、汉皋、珍贝、海贝、米皇、唐鹰、敦奴、名莎、雅莹、雅戈尔、培罗成、乔治白、太子龙、太平鸟、千百惠、百先得、万事利、佳人苑、尤西子、梦奴娇、北美风、奥奔尼、江南布衣、秋水伊人、浪漫一身、吉木羊、朝花夕拾等
闽派	朵以、系恋、尚州、牧婆、卓雅、匹克、乔丹、柒牌、利郎、虎都、才子、劲霸、安踏、拼牌、皇宝、威鹿、佐岸、云敦、翔奴、爱都、香影、帝牌、鹊妮、富贵鸟、九牧王、七匹狼、港士龙、斯得雅、爱登堡、海希顿、希尼亚、特色龙、金豪雀、熊豹狼、马莱特、旗牌王、卡朱米、圣达威、葛罗耐、罗力卡、361度、柏斯曼、茜蒙诗、洛丽帕、杰米熊、名诗媛、丹蓓姿、与狼共舞、金威世家、雅奴天使等

区域品牌	主要品牌名称
苏派	康博、红豆、雅鹿、伊曼、晨风、洲艳、笛莎、嘉欧、婷妃、雪竹、波司登、雪中飞、圣客朗、红杉树、斯高瑞、百成汇、依迪菲、圣迪奥、圣可尼、培罗蒙、艾玫丽、爱博尔、安莉芳、飞亚达、千仞岗、1727、AB内衣、海澜之家、博士邦尼、迪诺兰顿、依莎菲尔、都市新娘、阳光时尚、维格娜丝、蒂可诺依等

　　"快"就是本土纺织服装自主品牌成长快，很多纺织服装品牌成长为全国百强品牌。人民日报社人民论坛杂志社主持发布的全国自主品牌发展报告，根据企业基础能力、品牌管理能力、品牌创新能力、品牌市场能力和品牌影响力等五个一级指标 31 个二级指标，采用专家评审与网络评审相结合的办法进行评测，最后波司登、鄂尔多斯、李宁、雅戈尔、依文、万事利、熊猫、九牧王、天俊懿品、七匹狼 10 个纺织服装品牌入选"2015（首届）中国自主品牌百佳企业"，依文企业集团董事长夏华荣获 2015 中国自主品牌十大领军人物。继而波司登、无用、红豆、安踏、恒源祥、雅戈尔、柒牌、靓诺派、李宁、鄂尔多斯 10 个纺织服装品牌入选"2016 中国自主品牌百佳企业"，其中鄂尔多斯、波司登、雅戈尔、李宁四个品牌为连续上榜，"李宁"运动品牌创始人及董事长李宁荣获 2016 中国自主品牌十大领军人物。据世界品牌实验室发布的 2016 中国品牌度年大奖榜单，鄂尔多斯、**魏桥**、劲霸、洁丽雅分别评为中国羊绒、纺织、男装、毛巾行业的 No. 1；同时，洁丽雅、富安娜、罗莱、梦洁、水星、梦兰、博洋、孚日、多喜爱等被评为 2016 中国有影响力的家纺品牌。

　　（2）产业集群迅猛发展

　　产业集群是指集中于一定区域内特定产业的众多具有分工合作关系的不同规模等级的企业与其发展有关的各种机构，组织等行为主体，通过纵横交错的网络关系紧密联系在一起的空间积聚体，是一种推动区域经济增长的重要方式，是区域创新系统的一种重要实现方式，也是提升区域竞争力的重要方式。迈克尔·波特通过对 10 个工业化国家的考察发现，产业集群是工业化过程中的普遍现象，区域产业集群竞争力对企业的竞争力有很大的影响，这种影响常被人们称为产业集群效应。我国纺织服装品牌的发展不是孤立的，它需要完整的供应链、企业链、价值链、空间链的支持，也就是说需要产业链、产业集群的支持。

2006 年，时任浙江省委书记的习近平在《经济管理》杂志上发表题为《浙江培育和发展自主品牌的调查与思考》的文章，提出要大力培育区域自主品牌，现在浙江已经成为我国纺织服装出口大省，并形成了嵊州领带、宁波服装、余杭家纺、大唐袜业等纺织产业集群产业。中国纺织工业联合会（原中国纺织工业协会）2002 年就开展了纺织产业区域品牌的评选工作，2010 年夏天对先后六批上榜的纺织产业集群进行集体复评，并于 2010 年 11 月 22 日在北京发布《全国纺织产业集群 175 个试点地区名单及授予的相应称号》，其中纺织产业基地市（县）28 个，纺织产业特色名城 60 个，纺织产业特色城镇 90 个，浙江省有纺织产业基地市（县）5 个，纺织产业特色名城 11 个，纺织产业特色城镇 26 个（参见表 4—2），共有 42 个市、镇、区、街上榜，占全国纺织产业集群的 23.6%。

表 4—2　浙江纺织产业集群一览表

市（县）、镇	命名名称	市（县）、镇	纺织产业集群名称
纺织产业基地市（5 个）			
浙江省海宁市	中国纺织产业基地市	浙江省兰溪市	中国纺织产业基地市
浙江省桐乡市	中国纺织产业基地市	浙江杭州萧山区	中国纺织产业基地市
浙江省绍兴县	中国纺织产业基地县		
纺织产业特色名城（11 个，其中瑞安市兼有 2 个特色名城）			
浙江省海宁市	中国经编名城	浙江省杭州市余杭区	中国布艺名城
浙江省乐清市	中国休闲服装名城	浙江省平湖市	中国出口服装制造名城
浙江省义乌市	中国针织名城	浙江省嵊州市	中国领带名城
浙江省慈溪市	中国毛绒名城	浙江省天台县	中国过滤布名城
浙江省象山县	中国针织名城	浙江省浦江县	中国绗缝家纺名城
浙江省瑞安市	中国男装名城	浙江省瑞安市	中国针织名城
纺织产业特色名镇（26 个，湖州市织里镇兼有 2 个特色名镇）			
海宁市许村镇	中国布艺名镇	海宁市马桥镇	中国经编名镇
绍兴县杨汛桥镇	中国窗帘窗纱名镇	绍兴县马鞍镇	中国化纤名镇
绍兴县漓渚镇	中国针织名镇	绍兴县钱清	中国轻纺原料市场名镇
绍兴县兰亭镇	中国针织名镇	绍兴县齐贤镇	中国纺织机械名镇

市（县）、镇	命名名称	市（县）、镇	纺织产业集群名称
绍兴县夏履镇	中国非织造布名镇	萧山区衙前镇	中国化纤名镇
萧山区党山镇	中国化纤织造名镇	萧山区新塘街道	中国羽绒家纺名镇
诸暨市大唐镇	中国袜子名镇	诸暨市枫桥镇	中国衬衫名镇
桐乡市濮院镇	中国羊毛衫名镇	桐乡市大麻镇	中国家纺布艺名镇
桐乡市洲泉镇	中国蚕丝被名镇	桐乡市屠甸镇	中国植绒纺织名镇
桐乡市河山镇	中国绢纺织名镇	嘉兴市洪合镇	中国毛衫名镇
嘉兴市油车港镇	中国静电植绒名镇	嘉兴市王江泾镇	中国织造名镇
桐庐县横村镇	中国针织名镇	建德市乾潭镇	中国家纺寝具名镇
嘉善县天凝镇	中国静电植绒名镇	湖州市织里镇	中国品牌羊绒服装名镇
湖州市织里镇	中国童装名镇		

备注：根据中国纺织经济信息网资料整理，https：//www.ctei.cn

4.1.2　自主品牌价值不断提高

从认识论上来说，价值是指客体能够满足主体需要的效益关系，是表示客体的属性和功能与主体需要间的一种效用、效益或效应关系的哲学范畴。经济学认为，价值是凝结在商品中的无差别的人类劳动或抽象的人类劳动。它是构成商品的因素之一，是商品经济特有的范畴。自主品牌价值就是指企业自主开发，拥有自主知识产权的品牌，用货币来表现的无形资产和权益，其市场价格是在某一个时点用类似有形资产评估方法计算出来的金额；也就是指品牌及其属性、品质、档次、品位、文化、个性等，代表着该品牌可以为需求者带来的价值及需求者心目中的综合形象。品牌评价的机构、方法有很多。下面重点引用世界品牌实验室的评级体系和对中国最具品牌价值500强的年度报告来进行分析和研究。

（1）企业品牌价值在增长

世界品牌实验室是一家国际化、专业性的品牌研究机构，2003年成立于美国纽约，由1999年诺贝尔经济学奖得主、"欧元之父"罗伯特·蒙代尔教授担任主席，全资附属于国际领先的战略咨询公司——世界企业家集团，是一家致力于品牌评估、品牌传播和品牌管理的知名的专业机构，其专家和顾问来自美国哈佛大学、耶鲁大学、麻省理工学院，英国牛津大学、剑桥大学等世界顶级学府，按照品牌影响力的市场占有率、品牌忠诚度、全球领导力三项关键指标及其分项指标，并运用其独创的"品牌附加值工具箱"（BVA Tool）进行评估，每年发布的《世界品牌500强》《亚洲品牌500强》《中国500最具价值品牌》《中国品牌年度大奖》报告及排行榜。

品牌价值增长是要通过评估的，现行的评估方法有很多，大体分为成本价格法、收入计算法、市场价值法、经济用途法、忠诚度评估法五大类型，从发展过程来看，因数据获取较难、品牌影响因素较为复杂，简单地用单一方法进行品牌价值评测效果不一定理想。世界品牌实验室自成立之后，一直通过对企业的销售收入、利润等数据的综合分析判断企业的盈利状况，运用"经济附加值法"进行品牌价值评估。同时世界品牌实验室运用"品牌附加值工具箱"来计算品牌对收益的贡献程度。世界品牌实验室品牌价值计算公式为：品牌价值＝E×BI×S，其中E为调整后的年业务收益额；BI是品牌附加值指数，运用"品牌附加值工具箱"计算而得；S为品牌强度系数。根据世界品牌实验室自2004年至今发布的"中国500最具价值品牌"榜单研究发现，我国纺织服装每年入选榜单的品牌价值在增长，我们以2016年中国500强中排在纺织服装行业前三名的鄂尔多斯、魏桥、劲霸为例、并追溯其2004年以来的品牌价值增长（参见图4—1）。

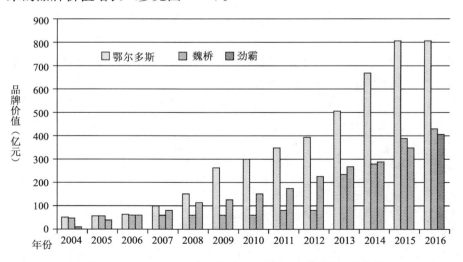

图4—1　2004—2016年鄂尔多斯、魏桥、劲霸的品牌价值

资料来源：世界品牌实验室，http://www.worldbrandlab.com/

鄂尔多斯、魏桥、劲霸既代表纺织服装业的知名品牌，也分别代表羊绒、纺织、男装不同的子产业。鄂尔多斯 2004 年品牌价值为 50.36 亿元，排在中国 500 强的第 100 位，排在纺织服装行业的第 3 位，其后品牌价值持续快速增长，2007 年突破百亿大关，以 100.27 亿元列居中国 500 强第 62 位，2009 年突破 200 亿大关，以 262.37 亿元年跻身 50 强（排在第 37 位），随后 2010 年、2013 年、2014 年、2015 年连续突破 300 亿元、500 亿元、600 亿元、800 亿元，期间自 2011—2015 年在 500 强中连续 5 年位列第 36 位，2016 年位于中国 500 最具价值品牌中的第 36 位，创造了 808.96 亿元价值新高，是 2004 年品牌价值的 16.06 倍，12 年间鄂尔多斯的品牌价值年均增长率为 26.03%。还有一点值得强调的是，鄂尔多斯自 2007 年超越雅戈尔，成为纺织服装业第一名后，砥砺前行，一路领先雄踞榜首。

魏桥 2004 年品牌价值为 40.1 亿元，排在中国 500 强的第 120 位，排在纺织服装行业的第 4 位，2005 年增长较快，较之 2004 年增长 19.50%，以 55.09 亿元的品牌价值跻身百强，排在中国 500 强的第 97 位，排在纺织服装行业的第 6 位，其后一直到 2012 年（除 2006 年、2011 年外）品牌价值一直处于蓄势整理阶段，其间的 2007 年还出现负增长，直到 2013 年出现了爆发式增长，增幅较之 2012 年达到 192%，突破 200 亿元大关，品牌价值达到 232.58 亿元，尔后高速增长，2016 年价值达到 431.75 亿元，是 2004 年价值的 9.37 倍，12 年间魏桥的品牌价值年均增长率为 20.49%。2015 年超越劲霸，成为纺织服装行业的第二位，排在中国 500 强的第 66 位。2016 年在中国 500 强排名中前进了 3 位，继续巩固纺织服装行业排名第二的地位。

劲霸 2004 年品牌价值为 10.31 亿元，排在中国 500 强的 388 位，排在纺织服装行业的第 23 位。2005 年以 257.71% 的超高速增长，价值达到 36.88 亿元，跃居中国 500 强中的 169 位，排在纺织服装行业第 9 位，2006 年、2007 年、2008 年又分别以 53.28%、37.73% 和 44.95 的高速增长强势挺进百强，排在中国 500 强中的第 96、第 74 和第 58 位，2010 年晋级 50 强，排在中国 500 强中的第 50 位，创造该品牌最好排名并保持到 2012 年，2014 年下滑到第 66 位，2015 年、2016 年处于中国 500 强中第 67 位，2016 品牌价值达到 407.68 亿元，是 2004 年品牌价值的 39.54 倍，12 年年均价值增长 35.86%。值得注意的是，2006 年晋升为中国 500 最具价值品牌（纺织服装行业）的第 4 名，2008 年成为行业第三名，2010 年跻身行业第 2 名，2015 年、2016 年被魏桥超越，仍处于行业前三名。

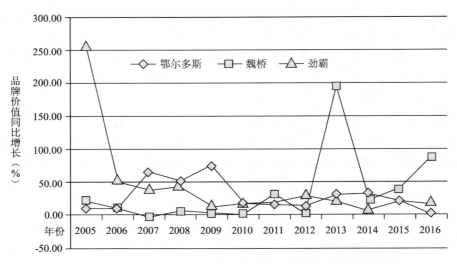

图 4—2　2005—2016 年鄂尔多斯、魏桥、劲霸的品牌价值增速

资料来源：世界品牌实验室，http://www.worldbrandlab.com/

（2）上榜品牌平均价值在提升

世界品牌实验室自 2004 年开始，连续 13 年评选出中国 500 最有价值品牌，笔者对这 13 届的纺织服装的上榜品牌的数量和比重进行统计分析，发现中国纺织服装连年占有较高的比重和名次。2004 年有 27 个行业榜上有名，随后逐年增加，到 2006 年上升到 46 个行业，此后，随着竞争的加剧、企业间和品牌间的整合力度加强，上榜的行业数在减少，到 2014 年只有 25 个。在众多参选行业中，纺织服装每年上榜品牌数量都进入了前五名，2005—2013 年除 2008 年外一直名列全国第二位，2004 年、2005 年、2008 年名列第三位，2014—2016 连续三年名列第五位。作为典型的劳动密集型的纺织服装行业能有如此骄人的成绩实属不易。

品牌是企业的无形资产，也是企业赢得市场的宝贵财富。品牌价值是品牌管理要素中最为核心的部分，也是品牌区别于同类竞争品牌的重要标志。迈克尔·波特认为，品牌竞争优势主要体现在品牌的核心价值上。我们根据世界品牌实验室发布的榜单进行研究统计和计算，不仅得出了纺织服装企业品牌价值增长的结论，同时还得出上榜的纺织服装品牌平均价值也在快速增长的结论（参见图 4—3）。

时代在进步、品牌在发展。在激烈的市场竞争中，优胜劣汰，本土知名品牌也在不断地增值壮大。我们从世界品牌实验室发布的《中国500最具价值品牌》报告中发现，不仅上榜的品牌名称、位次有较大的变化，每年上榜的门槛指标也在逐步提高，且使品牌的平均价值增长较快。2016年中国500最具价值品牌的平均价值达到265.39亿元，是2004年平均价值39.88亿元的6.65倍，年平均增幅达到17.11%。我国纺织服装的上榜品牌的平均价值也伴随着500品牌平均价值增长而逐年提升。2016年我国纺织服装37个上榜品牌的平均价值是140.75亿元，是2004年平均价值21.74亿元的6.47倍，年平均增幅达到16.84%，略低于500品牌价值年平均增幅0.27个百分点，考虑到纺织服装是传统产业，16.84%的年均增长折射出我国纺织服装企业由产品经营向品牌经营的快速发展，反映出我国纺织服装行业转型升级取得了初步成果。

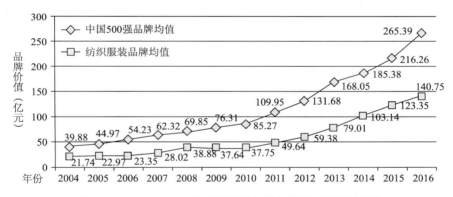

图4-3 2004—2016年上榜品牌与纺织服装平均品牌价值

资料来源：世界品牌实验室 http://www.worldbrandlab.com

（3）品牌价值分布趋向合理

纺织服装上榜位次是指纺织服装行业入选中国500最具价值品牌中的排名。综合2004-2014年的数据，我们认为最为传统的纺织服装行业，在新兴产业大力发展的时代，加大对外开放的力度、加大利用外资和引进技术的力度，利用比较优势，积极参加国际市场和国内市场竞争，企业的核心竞争力在增强，行业的综合实力也在提升。

2004-2016年，我国一直保持世界最大纺织服装生产大国和出口大国的地位。我国的纺织服装企业积极参与国际分工和国际竞争，品牌价值也在与时俱进，得到了快速提升。从表4-3可以看出，我国500

强上榜的纺织服装的品牌价值分布区间在整体上移，品牌价值分布明显在改善。2004—2006 年间，纺织服装行业上榜品牌价值主要集中分布在 5 亿～50 亿元区间，10 亿元以下的品牌数量不少，50 亿元以上很少，无一品牌超过 100 亿元。2007—2008 年品牌价值分布仍主要集中在 50 亿元以下，10 亿元以下的品牌数量仍有较大比重，50 亿元以上不多，有品牌超过 100 亿元。2009—2010 年品牌价值分布上移，没有 10 亿元以下的品牌，主要集中分布在 10 亿～100 亿元区间，有 1 个品牌超过 200 亿元。2012—2016 年所有上榜品牌价值主要集中分布在 20 亿～100 亿元区间，还有 1 个品牌就是鄂尔多斯连续四年价值突破 500 亿元，2016 年更是创造了 808.96 亿元的价值新高。

表 4—3　2004—2016 年纺织服装上榜品牌价值分布　　　单位：亿元

年份	≤10	10.1～20	20.1～50	50.1～100	100.1～200	200.1～300	300.1～400	400.1～500	>500
2004	14	9	11	3	0	0	0	0	0
2005	13	9	12	6	0	0	0	0	0
2006	15	13	11	6	0	0	0	0	0
2007	16	10	12	6	0	0	0	0	0
2008	9	14	11	5	3	0	0	0	0
2009	7	17	16	8	2	1	0	0	0
2010	1	22	19	9	1	1	0	0	0
2011	0	15	16	18	1	1	0	0	0
2012	0	8	20	15	5	2	0	0	0
2013	0	2	21	12	5	3	0	0	1
2014	0	1	13	13	4	4	0	0	1
2015	0	0	19	8	5	3	3	0	1
2016	0	0	16	3	10	2	3	2	1

资料来源：世界品牌实验室 http://www.worldbrandlab.com

4.1.3　自主品牌国际化发展

一流企业卖品牌，二流企业卖技术，三流企业卖产品，四流企业卖苦力。为了加强自主出口品牌建设，增强培育自主品牌能力，进一步推动出口品牌创建工作，全面提高出口竞争力，实现外贸增长方式的根本性转变，商务部发布了《2005－2006年度重点培育和发展的出口名牌名录》，重点培育190个品牌，其中纺织服装有阳光、鄂尔多斯、即发、步森、三枪、敦煌、波司登、圣凯诺、雅戈尔、凯喜雅、恒柏、太平鸟、北天鹅、红豆、维科、梦兰、华源、苏豪、黑牡丹牌、如意、杉杉、舜天、紫荆花、孚日、龙鳄、鹿王、富润、鲁泰格蕾芬、兽王、富可达、朗诗、布利杰、丝丽雅、喜盈门、情森、美欣达、创世、爱伊美、德棉、红孩儿、兰雁、飞马、人地、美尔雅、丝丽、宝瑞登丝、耶莉娅、名瑞、AB、Sutex、TOPBI、SHERFFER、MIDNIGHT SUN等55个品牌上榜，意在引导更多的纺织服装企业经营要有国际视野，推动自主品牌国际化建设，转变纺织服装出口增长方式，从而实现由OEM向OBM的转变，实现由纺织服装生产大国向纺织服装品牌大国的跨越。

（1）内向型国际化

内向型国际化是指企业在所在国境内，通过 进口、购买技术专利、三来一补、国内合资合营、成为外国公司的子公司或分公司等形式将自身融入国际市场，即"引进来"战略，即通过引进国外资本、技术、人才等要素，利用国际资源和市场推进我国纺织服装业的国际化过程。在这一过程中，我国取得了令人瞩目的成就：一是纺织服装生产力迅速提升，我国由一个需要通过"布票"调节、产能不足、物资匮乏的国家，迅速成为世界上最大的纺织服装生产国、出口国。二是中外合资、中外合作、外商独资的纺织服装企业在国内星罗棋布，成为我国纺织服装业生力军，形成了国有及国有控股企业、三资企业和民营企业协同发展的良好生态。三是国内市场的纺织服装产品完全由"卖方市场"转为"买方市场"，供应充足、琳琅满目、异彩纷呈。四是本土的纺织服装自主品牌迅速成长、并与国际品牌、三资企业品牌形成了既竞争又合作的良好局面。

内向型国际化是国际化的初级阶段。内向型国际化对企业的要求较低，风险也较小，又是在所在国内参与国际市场竞争，企业比较容易提升其核心竞争力并获得成功，但却无法帮助企业实现真正意义的国际化，也无法帮助企业成为跨国公司。对一个国家而言，如果企业仅在国内以内向型国际化参与国际竞争，则无法培养出具有国际竞争力水平的企业，其国家竞争力也无法从根本上得到提升。因此，内向型国际化是一个积蓄能量、夯实基础、向国际化发展的准备阶段。

（2）外向型国际化

外向型国际化是企业通过产品出口、技术出口、国外合营公司、在国外建子公司、分公司或兼并国外企业等形式，向国外提供产品、技术、资金、人才等要素，实现生产、市场的国际化。外向型国际化是企业从根本上建立国际化企业、进而发展成为跨国公司的必由之路。外向型国际化也有预国际化、初期国际化、品牌国际化阶段之分。预国际化就是力争进入国内品牌第一方阵，在国际上主要依靠 OEM 出口。我国很多靠卖产品、做贴牌的纺织服装企业，大多处于预国际化阶段。初期国际化就是在国际市场上注重提升品牌的知名度，既做 OEM、又做 ODM 和 OBM，在国外投资办厂，或设立分公司、办事处等，开始注重自主品牌建设、宣传和推广。我国一些率先试探性做 OBM 和"走出去"的纺织服装企业目前仍处于初期国际化阶段。品牌国际化就是在进行跨国生产经营的活动中推出自主品牌，构建全球生产体系和销售网络，并占领世界市场的过程，我国纺织服装品牌现状与这一阶段目标尚有较大差距。

在 20 世纪八、九十年代，我国是世界上吸收外资最多的发展中国家，纺织服装也成为我国"引进来"的重点行业，成为崛起最快、受益最大的行业，成为全球最大的"加工中心"和"世界工厂"。现在，我国已有能力"走出去"，开展国际化经营。综合我国纺织服装"走出去"的大量探索，"走出去"主要形式有三类：一是纺织服装设计研发"走出去"，主要是利用国际，尤其是欧美等发达国家的人才优势，在国外设立研究院、研发中心或设计室。二是纺织服装销售"走出去"，在国外建立分公司、代表处等分销机构和专柜、专卖店等终端销售网络。三是纺织服装生产加工"走出去"，就是在国外投资办厂。投资地主要集中在"一带一路"的"六廊六路多国多港"。据商务部统计，2013—2016 年我国纺织产业对外直接投资明显提速，年均增速为 28.25%，产能的跨国绿地投资的区域以东南亚国家，特别是越南、柬埔寨、缅甸以及孟加拉国为多。

我国在东南亚投资的纺织服装企业数量逐年递增，据不完全统计，2016 年，我国投资东南亚地区的纺织服装类企业近千家，其中在柬埔寨已达 400 多家，在越南 300 多家，在孟加拉国已超过 100 多家，涉及服装、家纺、纱线、面料等多个领域，近年来，化纤、印染企业也开始逐渐增多（参见表 4—4）。目前，我国的天虹纺织、华孚色纺、雅戈尔、山东鲁泰、百隆东方、河北新大东、江苏裕华等企业在越南的棉纺投资合计超过 250 万锭，棉纱产量超过越南总产量的 50％。山东鲁泰已在越南建立从纺纱到制衣的完整产业链，且在柬埔寨、缅甸的制衣工厂全面投产。可见，我国纺织服装行业国际布局的广度和深度都在拓展。

表 4—4　我国纺织服装企业对外直接投资一览表（部分）

公司名称	自主品牌对外投资情况
江苏云蝠服饰公司	2001 年在美国洛杉矶设立 2 万平方米仓库，在纽约设立研发中心
江苏华瑞国际公司	2002 年投资 490 万美元，在越南成立越南华瑞服装有限公司
诸暨越美集团	2004 年在尼日利亚建立纺织工业园区
宁波申州集团	2005 年投资 7000 万美元，在柬埔寨设立两家成衣工厂，2013 年设立一家面料工厂、一家成衣工厂
泰荣袜业	2006 年在柬埔寨投资设立 1100 多台袜机的袜厂
滨州亚光家纺公司	2006 年在美国成立 LOFTEX 公司
即发集团公司	2006 年在越南胡志明市投资设立纺织厂
雅戈尔集团	2007 年以 1.2 亿美元收购美国 Xinma 和 Smart 100％股权
越美集团	2007 年投资 500 万美元收购加拿大纽西尔特种纤维有限公司
山东大海纺织集团	2007 年投资 2000 万美元建立大海（柬埔寨）纺织有限公司
红豆集团有限公司	2007 年联合四家企业共同打造西哈努克经济特区建设
浙江天龙数码	2008 年投资 800 万美元成立天龙（越南）股份有限公司
上海申达股份公司	2008 年成立上海申达美国公司
中国恒天集团公司	2008 年收购华源（墨西哥）纺织实业有限公司 100％股权，成为全资子公司
江阴红柳被单公司	2008 年成立美国江苏皇家家纺有限公司
北京爱慕内衣公司	2009 年成立爱慕（新加坡）有限公司，并作为东南亚区域总部
浙江爱荣针织公司	2009 年在阿联酋设立针织加工厂
绍兴米娜纺织公司	2010 年投资 500 多万美元并购埃塞俄比亚拥有两条生产线 200 台织机的纺织厂
宁夏中银绒业公司	2010 年设立中银（日本）国际股份有限公司，2012 年设立中银（柬埔寨）纺织品有限公司，2012 年投资美国设立两家专卖店，并成立中银（美国）服饰有限责任公司
德州君德棉业集团	2011 年在津巴布韦投资设立棉花种植园

公司名称	自主品牌对外投资情况
宁波大千纺织品公司	2011 年在柬埔寨投资建设 1500 万件服装生产线项目
百隆东方股份公司	2012 年成立百隆（越南）有限公司，设立 40 万锭棉纺厂
古鹿王羊绒公司	2012 年在马达加斯加设立年产 130 万件的羊绒制品加工厂
天虹纺织集团	2012 年投资 3 亿美元，在越南北部投资建立 200 万纱锭的纱线工厂
浙江富丽达集团	2012 年收购加拿大纽西尔特种纤维有限公司 100% 股权
盛泰纺织集团	2013 年在越南设立棉纺厂，2014 年在越南设立高档色织面料工厂
华孚色纺股份公司	2013 年成立华孚（越南）实业有限公司，公司规划建设投资 2.5 亿美元、建设 30 万锭色纺纱线工厂
上海纺织集团	2014 年在苏丹一期投资 10 亿美元设立新型纺织产业园
岱银纺织服装集团	2014 年投资 12 亿美元在马来西亚建设 20 万锭高档精梳纱纺织公司
鲁泰集团	2014 年成立鲁泰（柬埔寨）有限公司、鲁泰（缅甸）有限公司，2015 年成立鲁泰（越南）有限公司，2015 年设立在柬埔寨、缅甸设厂
即发集团公司	2014 年成立即发成安（越南）服装有限公司和即发成安（柬埔寨）服装有限公司
江苏裕纶纺织集团	2014 年越南投资 1500 万美元、35000 锭的纺纱项目（一期）开工建设
迪尚集团公司	2014 年设立迪尚孟加拉毛衫有限公司和迪尚华蔚柬埔寨服饰有限公司
上海纺织装饰公司	2015 年收购香港慧联织联有限公司 51% 股权
歌力思	2015 年收购美国品牌 ED Hamleys 所属公司 65% 的股权
摩登大道时尚集团	2016 年投资 1.58 亿美元买下意大利米兰奢侈品百货 Excelsior Milano
河北新大东纺织公司	2016 年在越南投资的年产 8 万锭纱纺织厂二期项目投产运行
山东如意	2016 年收购法国轻奢服饰集团 SMCP 的控股股权

资料来源：中国国际商会纺织行业商会，http：//www.ccpittex.com/

4.2　纺织服装品牌国际化实证研究

近年来，随着全球经济一体化步伐的加快以及企业国际竞争加剧，品牌国际化成为理论界、企业界和舆论界关注的热点课题。我国的品牌国际化研究起始于对外贸增长方式转型的思考。改革开放以来，我国的纺织服装出口贸易取得了长足的发展，自 1994 年以来一直保持世界上最大的纺织服装生产国、出口国地位，尤其是加入 WTO 以后，外贸发展增速连续多年保持在 20% 以上，但由于国际市场上中国品牌的集体缺失的问题，在国际金融危机中充分暴露出来，纺织服装出口增速出现了大幅波动，止步于 2014 年接近 3000 亿美元大关之前，连续出现负增长。这一情势，迫使企业审时度势，要积极创造条件，进行 OEM（贴牌生产）向 OBM（自主品牌）转型，由产品出口向品牌国际化经营升级。为此，大量的专家学者进行了这方面的课题研究，不少的企业也开始进行品牌国际化的实践探索。这里选用波司登和雅戈尔两家企业进行案例分析。

4.2.1 波司登品牌国际化

波司登是我国最大的、生产设备最为先进的品牌羽绒服生产商，主要从事自有羽绒服品牌的开发和管理，包括产品的研究、设计、开发、原材料采购、外包生产及市场营销和销售的企业集团。1976 年，年仅 24 岁的江苏常熟白茆镇山泾村村民高德康，靠着从父亲那里学来

图 4—4 波司登徽标

的裁缝手艺带着 11 个农民成立了缝纫组，以 8 台缝纫机起家创业。尔后，高德康又成立了服装厂，做起来料加工。1984 年，开始转做羽绒服贴牌生产，走过了一条充满光荣和胜利的道路，发展成为中国羽绒服行业的龙头企业，现在拥有常熟波司登、高邮波司登、江苏雪中飞、山东康博、徐州波司登、泗洪波司登六大生产基地，拥有员工两万余人，集团旗下核心品牌产品市场销售份额连续多年占据国内羽绒服市场半壁江山。2007 年 10 月，集团下属波司登国际控股有限公司（股票代码：HK03998）于香港主板成功上市。在做强羽绒服主业的基础上，集团公司进一步优化产品组合、提升盈利能力，逐步实现四季化的发展战略。目前集团非羽绒服装产品项目包括波司登男装、杰西女装、瑞琦女装、摩高休闲装等。

（1）波司登品牌

1992 年，高德康正式申请注册属于自己的"波司登"商标，经过 40 年的发展，终于完成了从"民牌"向"名牌"的嬗变，成为中国羽

绒行业的知名品牌，是我国纺织服装自主品牌国际化的一面旗帜。波司登标志结合图案、字母、汉字的设计（参见图4—4），图案是用一些几何体组成的、看似一对飞翔的天使翅膀，天使象征着守护，翅膀意象高飞，寓意着波司登事业发展上的飞跃，在前进道路上振翅翱翔。翅膀中间的"BSD"为波司登首字母缩写。在翅膀上方凌驾着"波司登"三个大字，由中国毛笔所书写，体现了中国的文化，也向世界展示了中国的文化底蕴，地球的形状"O"，显示出企业国际化发展的方向，整个标志的颜色是金黄色，金黄色给人的感觉很温暖，像太阳一样。波司登的标志把颜色与标志主题结合为一体，整体很和谐，给人以简约时尚、温暖守护之感。

（2）波司登品牌国际化历程

波司登公司集"中国世界名牌产品""全国质量奖"和"中国工业大奖"于一身，在我国工业制造中首屈一指，彰显其在实践名牌战略，卓越管理和自主创新方面的成绩和活力。波司登40年持之以恒创新发展，终于在羽绒服品类中创造了世界级业务规模和"中国制造"的品牌奇迹：16年蝉联中国羽绒服市场冠军；旗下品牌组合波司登、雪中飞、康博、冰洁等国内市场份额达40%；羽绒服装年产量占全球市场总量1/3；近年出口业务、国际业务持续迅猛增长。最为可贵的是，作为纺织服装业的一面旗帜，波司登始终张扬着与生俱来的品牌意识，坚定不移地走自主品牌国际化之路，在欧美国家树立了中高端精品的良好形象。

①国际化初期阶段（1990—2006）

品牌注册开始，到公司在香港上市之前。其主要做法：一是1992年公司注册了第一个自己的商标"波司登"，同时在美国、英国、加拿大、瑞士等68个国家和地区进行了商标注册，为自主品牌国际化创造了条件。二是主要开展贴牌业务，先后为耐克、哥伦比亚、Boss、Tommy、GAP、POLO、ELLE等界著名品牌服装企业贴牌生产。三是有机会或积极创造机会出口自主品牌产品，如1997年公司就以自主品牌出口到瑞士，波司登品牌首次亮相国际市场。四是与美国杜邦、日本伊藤忠等世界著名企业合作，努力提高质量、增加品种、提升品牌、夯实品牌国际化的基础。五是积极开拓国际市场，在国外设立分销机构，2002年就在俄罗斯设立专卖店；2003年在美国纽约成立销售分公司；2004年在俄罗斯设立波司登友谊国际有限公司，筹建集清关、仓储和运输服务于一体的海关监管仓库；2005年与英国著名连锁商GREEN-

WOODS 合作，波司登男装在英国格林伍兹的 110 家连锁分店设专柜销售。

②品牌国际化阶段（2007—2016）

2007 年波司登可谓双喜临门，一是波司登股票在香港上市，二是波司登羽绒服获得"中国世界名牌产品"称号。这意味着波司登发展从此进入一个新平台、新阶段波司登基本上奉行"两条腿走路"的方针，即在做 OEM 的同时，也坚持做自主品牌，要逐步提高自主品牌国际化的比重，产品成功进入英国、美国、加拿大、俄罗斯、日本等市场。此后进一步提出了"三化"的发展战略，即"四季化、国际化、多品牌化"，确定了力争"成为一家世界知名综合服装运营商"的奋斗目标，明确了"树百年企业、创百年品牌"的发展任务。这一阶段的国际市场，尽管受到国际金融危机的影响而动荡不定，但波司登国际化进程仍在加快进行（参见表 4—5），海外市场销售依然持续增长，品牌的国际知名度、美誉度、忠诚度稳步提升。波司登集团 2014 年、2015 年、2016 年连续入选中国纺织服装 100 强企业；2015 年、2016 年蝉联中国自主品牌百佳企业。

表 4—5　2007—2016 年波司登自主品牌国际化发展历程

年度	品牌国际化主要事件
2007	波司登股票在香港交易所上市
2008	在俄罗斯成立波司登俄罗斯国际公司，主营服装研发、加工生产、销售和物流；在英国开设自营专卖店，销售自主品牌男装
2009	收购美国潮（Rocawear）在大中华地区的商标所有权
2011	在英国伦敦以 2005 万英镑（相当于约 2.4 亿港元）购入紧邻伦敦西区购物中心牛津街的一处物业，开设包括男装和羽绒服在内的四季化产品旗舰店，并设立公司欧洲总部
2012	收购了英国男装品牌 Greenwoods 96％的股权
2014	波司登在美国曼哈顿联合广场的 Rothmans 男装专门店开设 Bosideng 品牌游击店；在意大利推出全新欧洲品牌 Bosideng Plus Zero
2015	波司登引入世界 500 强战略投资者——日本第三大贸易行伊藤忠商事株式会社
2016	波司登整合华特迪士尼公司、国际顶尖设计大师法比奥（Fabio Del Bianco）等全球创新资源，开发出"迪士尼系列""羽见魔登"国际设计师系列，以及日本科技生态抗菌羽绒 BOSTECH 功能科技系列新品

资料来源：www.bosideng.com

（3）波司登品牌国际化的启示

波司登从一个村办企业发展成为一家香港上市公司，从一个缝纫组发展成为一家大型的跨国集团，由贴牌服装加工厂发展成为世界知名的品牌羽绒服生产商。虽然品牌国际化仍处于现在进行时，还在探索和实践之中，但从目前发展的情势来看，可以给我们三点启示：一是坚持专业化发展。现代企业经营要有国际视野和国际思维，要把"走出去"和"一带一路"建设紧密结合起来，要有做大做强自主品牌的信心与目标，波司登 40 年如一日，坚持走专业化、国际化的发展道路。二是正确对待 OEM。在转变对外贸易增长方式进程中，有人用"微笑曲线"要说明"OEM 是一个美丽的陷阱"，主张中国服装企业不要成为别人的"嫁衣裳"，中国服装企业不要为"洋人"打工，大声疾呼"OEM 误市""OEM 误国"。波司登很好地处理了 OEM 与 OBM 的关系，OEM 与 OBM，加工与创牌并非完全对立，而是相辅相成的，即先做 OEM 后做 OBM，通过做 OEM 积蓄做 OBM 的能量，为实现由加工贸易向自主品牌发展转型奠定基础。三是正确选择 OBM。自主品牌国际化是一项复杂的系统工程，不仅需要长期不懈努力，还需要正确的定位和策略。成为一家世界知名综合服装运营商的目标定位应该是准确的，先主攻欧美市场的策略也是值得肯定的。

4.2.2 雅戈尔品牌国际化

雅戈尔集团是一家以品牌服装、地产开发、股权投资三大产业为主体的大型跨国集团公司，是中国乡镇业发展的典型代表。其前身是1979 年在浙江宁波鄞县由 20 余名知青创建的宁波青春服装厂，从 2 万元起家，从单一的生产加工起步，1990 年与澳门南光国际贸易有限公司合资组建"雅戈尔制衣有限公司"，并注册了"雅戈尔"商标，1992年与澳门南光公司合资创办房地产公司，涉足房产开发业务，集团有40 多家公司，旗下 1993 年成立的雅戈尔股份公司于 1998 年在上交所上市（股票名称：雅戈尔，股票代码：600177）；集团 1993 年开始介入股权投资领域，2007 年宁波雅戈尔和上海雅戈尔共同出资成立专业投资公司，负责创业投资、股权投资等业务，标志着公司将股权投资作为产业发展，形成了"以品牌服装为核心，房地产与股权投资为两翼"的经营构架。现在，雅戈尔集团经营机构分布于中国、美国、中国香港等国家和地区，产业基地遍布宁波、香港、深圳、斯里兰卡、菲律宾等地，成为拥有员工 5 万余人的大型跨国集团公司。雅戈尔 1997 年被国家工商行政管理局评为"中国驰名商标"，雅戈尔集团 2014 年、2015 年、2016 年连续入选中国纺织服装 100 强企业；2015 年、2016 年蝉联中国自主品牌百佳企业。2004—2016 年连年入选中国 500 最具价值品牌，根据世界品牌实验室报告，雅戈尔 2016 年的品牌价值达到 301.24 亿元。

（1）雅戈尔品牌

雅戈尔的企业名称 YOUNGOR 由"青春"一词的英译演化而来。雅戈尔集团董事长李如成说，"雅戈尔"既有对青春服装厂的历史延续，又寄托着对未来的期待。青春（YOUNGER）的发音就是"雅戈尔"，用雅戈尔做企业和品牌名称，既突破了地域的局限，又巧妙契合了青春服装厂的历史，还有品牌青春永驻、活力长

图 4—5　雅戈尔徽标

青寓意。雅戈尔的徽标图案和文字组成（参见图 4—5）。图案造型则以中国传统文化为本，以中国古代传说中的执掌天下衣饰的东海蛟龙"狻猊"为创作元素，并采用西方曲线，构成了一匹激情飞扬、挥斥方遒的青春龙马，巧妙地把中华图腾的龙和象征勤勉的马结合在一起，既写实又写意，完美地传达了狻猊携丝麻布帛自东海而出，执锦衣华冠送于市井村野，昼夜劳顿而未感倦怠，奔走于九州方圆，唯以世人衣冠为一己之忧的龙马精神，较好地阐释了雅戈尔创国际品牌、铸百年企业的发展愿景，以及装点人生、服务社会的经营理念。文字 YOUNGER 用英文、书写流畅、音节朗朗上口，传达出青春、年轻、活力、朝气蓬勃的寓意。由此可见，雅戈尔徽标设计中西合璧。"雅戈尔"品牌是国家第一批中国驰名商标，也是国家第一批重点支持和发展的名牌出口商品品牌，并被国家商标局列入全国重点商标保护名录，多次入选中国最佳服装品牌，最受消费者欢迎的男装品牌。

（2）雅戈尔品牌国际化

雅戈尔是一家以品牌服装为主的大型企业集团。经过 30 多年的努力和发展，逐步确立了以品牌服装、地产开发、股权投资等产业为主体，多元并进、专业化发展的经营格局。雅戈尔在服装方面已经形成以品牌服装为龙头的从棉花种植、纺纱织布、面料研发、服装设计、成衣制作、卖场终端的纺织服装垂直产业链，定位于国际商务、行政公务和

商务休闲三大细分市场，形成了成熟自信、稳重内敛、崇尚品质生活的品牌特色，拥有衬衫、西服、西裤、夹克、领带和 T 恤等系列的产品研发、生产和销售。雅戈尔坐拥六大品牌，不仅在宁波、新疆、云南、重庆有工厂，而且在越南、菲律宾、斯里兰卡等地也有生产基地，是一家名副其实的大型跨国公司。雅戈尔集团董事长李如成表示，将用 5 到 10 年的时间将雅戈尔打造成一个国际化品牌。

①初期国际化阶段（1991—2006）

服装是雅戈尔集团的基础产业，自 1979 年从单一的生产加工起步，长期以来不断打造纺织服装垂直产业链。从上游的棉花种植开始，到纺纱、织造、成衣生产，下游的营销渠道的建立，雅戈尔收购、投资了一系列相关企业，达成了全产业的控制。1994 年，雅戈尔衬衫被评为"中国第一品牌"，同年雅戈尔开始西服生产；1998 年收购日本一家企业作为在日进行服装贸易的窗口，并于 1999 年成立日本分公司；2001年，占地 350 亩的雅戈尔国际服装城全面竣工，集设计、生产、销售、展示、商务于一体，形成了年产衬衫 1000 万件、西服 200 万套、休闲服、西裤及其他服饰 3000 万件的能力，成为我国最大的服装制造基地；2002 年与日本伊藤忠、日清纺以及中国香港的新马集团合资，开始投资建设占地 500 亩的纺织城，并成立宁波日中纺织印染有限责任公司，涉足染纱、织造、印染等业务，形成了以品牌服装为龙头的完整的纺织服装产业链；2005 年，雅戈尔在香港成立实业有限公司，同年，还与美国 KWD 旗下的新马公司、日本伊藤忠、意大利玛佐多等公司合作，加快了品牌国际化的建设步伐。

质量是品牌的生命，雅戈尔初期国际化阶段，加强了以提升产品品质为主要内容的品牌建设。为此，不断投入巨资提升品牌的技术含量和品牌力。1990 年先后从德国、美国、日本等国引进了 300 多套国际先进的实际设备；1994 年又从德国、意大利、日本等国引进了西服生产线，建立了当时世界上最先进的西服样板中心。"九五"期间引进技术设备的资金投入超过 4 亿元，用于全自动预缩定型设备、CAD 系统、日本的 HP 衬衫免烫工艺、美国的 VP 衬衫免烫工艺、德国全电脑控制的吊挂工作站和整烫吊挂输送系统，进一步提高工艺水平和产品质量，形成了较强的生产能力和快速反应能力。

品牌是需要顾客接受、市场认可的。雅戈尔初期国际化阶段仍是内销为主、外销为辅，在全国组建了 156 家分公司、300 多家连锁店、

1835 个商业网点，构成完整的营销体系，巩固了国内市场。随着集团的产业链的做大、做强，出口外销的比重也在加大，集团开始加力拓展国际市场，先后在中国香港、日本、美国设立办事处，负责外销业务，积极参加广交会和各种类型的服装博览会，同时运用"请进来"和"走出去"出国推销的方法努力扩大国际市场，但总起来讲，外销的比例在 20％～30％之间（参见表 4－6），且有逐年提高之势，但出口增长方式仍以 OEM 为主，自主品牌出口较少。

表 4－6　2000—2006 年雅戈尔出口占总销售的比重

年份	2000	2001	2002	2003	2004	2005	2006
出口比重（％）	20.5	22.9	23.9	26.3	22.8	29.0	27.3

资料来源：根据雅戈尔股份有限公司年度报告整理

②品牌国际化阶段（2007—2016）

通过在初级国际化阶段积蓄能量，进入品牌国际化阶段，雅戈尔集团以"四高"，即高起点、高科技、高投入、高产出进行品牌建设，充分发挥雄厚的资金实力，在软硬件方面积极投资，从德国、意大利、日本、法国以及美国等发达国家引进先进的设备和专利，长期保持行业的领先地位。2007 年明确提出"创国际品牌，铸百年企业"的奋斗目标，2008 年 1 月，雅戈尔集团以 1.2 亿美元的价格收购了美国五大服装巨头之一 KWD（KELLWOOD）的男装核心业务部门斯马特公司（Smart）和中国香港新马服饰公司（XinMa）100％股权。此次收购后，雅戈尔获得了新马集团分布在越南、菲律宾、斯里兰卡和中国广东、吉林等地的 14 个生产基地，获得了包括 Polo、Calvinklein 在内的 20 多个知名品牌的 ODM 加工业务，获得了拥有 Nautjica、Perry Ellis 等 5 个授权许可品牌，还获得了 KWD 原有的美国数百家百货公司的销售渠道及强大的物流系统。这些收购有利于雅戈尔集团开辟美国市场，完善全球产业链的布局，在主要出口市场实现自主品牌销售，提速了"创国际品牌"步伐。

2009 年，为了做大做强服装品牌，雅戈尔集团成立服装控股有限公司，并设立五个品牌工作室，即 Mayor ＆Youngor、Youngor CEO、GY、HARTMARX、汉麻世家五个品牌，进一步在品牌定位、风格和内涵上建立鲜明的个性，同时加快新产业、新技术和新产品的研发。尔后，雅戈尔集团为了主动拥抱 TPP，利用越南劳动力成本低的优势积

极"走出去",2011年收购越南河内的一家衬衫加工厂,2013年在越南
设织布厂,2014年在越南建面料工业园;2016年雅戈尔集团与意大利
的 ARBINI、ERMENEGILDO ZEGNA、LORO PIANA、CERRUTI
1881以及瑞士的 ALUMO 高档面料供应商达成合作,为旗下顶尖品牌
MAYOR 设立了"管理者新装"的市场定位(参见表4—7)。

表4—7　2007—2016年雅戈尔品牌国际化发展历程

年度	品牌国际化主要事件
2007	成为 Hartmarx 公司旗下品牌 HartSchaffer Marx(HSM,浩狮迈)的中国地区代理商
2008	以1.2亿美元成功收购美国 KWD 旗下的男装业务新马和斯马特品牌、并获得在菲律宾、斯里兰卡生产基地
2009	设立五个品牌工作室,即 Mayor & Youngor、Youngor CEO、GY、HART-MARX、汉麻世家五个品牌
2011	斥资400多万美元收购越南河内的一家衬衫加工厂
2013	雅戈尔越南天盛纺织联合股份公司成立,并在越南宝明工业园建立工厂
2014	联手意大利顶级面料品牌 LANIFICIO F. LLI CERRUTI DAL1881 打造高品质定制西服
2014	雅戈尔联合香港联泰集团在越南建设面料工业园
2016	与意大利的 ARBINI、ERMENEGILDO ZEGNA、LORO PIANA、CERRUTI 1881以及瑞士的 ALUMO 高档面料供应商达成合作,为旗下顶尖品牌 MAYOR 设立了"管理者新装"的市场定位

资料来源:http://youngor.ypb.cn/

在品牌发展过程中,雅戈尔集团提出了"坚定、提升、发展"的方
针,在充分发掘区域市场的前提下,加速品牌高相关度的市场多元化计
划实施,形成核心品牌结构,采取多渠道或多形式的品牌运作方法和策
略推进品牌国际化。雅戈尔品牌形象深入人心,并朝着多品种、多档
次、系列化、跨领域、跨行业的发展方向延伸。但我们在研究中也发
现:一是在多元化发展中,纺织服装主业的地位并不突出、品牌服装收
入占总收入的比重在连年下降,而且降幅很大。从图4—6可知,2008
年,纺织服装收入占集团总收入的比重达到73.8%,至2016年只有
28.70%,下降了45.15个百分点。二是出口销售收入占比也越来越小,
据雅戈尔股份公司年报统计,2014年、2015年、2016年三年外销收入
在增加,但外销收入占总收入的比重却极低,分别只有0.75%、
0.98%和0.99%。

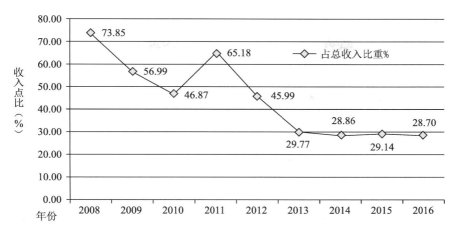

图 4—6　2008—2016 年雅戈尔纺织服装收入占总收入的比重

资料来源：据雅戈尔股份有限公司年度报告整理

（3）雅戈尔品牌国际化的启示

雅戈尔从一个手工作坊发展成为一家上市公司，从单一的服装生产发展成三大主营业务，从一个知青小厂发展成为大型跨国集团，其中有很多成功的经验值得总结。就品牌国际化而言，至少给我们三点启示：一是企业文化是品牌的根，雅戈尔的企业文化深深植入雅戈尔的品牌之中，"让消费者满意，使合作者发展"的企业宗旨，"奉献、进取、宽仁、合作"的企业精神，"装点人生，服务社会"的经营理念，"创国际品牌，铸百年企业"的发展愿景，雅戈尔的企业文化很容易让消费者对雅戈尔品牌认同。二是内生与外向并举，稳步推进国际化，内生性国际化主要通过"引进来"提高产能、质量、管理水平和竞争能力，外向型国际化主要通过"走出去"，与国外的一些知名品牌企业合作，有利于提高品牌国际知名度和市场占有率。雅戈尔是国家首批培育的出口名牌，有条件、也有能力从事自主品牌国际化经营，但目前来看其外销的比例较小，外销渠道和国外市场终端布局还有待加强，以有利于品牌国际化的发展。三是"一业为主、多种经营"，成功地把雅戈尔品牌进行了延伸，形成了"以品牌服装为核心、房地产和股权投资为两翼"的经营格局。雅戈尔服装品牌向地产、股权投资领域延伸，地产、股权投资领域的收益反哺品牌服装的发展。但值得注意的是，纺织服装作为雅戈尔的核心业务应该进一步做大、做强，在公司的营业收入中应该保持足够大的比重，否则主业就可能变成副业了。近年来公司年报数据显示，纺织服装的收入占比越来越小，不足三分之一，且有进一步萎缩的趋势。

5. 对 策 篇

　　品牌是国家核心竞争力的重要体现．在经济全球化的时代，品牌代表着国家的信誉、形象和经济实力。一个国家拥有的品牌价值越高，其对全球产业链的主导力就越强，就能够掌握更多的资源，进而提升本国的综合实力。

　　我国非常重视品牌建设。2005 年中央经济工作会议明确提出，全面增强自主创新能力，加快实施品牌战略，推动外贸增长方式的转变。为了落实中央经济工作会议精神，商务部在北京召开全国自主出口品牌建设工作会议，并发布了《重点培育 190 个出口名牌目录》。《"十二五"规划纲要》提出，要提高自主品牌国内份额，要加强自主品牌国际化。国务院印发的《质量发展纲要（2011—2020 年）》也把推动自主品牌建设，提升品牌价值和效应，形成国际知名品牌作为重要目标。2011 年，工业和信息化部、国家发展和改革委员会等 6 部门印发《关于加快我国工业企业品牌建设的指导意见》，2015 年工业和信息化部印发《关于开展产业集群区域品牌建设试点示范工作的通知》，2017 年工商总局印发《关于深入实施商标品牌战略推进中国品牌建设的意见》，这些文件都强调培育一批具有国际影响力的自主品牌，是经济转型发展的必然要求，是中华民族复兴的"中国梦"的必然要求。

　　《纺织工业"十二五"发展规划纲要》《纺织工业"十三五"发展规划纲要》都明确提出，要加强纺织服装品牌国际化，要实现由纺织服装"世界工厂""制造中心"向"中国创造"的转变，由纺织服装世界第一生产大国、出口大国向"品牌大国"、贸易强国的转变。从 2005 年开始每年的《中国纺织品服装对外贸易报告》都设有专章介绍年度纺织品服装自主品牌的发展。中国纺织联合会 2013 年、2015 年先后编纂《中国服装家纺自主品牌发展报告》和《中国纺织行业品牌发展报告》专辑。

　　自主品牌是企业开拓市场、占领市场的最强有力的武器之一。站在市场的角度看，自主品牌是企业的第一生产力。从产品的角度看，生产的技术、工艺和质量决定产品的价值。品牌是衡量一个国家国际竞争力的重要指标。纺织服装自主品牌品牌不仅反映企业的信誉、竞争力和形象，同时也反映一个国家、民族甚至是政府的信誉、竞争力和形象。自主品牌可以从企业品牌、区域品牌和国家形象品牌三个层面理解和创建。下面我们着重从纺织服装企业品牌、纺织服装区域品牌进行讨论，这两点做好了，"美丽中国""时尚中国"的形象在世界上就树立起来了。

5.1 企业品牌国际化发展策略

自主品牌是指由企业自主开发，拥有自主知识产权的品牌。企业自主品牌就是说产权自我拥有、自我控制和自我决策，对其所产生的经济利益自主支配和决策的品牌。企业自主品牌国际化包括生产国际化、市场国际化、融资国际化、服务国际化、人才国际化和管理国际化六个方面的内容，其主要特征是决策要有国际视野、要素全球优化配置、经营要遵循国际价值规律、运行要恪守国际经贸规则。

5.1.1 自主品牌谋势

我国纺织服装自主品牌建设重要的是提高决策力、执行力。谋势奠定自主品牌国际化的基础，就是要以塑造强势品牌为核心的企业战略，将品牌建设提升到企业经营战略的高度，其核心在于建立与众不同的品牌识别，为品牌建设设立目标、方向、原则与指导策略，明确自主品牌发展目标、路径和策略，开展自主品牌建设的系列行动。谋势的内容很多，下面着重探讨自主品牌定位、品牌个性塑造、品牌文化建设和品牌策略制定四大内容。

（1）自主品牌定位

表 5—1　世界名牌女装的风格定位

品牌名称		产地	女装风格定位
中文	英文		
香奈尔	Chanel	法国	典雅、高贵、风华
范思哲	Versace	意大利	豪奢、绚丽、妖艳

品牌名称		产地	女装风格定位
中文	英文		
古驰	Gucci	意大利	冷冽、狂野又柔弱
普拉达	Prada	意大利	优雅、细致、低调不羁
阿玛尼	Armani	意大利	庄重、中性、素雅.
路易·威登	Louis Vuitton	法国	妩媚、婉约、夺目

自主品牌定位是市场定位的核心和集中表现。要明确 Who we are，What we do，How to do 等一系列问题，要清楚目标分众在哪，与竞争品牌的区别在哪，主要卖点在哪，我国的纺织服装品牌在很大程度上存在着定位空泛、定位不准、定位模糊、定位飘移等问题，需要很好地向国际知名品牌学习。以世界上六大纺织服装品牌为例（详见表 5-1），同是女装、同在欧洲，但风格各异、个性鲜明。无论是实施单一品牌战略还是奉行多品牌战略，定位都要精准。如美国的盖璞集团，"香蕉王国""盖璞""老海军"三个品牌就分别定位于高、中、低端品牌，每一个品牌都有其特定的分众，定位清晰，要相得益彰，不能"窝里斗"相互拖累。

（2）品牌个性塑造

自主品牌要个性，不同系列的纺织服装要有其共同的核心价值，有其属于自己的基因，要有独特的销售主张（USP），给顾客一个充分的购买理由。如香奈尔定位于经典传奇，是女人的最爱；金利来高贵大方，是"男人的世界"；在时装界，纪梵西几乎成了优雅的代名词；范思哲表达"性感"；阿玛尼价值定位"精致的城市生活"。而国内品牌核心价值模糊，缺乏灵魂，如雅戈尔（YONGOR）从取名看是定位青春，但它却想卖给所有的男人，难以让人认同；杉杉西服"不要太潇洒"的广告语也令人费解。因此、国内企业要加强 VI 设计，建构企业形象识别系统。

品牌名称是品牌中可以用语言称呼的部分。好的品牌名称可以促进品牌成功。如本书第 4 章所研究的世界八大知名品牌，名字如雷贯耳、易读易记，命名方法主要有五种，一种是以设计师的名字命名，如 Louis Vuitton（路易威登）、Dior（迪奥）、Gucci（古驰）、Prada（普拉达）等，这种命名国外比较流行。二是以神话人物和影视人物命名，如 Nike（耐克）、Zara（飒拉），使品牌有故事可讲。三是以植物花卉命名，如 Mango（芒果）给人以美的联想。四是以一种希冀、良好愿望命名，如 Gap（盖璞）。五是，前述这八大品牌都是用企业名称命名的，堪称以企业名称作为品牌的名称的典范，除此以外还可以用地名、色彩、工艺、效用等方法命名。

品牌标志也是一个表现自主品牌个性的符号。无论是单一的文字标志，如 Gucci、Zara、Dior、Mango 等，还是图文组合标志，如 Louis Vuitton、Prada、Nike、Gap 等，要求简洁明了、色彩鲜明、视觉冲击力强，凸现企业的个性特征，要易于让消费者产生联想。需要强调的是良好的品牌形象不是自然天成的，需要 VI 设计、需要创意。譬如说，现在身价百亿美元的耐克品牌标志当年只花了 35 美元的设计费。这说明品牌的形象价值不是用钱堆积出来的，小本本也能成就大品牌。我国的李宁服饰学习耐克是成功的，源于体育、用于体育，品牌标志的整体设计用李宁汉语拼音的第一个字母 L、N 变形，构成主色调为红色，造型生动、简洁、美观，富有动感和现代气息，给人联想到飞扬的红旗、燃烧的火炬、跳动的旋律，再配上"一切皆有可能"的注解，具有很强的视觉冲击力。

（3）品牌文化建设

纺织服装，特别是服装在相当程度上属于时尚产业，时尚是需要文化底蕴的，纺织服装应是文化的载体。一方面要传承企业文化，如企业价值观、经营观、审美观、企业目标宗旨、企业精神、企业的行为规范、企业的社会责任；另一方面要传承民族历史文化。21 世纪的纺织服装已不仅仅是款式或价格的竞争，更是品牌文化的较量。品牌文化是品牌区分最显著的特性。这种特性往往与历史相关，如美国的牛仔服，法国、意大利的时装，日本的和服，中国的唐装、中山装、旗袍都打上了民族文化的烙印，正所谓民族的就是世界的。

纺织服装是造型的艺术，纺织服装品牌文化在一定程度上是纺织服装设计师的文化。国际纺织服装市场上基业长青的品牌，大多是纺织服装设计大师主导的品牌，如阿玛尼、范思哲、香奈尔、路易威登、李维斯、华伦天奴、皮尔卡丹等，从这个意义上讲，我国纺织服装设计大师缺位，导致纺织服装"没文化"。由此看来，我国纺织服装品牌文化建设任重而道远。

（4）品牌策略制定

品牌策略是企业品牌国际化和基本方略和路线图，主要包括品牌化决策、品牌使用者决策、品牌名称决策、品牌战略决策、品牌再定位决策、品牌延伸决策、品牌更新决策等几方面内容。品牌化决策就是企业要告别 OEM，要用自主品牌开展国际经营活动。品牌使用者决策要视不同的企业主体而定，如果生产型企业就应该向路易威登、迪奥、古驰、普拉达等一样用制造者的自主品牌，如果是商贸型企业就应该像盖璞、H&M 等一样用经销商的自有品牌。品牌战略决策就是要选择是像路易威登、飒拉、耐克等一样运用统一的品牌策略，还是选择像普拉达、盖璞等一样实行多品牌策略。品牌再定位决策就是品牌定位调整，当企业定位有市场变化或战略发生变化，就需要重新定位，如香奈儿、古驰、普瑞达、范思哲等起初都是定位于女装品牌、时装品牌，后来随着企业发展，调整增加了男装、休闲装；又如盖璞最初定位于青年男女的牛仔装，后来发展到休闲装、童装和婴儿装。品牌延伸决策就是利用品牌的影响力，带动新业务的发展，如路易威登由最初的箱包、逐渐延伸到手袋、香水、时装、手表等领域，又如普拉达由原先的皮具，逐渐延伸到服装、眼镜、香水、珠宝和手机等领域，形成多元化发展的格局。再比如盖璞、飒拉、优衣库、H&M 公司成立之初的服装定位都是大众消费，最后，随着市场和业务发展，定位调整到大众消费与高端消费之间的"快速时尚"。品牌更新决策就是要与时俱进，随着企业经营环境的变化和消费者需求的变化，品牌的内涵和表现形式也要不断发展变化，以适应社会经济发展的需要。需要注意的是，品牌的标志不要轻易更换，要避免出现盖璞"更换 logo 风波"之类不必要的损失。

5.1.2 自主品牌蓄势

对于中国纺织服装而言，做"世界工厂"绝非长远发展之计，只有通过自主创新，打造自主品牌，努力向"微笑曲线"的高端攀升，才能逐渐在全球经济中占据主动地位。纵观世界经济大势，全球市场各领域的竞争都越来越明显且集中地体现为品牌竞争。企业发展自主品牌国际化需要有蓄势的过程，就是向国际化冲锋之前要多做一些准备。蓄势的内容很多，下面着重探讨商标注册、技术创新、产品研发、人才培养四大内容。

（1）品牌注册

商标是用以区别商品和服务不同来源的商业性标志，有注册商标和非注册商标之分。根据我国《商标法》的规定，只有注册商标的专用权是受法律保护的。纺织服装企业要取得商标专用权的前提和条件，就是要将由文字、图形、字母、数字、三维标志、颜色组合或者上述要素的组合构成标识，到商标局提出申请，并经商标局审查后予以初步审定公告，没有人提出异议或提出异议经裁定不成立的，该商标即注册生效。商标注册有两点需要注意：一是商标权有时间限制。我国商标法规定：自核准注册之日起计算有效期限 10 年，注册商标有效期满，需要继续使用的，可以申请商标续展注册。二是商标权有地域限制，一个国家的商标要在另一国家寻求保护非常困难。过去解决问题的办法是采取签订国家间的双边协议或者按对等原则办理。这也就是说，品牌国际化要注意国际商标注册。我国《商标法实施条例》第三十四条规定，商标国际注册是指根据《商标国际注册马德里协定》和《商标国际注册马德里协定有关议定书》及《商标国际注册马德里协定及该协定有关议定书的共同实施细则》规定办理的马德里商标国际注册。

《保护工业产权巴黎公约》（简称《巴黎公约》），该公约 1883 年 3 月 20 日在巴黎签订，1884 年 7 月 7 日生效。巴黎公约的调整对象即保护范围是工业产权，包括发明专利权、实用新型、工业品外观设计、商标权、服务标记、厂商名称、产地标记或原产地名称以及制止不正当竞争等，现有 107 个成员方，我国于 1985 年 3 月 19 日正式成为其成员。按照该公约第二条第一款的规定，本联盟国家国民，在工业产权保护方面，在本联盟所有其他国家内应当享有各该国法律现在授予和今后可能授予其国民待遇的各种利益，但不得损害本公约特别规定的各项权利。《马德里协定》是对《保护工业产权巴黎公约》关于商标注册部分的一个补充，根据协定，须先参加《保护工业产权巴黎公约》，才能参加《马德里协定》。

《商标国际注册马德里协定》（简称《马德里协定》）于 1891 年 4 月 14 日在马德里签订，1892 年 7 月生效。规定只要取得在每一被指定缔约方均有效力的国家注册，即可在数量众多的国家中保护商标。现有 56 个缔约国，我国于 1989 年 10 月 4 日成为该协定成员国。并同时做两点声明：一是关于第三条之二，通过国际注册取得的保护，只有经商标所有人专门申请时，才能扩大到中国。二是关于第十四条第二款第四项：本议定书仅适用于中国加入生效之后注册的商标。但以前在中国已经取得与前述商标相同且仍有效的国内注册，经有关当事人请求即可承认为国际商标的，不在此列。

《商标国际注册马德里有关议定书》（简称《马德里议定书》）是1989年签署的。《马德里协定》与《马德里议定书》是两个平行的条约，相互独立，有各自的成员，但成员有重叠。《马德里议定书》的签订旨在将一些改进措施引入马德里体系，以弥补《马德里协定》的一些缺陷，从而吸引更多的国家或组织加入。目前，《马德里议定书》缔约国总数达到66个，我国于1995年9月加入该议定书。

（2）科技创新

科学技术是生产力。纺织服装企业加快价值链的科技升级。纺织服装作为传统产业，要加强高新技术改造；要加快纺织服装设备的技术改造和换代升级，要淘汰污染大、能耗大、效率低的设备，要增加低碳、环保、智能设备等硬件的投入；还要大力加强对CAD（计算机辅助设计）、CAM（计算机辅助制造）、ERP（企业资源管理系统）等软件的投入、升级和利用。通过"硬件""软件"升级改造；大力促进互联网、大数据、云计算、物联网在纺织服装企业的应用，达到提高工效、提高产品质量、降低能耗和成本，从而提升国际竞争力的目的。

纺织服装企业加大对科技创新的投入，R&D的投入与营业收入的比重要提高到1%以上。发明专利授权量年增长要达到15%以上，国际标准的转化率要提高10%以上。纺织服装企业要在新材料、新工艺、性技术等关键领域取得突破。根据国家纺织服装"十三五"规划的要求，纺织服装企业及科研院所要把握全球纺织行业发展趋势，跟踪前沿和高端技术，加强行业科技创新研发，进一步突破高性能纤维高品质低成本技术以及生物基原料和纤维绿色加工技术；突破新型非织造、多种材料多层复合、立体织造等关键技术；推动高性能纤维及其复合材料在建筑交通、国防军工及航空航天等领域应用技术研发；研究无水少水印染、高速低成本数码印花技术；功能性面料整理技术，大幅提高纺织绿色制造技术及应用水平；加大纺织服装智能装备（生产线）及智能产品的研发推广，开发纺织服装专业应用软件。

（3）产品开发

产品研发是企业投入人力、物力、财力，创造性研制新产品，或者改良原有产品。开发的方式大体有三种，一是自行研制，如Zara有200多位设计师的设计中心，耐克拥有120多位设计师的"创新厨房"。二是委托设计，就是购买别的设计机构或设计师的产品创意和设计。三是与相关的院校、科研机构或企业进行协同创新、联合开发。产品开发是企业核心竞争力的关键，它处于"微笑曲线"的左上端，耐克就是重视产品设计的优秀品牌的代表，其产品设计不仅仅是对面料、色彩、式样等元素的优化组合，还包括发明创造的原始创新设计。如耐克的华夫鞋底、气囊鞋跟等。Zara 也非常重视产品设计，Zara 的产品开发几乎没有发明创造，主要靠模仿。但其开发新产品的流程是科学，销售人员、顾客参与新产品的研制、定制，这一点是值得我们学习的。

（4）人才培养

人力资源是第一资源，在纺织服装自主品牌国际化的进程中，迫切需要人才。我国的纺织服装企业，特别是中外合资、合作的纺织服装企业比较注重员工素质的提高和职业培训，但力度还有待于加强。通过比较分析，我们认为中国纺织服装自主品牌发展急需三类人才，一类是像阿玛尼、范思哲、皮尔卡丹类的纺织服装设计师；二是高级纺织服装职业经理人，国际品牌离不开职业经理人的贡献。古驰的成功除了 T 台上的汤姆·福特外，T 台下的总裁狄索尔则是把濒临倒闭的古老品牌神奇复活的关键人物。三是像阿曼奇奥·奥特加·乔那样的优秀品牌营销人才。纺织服装人才可以通过引进、培养、引进＋培养三种形式，这里需要强调一点，那就是我国纺织服装企业的领导人、高级管理者要带头学习与世界纺织服装企业接轨，率先成为优秀的品牌的设计者、品牌的运营者、品牌的管理者。

5.1.3 自主品牌造势

企业在市场竞争的商战中，只有占有优势，才可先声夺人。一个企业新开业、一种品牌新上市、一个门店新开张，往往知名度低。造势就是制造声势，为其鸣锣开道，营造自主品牌国际化氛围，以提高企业、品牌、门店的知名度，达到促进销售的效果。造势的方法有很多，下面着重探讨广告宣传、公关活动、营业推广三大内容。

（1）广告宣传造势

广告宣传造势就是以树立产品品牌形象，提高品牌的市场份额为直接目的，突出传播品牌在消费者心目中确定的位置的一种方法。酒好也要勤吆喝，讲的就是广告的重要性。

良好的品牌形象需要传播。有人以为传播就是做广告，就得"烧钱"，其实也不尽然。一个戴着眼罩、穿着哈撒韦衬衫的独眼男人的形象广告，使沉寂了 114 年的哈撒韦衬衫声名鹊起，却只付给著名广告大师奥格威三万美元。他让人们认知到美国东北角的缅因州有一哈撒韦（Hathaway）衬衫，是从全世界各地进口的最有名的布料来缝制他们的衬衫——从英国来的棉毛混纺的斜纹布，从苏格兰奥斯特拉德来的毛织波纹绸，从西印度群岛来的手织绸，从英格兰曼彻斯特来的宽幅细毛布，从巴黎来的亚麻细布，穿着如此完美风格的衬衫，定会使您得到超乎衬衫本身的众多满足。前面还讲到耐克的运动营销、通过赛事活动赞助支持，相比较昂贵的电视广告、花钱不多、千人成本比较低，但广告的到达率、愉悦性、说服性、传播性和传播性都比较好。

有人讲广告不是万能的，但没有广告是万万不能的。其实也不尽然，当今在欧美流行 ZARA 模式，人称是纺织服装营销的革命，众所周知，有快速时尚王之称的 ZARA，反其道而行，他们几乎不做电视广告，只做销售卖场的 POP 广告，预算也低得惊人，但却始终保持品牌知名度跟畅销业绩，其秘诀就在于"做广告不做创造口碑"，金杯银杯不如口碑。坚持走"以新取胜""以快取胜""以质取胜"的品牌发展道路。品牌传播策略不做广告做口碑还有一种有效的方法，就是"软广告"制造新闻，如法派纺织服装欲聘请美国前总统克林顿做形象代言人，成为全球数千家媒体的头版新闻，一夜之间，法派纺织服装声名远扬。

（2）公关活动造势

公共关系活动造势就是借助企业的公共关系活动宣传企业和品牌形象。公共关系是指某一组织为改善与社会公众的关系，促进公众对组织的认识、理解及支持，达到树立良好组织形象、促进商品销售目的的一系列公共活动，它表现为日常公共关系活动和专项公共关系活动两大类。日常的公关活动就是企业员工都可以做到的那些日常接待工作，如热情服务、礼貌待客以及大量的例行性业务工作和临时性琐碎的工作等，表现出员工良好的职业素养、企业良好的行为规范。专项公共关系活动是指有计划、有系统地运用有关技术、手段去达到提升企业、品牌形象和知名度的专门性活动，如新闻发布会、产品展示会、时装发布会、社会赞助、开业庆典、周年庆典等活动。纺织服装企业公关活动国际造势，是要创造新闻，力争形成"轰动效益"吸引国际公众的眼球，一是要有明确的主题，二是要创新进行构思、策划和设计，三是要选择最佳时机，四是组织实施要做到精细。

（3）营业推广造势

营业推广造势就是借助企业的营业推广活动宣传企业和品牌形象。美国营销学会认为，营业推广就是人员推广、广告和宣传以外的用以增进消费者购买和交易效益的那些促销活动，诸如陈列、展览会、展示会等不规则的、非周期性发生的销售努力。不过多数专家认为，营业推广是企业为鼓励购买、销售商品和劳务而采取的除广告、公关和人员推销之外的所有企业营销活动的总称。营业推广的对象一般有三类，对象不同营业推广造势的方式也不相同，即消费者、销售人员和中间商。以开业庆典或周年庆典为例，对消费者的营销推广造势，主要是通过试穿、打折、奖励、赠品等方式，获得更多的人气；对销售人员则是通过业绩提成、职位晋升、工资提档、业务培训等形成，以提升销售人员的责任感和积极性；对中间商则是通过铺货、结算优惠、广告资助、派员助销等形式，提高经销商、代理商的销售积极性。需要注意的是，名牌特别是奢侈品服装一般是不做营业推广造势。中低档服装、非名牌服装、销路不好的服装运用营销推广造势的比较多，而且力度也比较大。

5.1.4　自主品牌乘势

提升质量和科技创新为完成"中国产品向中国品牌转变"提供了目标和方向。要知道，质量是品牌的生命，品牌需要产品质量支撑，因此，必须高度重视产品质量，构建中国自主品牌的高质量平台，这是实现"转变"的基础；我们看到，真正具有世界影响力的巨头企业，多是科技型企业，这表明，核心技术是品牌的生命力和竞争力所在，而抓好科技创新，也正是实现"转变"的关键；品牌建设和培育需要企业自身夯实基础。

（1）加快贴牌加工升级

OEM 是 Original Equipment Manufacture 的英文简称，意即贴牌生产，也称为定牌生产，俗称"贴牌"或"代工"。OEM 是中国纺织服装品牌蓄势的过程，在现阶段不能不做 OEM，不能满足于做 OEM，不能做传统意义上的 OEM，要注重层次的升级和模式的转化。如何提升贴牌加工层次，根据我国的纺织服装品牌建设实践，主要有三大策略可供选择，即用心做 OEM，用技术做 OEM，积极争取 ODM。

用心做 OEM 就是纺织服装企业通过 OEM，学习国际纺织服装品牌成功运作的经验，为发展自主品牌出口、赶上甚至超越国际品牌奠定基础。OEM 是他主品牌，我国纺织服装出口企业接受 OEM 订单时，不要仅仅看作是一笔生意，重要的是要当作一次很好的学习机会，通过执行 OEM 合同，了解国际纺织服装品牌的文化、个性和设计思路，掌握其生产工艺、运作技术，学习其营销模式和销售管理，这些都是自主品牌运作和发展的基本功。

用技术做 OEM 就是把 OEM 看作是学习过程的同时，也是一个技术引进、吸收、利用和创新的过程。最近，在我国东南沿海地区出现了一种新型贴牌形式，在生产过程某一环节或多个环节拥有自有技术，在接受贴牌生产时，注入一些自主设计、自主创新的元素。用技术做 OEM 不单纯依靠劳动力优势赚取少许的加工费，注重技术创新和产品研发增加做 OEM 的附加价值。

积极争取 ODM 就是国内企业根据国际市场和进口商的要求，进行纺织服装设计和贴牌生产。贴牌生产包括 OEM 和 ODM 两个层次，ODM 是 Original design manufacture 的英文缩写，它是 OEM 的升级形式，可与纺织服装发展大势中的加工生产和精制生产相对应。我国纺织服装企业积极争取 ODM 订单，这是一个双赢的经营模式，既有利于品牌委托方节省研发设计成本，又利于生产方提升经济效益，更重要的是有利于我国纺织服装企业完成 OEM－ODM－OBM 的转化和升级。我国有些纺织服装企业技术设备先进，且有一定设计能力，具备做 ODM 的条件和比较优势，因此，我国纺织服装出口应该积极争取 ODM，尽快地实现由 OEM 向 OBM 的过渡。

（2）积极尝试 OBM

OBM 即 Own Brand Manufacture 的缩写，是指生产商自行创立产品品牌，生产、销售拥有自主品牌的产品。鉴于我国纺织服装企业在国际市场上具有一定的比较优势，但尚缺乏品牌市场运作和管理的经验。因此，我国的纺织服装企业目前不能不做 OEM，但也不能满足于做 OEM，要在做 OEM 的过程中积蓄能量，为 OBM 经营创造条件，依照企业情形和资源的不同，可选择先贴牌后创牌，或边贴牌边创牌的发展道路。

先贴牌后创牌策略适用于国内一般的中小型纺织服装企业，适用于创立阶段、成长阶段的纺织服装企业。其主要做法就是"傍名牌"参与水平国际分工，加入以国际知名纺织服装企业为龙头，以国际知名纺织服装品牌为中心的价值链、产业链中去，成为其一环或一个节点，为其做 OEM，成为其生产供应商，在做 OEM 的同时注意学习国际知名纺织服装企业的管理、技术，为以后创牌积蓄资本。这种策略关键是"打工学艺"，要尽快缩短由他主品牌向自主品牌的转化的时间。边贴牌边创牌策略适用于国内较好的中小型纺织服装企业。其主要做法是既做OEM，又做OBM，具体来说也可分为三种基本情形，一是在国外做OEM，在国内做OBM，与国际纺织服装品牌在本土作战；二是在欧美发达国家做OEM，在发展中国家做OBM；三是在某国或某国的某一区域做OBM，其他区域市场做OEM。这种策略关键是"边打工边学习"，要尽量减少贴牌的比例，提升自主品牌的比重。

（3）借势迈向OBM

有条件就做OBM，没有条件就做OEM，还可以借品牌联合迈向OBM。品牌联合是一个新的研究领域，也是品牌做大、做强的"孵化器"。纵观纺织服装国际品牌联合的理论研究和实践探索，企业品牌联合大体上有三种选择。一是水平型的联合，主要依据是水平型国际分工理论，其特点是品牌间的特定目标群体或分众大体相同或有所重叠。与国际著名纺织服装企业品牌进行跨国合作，如杉杉与意大利法拉奥集团、日本伊藤忠商事会社等品牌联合运作，取得了双赢。二是垂直型的联合，主要依据是垂直型国际分工理论，其特点是产业链上的品牌间的联合。如"波司登－杜邦"，实现了世界上最大的面料生产商与国际规模最大羽绒生产品牌的"强强联合"。又如"李宁－莱卡"的联合，实现了优势互补。三是国际资本联合，通过资本运作，收购、兼并或参股、控股国际知名纺织服装品牌企业，或"走出去"组建新的纺织服装品牌企业，尔后向国内的企业下达贴牌订单，做反向OEM。如杉杉出资收购美国纺织服装企业威克公司的股份，实现了杉杉在美国市场和威克在中国市场销售的双赢。

5.1.5 自主品牌成势

我国纺织服装企业大多属于"橄榄型企业"，要形成自主品牌国际化的常态，可采用的方略很多，这里着重强调加强品牌国际营销、积累品牌无形资产、谨慎进行品牌延伸和积极"走出去"。

（1）加强品牌国际营销

营销的产品、价格、分销、促销等问题，涉及纺织服装经营的全过程。这里着重探讨纺织服装自主品牌如何有效地进入国际市场，开辟属于自己的"蓝海"？无论是差异营销、无差异营销，还是集中营销，在具体执行时也有两条基本路径可供选择：一是渐进式，中国市场—发展中国家市场—中等发达国家市场—发达国家市场；二是跨越式，中国市场—发达国家市场—中等发达国家市场—发展中国家市场。渐进式是先易后难，跨越式是先难后易。运动品牌李宁就首选跨越式，从中国市场直接进入欧美市场，羽绒服品牌波司登选择则是渐进式，从中国市场、再经过俄罗斯市场，然后才打入欧美市场。两种路径没有严格意义上的对错之分和好坏之别，一切都要从实际出发，根据情势而定。

21世纪是网络经济时代，在互联网快速发展的今天，国内的纺织服装企业要办好自己中英文网站，并进行搜索引擎的推广，开展有效的网络传播和电子商务的同时，还可以通过阿里巴巴或类似的网络平台，使世界变小、使世界变平。纺织服装是要消费者买单的，纺织服装品牌是要消费者认账的，"渠道为王、终端制胜"。我国的纺织服装企业在国际化的进程中，需要注重销售渠道和终端建设，其主要形式是"一分三专"，即国外分公司、专卖店、专柜、专门场所；建设方式不外乎是自营和特许经营，在实施过程中两种方式可以结合起来使用，既可有效地占领市场，又回避了单纯自营或特许经营带来的风险。

（2）提升品牌国际价值

品牌资产是一种无形资产，它是品牌忠诚度、知名度、品质认知度、品牌联想等要素的集合体。在我国生产的50元一件的T恤，贴上皮尔卡丹的标签，可卖100美元，这其中就有品牌资产的"马太效应"。2016年6月《商业周刊》网站公布了"2016年全球最佳品牌百强排行榜"，其中纺织服装品牌5个，都集中在欧美，其中美国、法国、西班牙、瑞典、意大利各占一席，基本上反映了当今世界时尚业的格局。2016年6月世界品牌实验室发布"中国500最具价值品牌"，其中有37个纺织服装品牌入选，进入100强的品牌虽有5个，但价值与国际纺织服装品牌相比差距很大（详见表5—2）。

表5—2　2016年中国百强与世界百强中的纺织服装品牌价值比较

世界最具价值百强品牌（纺织服装）				中国最具价值百强品牌（纺织服装）		
品牌名称	百强排名	价值（亿美元）	国家	品牌名称	百强排名	价值（亿元）
耐克	24	374.72	美国	鄂尔多斯	43	808.55
路易威登	30	285.08	法国	魏桥	63	431.75
飒拉	35	252.21	西班牙	劲霸	67	407.68

世界最具价值百强品牌（纺织服装）				中国最具价值百强品牌（纺织服装）		
品牌名称	百强排名	价值（亿美元）	国家	品牌名称	百强排名	价值（亿元）
H&M	78	126.65	瑞典	柒牌	79	388.96
古驰	80	125.92	意大利	红豆	91	310.95

资料来源：世界品牌实验室

认清差距的目的是要提升我国纺织服装品牌的国际价值，缩小与世界知名品牌之间的差距。根据我们研究世界纺织服装知名品牌成长和成功的经验，提升品牌国际价值的主要方法有：一是整合资源，形成强强联合的企业集团；二是做强做大统一品牌，或构建主副品牌相结合的多品牌群；三是要注重产品设计，稳定并提高产品质量，增加产品的品类和花色品种；四是要创新渠道模式，构建门店与网络相结合的全球销售网络；五是扩大广告宣传、各种媒体的软文宣传和新闻报道。

（3）适度进行品牌延伸

一般来说，纺织服装品牌延伸有利于扩大市场占有率，有利于占领更多的细分市场，有利于适应激烈的市场竞争。但也应该清醒认识到，品牌延伸是一把"双刃剑"，国际上的路易威登、皮尔卡丹等运用品牌延伸，从事多元化经营取得巨大的成功。而我国的浙江海盐衬衫总厂却因为品牌向西服延伸，元气大伤、品牌消亡，导致企业破产。品牌延伸需要科学决策、谨慎从事，必须进行风险防范。下面着重研究纺织服装品牌的垂直延伸和平行延伸两种方式。

①品牌的垂直延伸

品牌垂直延伸是在同一产业上，进行向上、向下或同时向上向下延伸，为了避免因品牌延伸给核心品牌带来的伤害，也可使用主副品牌策略。向上延伸是指以高于核心品牌的品质和价格进入市场，即在产品线上增加高档次产品生产线，使商品进入高档市场，如 UNIQLO 是日本迅销公司主品牌、核心品牌、定位是高档产品，定位是"快速时尚"品牌，通过收购高端牛仔品牌 J Brand Holding 和与设计师合作推出 Unniqlo Invovation Project，向轻奢侈品牌进军，同时加速多品牌的国际布局。向下延伸就是以低于核心品牌的品质和价格进入市场，如 PRADA 是意大利普拉达公司的主品牌、核心品牌、定位是高档产品，缪西娅·普拉达通过而 MIU MIU、Marc Jacobs 和收购来的迪芬作为副品牌，实现向下延伸，帮助普拉达走出了困境。企业还可以根据需要同时向上、向下延伸，如 GAP 是美国盖璞公司的主品牌、核心品牌，为了获得更大的市场份额和竞争优势，盖璞先后推出"香蕉共和国""老海军"分别向上、向下延伸，帮助其做大做强品牌。

②品牌的水平延伸

水平延伸是指借助原品牌的知名度、将品牌延伸到新的品类或产品形式上，以达到丰富母品牌产品线、提升母品牌形象的目的。水平延伸可采用统一品牌策略，也可采用多品牌策略，具体形式可分为相关产业延伸和非相关产业延伸。相关产业延伸是指品牌延伸的新领域与其原有领域处于同一行业并有一定的产业、技术的关联性，目标市场、销售渠道的共同性，如路易威登、普拉达由经营高档箱包向高档服装、香水等产业延伸；盖璞、H&M、优衣库等由经营休闲服，向时装，童装等系列延伸。非相关产业延伸是指品牌延伸的新领域与其原有领域处于不同行业，产业关联性极低或全无，但却保持其 品牌"基因"和核心价值。如皮尔卡丹坚守"社交的需要"、"让高雅大众化"的品牌核心价值，不仅经营男装、女装、童装、饰物，还跨界收购玛克西姆餐厅经营酒店；实现其多元化经营；又如阿玛尼进军地产不做低档楼宇，只建设高档宾馆，继承其"高品位"的核心价值；普拉达与 LG 合作推出手机，形成了新的利润增长点。我国的纺织服装企业同样也有成功的水平延伸案例。如雅戈尔品牌不仅完成了从衬衫向男装的相关产业延伸，还完成了向地产置业的品牌延伸；杉杉品牌不仅完成了从西服向衬衫、女装、家纺、牛仔、职业装、皮具、鞋业、内衣的相关产业延伸，还完成了向锂电池、新能源的品牌延伸；鄂尔多斯品牌不仅完成了由羊绒衫向男装、女装的相关产业延伸，还在煤、电、硅合金等冶金产业和天然气、化肥等化工产业有投资。

（4）积极"走出去"

"走出去"战略既是国家战略，也是企业战略。我国纺织服装原来"引进来"多，"走出去"少。根据约束理论（TOC），纺织品纺织服装是极富个性和文化内涵的产品，要适销对路，让产品更多、更快、更好的出口，就要积极主动做到研发"走出去"、生产"走出去"和销售"走出去"。

①研发"走出去"

纺织服装企业要在国际市场上赢得竞争力，就要注重经营创新、加强产品研发。纺织服装出口企业要有一流的研发设计、产品开发能力，在过去主要靠引进、自我开发、引进加开发三种方式，但在中国早已加入WTO的今天，就必须"走出去"，既可以把纺织服装设计室搬到国外，搬到欧美发达国家和地区，了解信息、掌握行情、摸准发展脉搏，还可以采用"外包"、委托设计、合作研发等形式，与国外机构或专家建立战略联盟。

②生产"走出去"

纺织服装企业产品、人才和人员"走出去"需要资金支持，资金"走出去"就是把资金作为经营要素，积极响应"一带一路"倡议，通过资本运作，进行国际化经营，在国外设立独资、合资的生产型子公司，也可以通过收购、兼并参股或控股国外工厂，通过知识产权转让、特许经营等形式合作生产或经营，还可以通过托管、租赁国外企业进行经营。这既便于绕开贸易壁垒，又有助于加强市场快速反应能力。

③销售"走出去"

纺织服装企业要提高在国际市场的份额和销售额，不能完全依赖于国外经销商、总经销商或代理商、总代理商，也不能满足于人员"走出去"调研、推销或促销，有条件的企业不仅要在国外设立商务办事处，还应该考虑在适当的时候、适当的国家或地区设立商务型的贸易公司、专柜、专卖店，完善企业全球化经营的销售网络布局。这既利于市场开拓，又有利于客户服务。

5.2　区域品牌国际化的策略

区域品牌就是指一个地区区域特征和整体形象，它是泛指地理区域命名公共品牌的统称，包括了国家品牌、地区品牌、城市品牌等不同类型的区域型品牌概念。区域品牌具有群体性、规模性、共享性、易传性和综合性的特点。区域品牌创建有助于带动区域特别是产业集群发展，有助于实现产业集群内部资源合理配置、竞争有序，有助于推动产业集群的优化升级，有助于培育产业集群的核心竞争力，以区域为依托的区内品牌往往也对区内各种产品品牌或服务品牌有积极的提升作用，二者良性互动意味着区内品牌与区域品牌的双赢，品牌推广总体成本的降低。成熟的区域品牌甚至可以成为城市名片，从而对城市的整体建设和突出表现起到重要作用。

5.2.1　制定发展规划

"战略"这个概念最初只存在于军事领域，战争讲究方略，战争方略的简称就是"战略"。战略是针对全局、针对长远的。制定纺织服装区域品牌战略，可以明确区域目标，实现企业可持续发展；可以突出区域主业，多业并举，向多元化发展；可以围绕纺织服装产业链，形成相互依存、相互支持的价值链、企业链、供应链和空间链。

（1）做好纺织服装区域产业集群规划

纺织服装产业集群就是在一个特定区域的一个特别领域，集聚着一组纺织服装产业的众多具有分工合作关系的不同规模等级的企业及与其发展有关的各种机构、组织等行为主体，通过纵横交错的网络关系紧密联系在一起的空间积聚体。通过这种区域集聚形成区域集聚效应、规模效应、外部效应和区域竞争力。大量实证研究表明，产业集群的形成不可能一蹴而就，不是简单的"企业扎堆"，而是要经历至少十几年、几十年的时间，期间要不断适应挑剔客户的需求，要经过残酷市场竞争的洗礼，持续创新能力的磨砺。若不顾产业集群客观发展规律，急功近利，势必适得其反，造成资源和信息的浪费，损害国家和地方的利益。因此，纺织服装产业集群发展必须要科学规划、稳步推进。

①精选产业

纺织服装产业是一个传统的大产业，产业链包括纺纱、织布、服装、包装、辅料生产等环节，服务生活、工业、医用、航天等领域。在产业集群规划时要精选产业子类，力戒"大而全""小而全"，要坚持特色发展，在一定区域范围内，以村、镇、县或街、区、市为基本单位，按照国内外市场需求，充分发挥本地资源优势、传统优势和区位优势，通过大力推进"一村一品""一镇一品""一县一品""一街一品""一区一品""一市一品"，如嵊州的领带、诸暨市大唐镇的袜业、海宁的皮装、新塘的牛仔装等，实行规模化、标准化、品牌化、市场化和生态化发展。无论确定什么具体的纺织品或服装的子类产业，都应具有国际视野和前瞻性，都要体现"中国制造2025"精神进行产业集群统筹规划。以产业集群的集中度为标准，通常把产业集群分为低集中度产业集群、多核产业集群、轮轴式产业集群和混合式产业集群四类，我国纺织服装产业集群大多属于低集中度的产业集群，其主要特点是规模小且以中小型企业居多。

我国纺织服装产业集群的形成不外乎两种模式，一是"筑巢引凤"模式，即通过规划建立区域性的大型产业园区、生产基地或加工中心，招商引资形成产业特色和产业规模，这既可以是众多中小企业形成的产业群，也可以是以大企业为核心的中小企业集群。二是产业整合模式，即为了谋求长远的竞争优势，按产业发展规律，以企业为整合对象，跨空间、地域、行业和所有制重新配置生产要素，调整和构筑新的资本组织，从而形成以大企业和企业集团为核心的优势主导产业和相应产业配套的产业过程。

表5—3　2013—2016年纺织服装出口贸易企业集团　　单位：万美元

企业名称	所在地区	2013 年	2014 年	2015 年	2016 年
江苏国泰国际集团有限公司	江苏张家港	206701	241265	260061	276868
上海纺织（集团）有限公司	上海长宁	266956	267286	279788	260957
广东丝绸纺织集团有限公司	广东广州	298343	283625	267947	156304
东方国际（集团）有限公司	上海闵行	169640	156874	147579	130557
江苏汇鸿国际集团有限公司	江苏南京	151578	150638	140955	118682

资料来源：中国纺织品进出口商会，http://www.ccct.org.cn/

产业整合模式就是在现有纺织服装产业的基础上，进行企业整合，建立专业型的大型企业集团。一是建立贸易产业型专业集团。目前，有近10万家纺织服装出口企业，通过参股、控股和收购、兼并，实现横向一体化、前向一体化、后向一体化和多角化的重组，形成30～50家以出口为导向，以国外市场营销为中心，以工业企业为依托，以纺织服装进出口企业为主体的贸易产业型集团，变散兵游勇为规模化经营。江苏国泰国际集团有限公司、上海纺织（集团）有限公司、广东丝绸纺织集团有限公司、东方国际（集团）有限公司、江苏汇鸿国际集团有限公司等贸易企业集团（参见表5—3），具有丰富的纺织服装出口贸易经验，在国际市场上拥有较高的知名度和较多的客户资源。每年出口额较大，若以他们为龙头、整合区域内的中小微纺织服装企业，形成产业集群，必将提升其国际竞争力。二是建立产业贸易型专业集团。全国规模以上纺织服装生产企业几十万家，通过资本运营，实现跨行业、跨地区、跨部门、跨所有制的优势互补和强强联合，形成100～200家以国际市场为导向，以名牌产品为主导，以大型纺织服装企业为龙头的产业贸易型集团，变各自为战为集团作战，变粗放型经营为集约经营，提高参与国际竞争和交换的比较利益。以山东省为例，青岛即发、威海纺织、孚日集团、鲁泰纺织、魏桥股份不仅是纺织龙头企业，每年出口额较大（参见表5－4），在国际市场上有较大的影响力，若与当地的相关产业形成纺织类或服装类的某一子类的区域产业集群，会进一步提高国际竞争力。三是形成科工贸型综合集团。纺织服装企业通过紧密型或松散型联合，形成以科技创新为动力，以生产企业为基地，以国际市场需求为先导，以市场营销为核心的科工贸综合型集团。围绕质量、品种、效益和顶替进口、扩大出口，进一步加大结构调整，增强骨干企业和优势产品的国际竞争力，变"近视营销"为"战略营销"，以提高经营的整体效益。

表5－4　2013—2016年山东纺织服装企业的出口额　　单位：万美元

企业名称	所属地区	2013 年	2014 年	2015 年	2016 年
青岛即发	山东青岛	73549	56566	50191	47067
威海纺织	山东威海	31137	41953	42174	45885
孚日集团	山东潍坊	44187	49164	44613	42399
鲁泰纺织	山东淄博	45285	46909	45256	39928
魏桥股份	山东滨州	59482	60915	25163	27995

资料来源：中国纺织品进出口商会，http://www.ccct.org.cn/

②优化机制

机制，是指有机体的构造、功能及其相互关系。优化机制是指区域产业集群各个主体的存在的前提下，协调各个主体之间关系以更好地发挥作用的具体运行方式。在制定区域产业集群规划时，不仅要精选产业，而且要优化机制。优化机制的内容很多，约束理论（TOC）强调应建立快速反应的纺织服装供应链机制，实现合作化经营。具体来讲，一是要建立快速反应（QR）机制。QR机制起源于美国的纺织服装业，现已应用到世界各行各业。纺织服装产业集群要提高市场控制能力，必须要提高对市场的快速反应能力，建立柔性制造系统（FMS），以适应国际市场"小批量、多品种、高品质、快交货"的要求。这就要求要整合企业的信息技术和企业内部和外部资源，充分利用企业的内部网络，实现信息的垂直化和信息资源的共享，在各个制造环节，通过网络进行有效的连接，缩短整个制造的时间。二是要建立供应链管理（SCM）机制。无论是以生产企业为核心的推动式（PUSH）供应链，还是以顾客为驱动力的拉动式（PULL）供应链，都要对企业内部传统的管理模式的信息流、物流、工作流、资金流流程进行再造，充分运用企业资源计划（ERP）、加强客户关系管理（CRM）、利用计算机辅助设计（CAD）和成组技术（GT），进行精益生产（LP），在进行传统贸易的同时，利用电子数据交换（EDI）技术，全面开展无纸贸易的电子商务，提高企业核心竞争力。三是要建立集成化供应链管理（ISCM）机制。纺织服装产业集群不仅相关企业内部要组成供应链，而且纺织服装出口所涉及的供应商、生产商、物流商、中间商以及最终消费者组成的供需网络。在这个网络上的各个节点企业间，基于"竞争－合作－协调－多赢"理念，建立有效的合作机制、决策机制、激励机制和自律机制，实行分布企业集成和分布作业协调的运作模式，变竞争对手为合作伙伴，从而，纺织服装出口能在最短的时间内寻找最好的合作伙伴，用最低成本、最快的速度、最好的质量赢得国际市场，受益的不仅是一家企业，而是一个企业群体。因此，纺织服装出口既要加强横向一体化的联合，又要实行科工贸商集成化供应链管理，提高"中国制造"的竞争力。

（2）做好纺织服装区域品牌规划

区域品牌就是指一个地区区域特征和整体形象，是把一个区域和某类产品或产业联系在一起，形成具有一定区域特征的产业品牌。纺织服装区域品牌是在特定区域的社会经济发展中形成的，并与区域存在的独特资源、地理、经济、文化、生活习惯等相结合，是区域独特的生产要素在纺织服装产业发展中的综合体现。区域品牌的基本构成要素主要包括区域特征、品牌内涵和视觉标识等。从狭义概念来说，区域品牌特指某个地区的特色产业集群。区域品牌在性质上既具有产业集群的属性，以"所在区域＋特定产业"的方法，与其他区域产业区别开来，以刺绣为例，就有上海顾绣、苏州苏绣、广东粤绣、温州瓯绣、湖北汉秀、山东鲁绣、四川汴绣、湖南湘绣之分。区域品牌又具有品牌的识别性、资产性、竞争性的属性，有利于为区域经济的发展提供公共品牌效应，有利于为区域经济的发展提供集聚效应，有利于提高区域企业品牌、产品品牌的国际竞争力。

①战略定位

战略是指导或决定发展全局的策略。纺织服装区域品牌战略定位，就是将区域的产品、形象、品牌等目标市场消费者的头脑中占据有利的位置，它需要回答区域定位、产业定位、特色定位等问题。区域定位常常有两种方式，一种是行政区域定位，另一种是非行政区域定位。行政区域定位就是根据行政区划的层级而确定的区域定位方法，其区域品牌的区域与行政区划的某一层级的范围是一致的，如法国服装、意大利服装、中国丝绸就是按照国家级区划的区域品牌；沪派、粤派、闽派、苏派服装就是省（市）级行政化的区域服装品牌；杭派、汉派、甬派、温派服装就是地（市）级行政化的区域服装品牌；织里童装、大朗毛衫、新塘牛仔、嵊州领带则是行政区划更小的区域品牌。非行政区域定位的就是不根据行政区划的层级而确定的区域定位方法，其区域品牌的区域与行政区划的某一层级的范围是不一致的，如京派服装也称北派服装，就是以北京地区为代表，还涵盖了河南、河北、辽宁等北方地区，是一个跨地域的非行政区划的服装区域品牌，典型代表有山东诸城的男装、山东即墨的针织服装、河北清野的羊绒服装，还有北方皮革之都美誉的河北辛集等。

区域品牌的产业定位，也就是内涵定位。一是代表某一个区域优势产业的品牌，以浙江为例，海宁市的皮服、嵊州市的领带、萧山区的纺织、余杭区的布艺、杨汛桥镇的窗帘窗纱、织里镇的童装。这类区域品牌皆依托了一个优势产业。二是依托纺织服装科技、CBD、产业园区、纺织服装域优势产业集群而形成的区域品牌。区域品牌特色定位就是要提炼出区域品牌简练的、被大家所接受的独有的特征。以中国四大时尚流派为例，沪派服装尽显俏丽华贵、粤派服装突出女性柔婉、汉派服装讲究端庄大方、京派服装表现洒脱稳重。

②注册申报

国家大力扶植区域品牌建设，并确定了"试点先行、示范引领"的发展思路，加快培育一批知名度高、美誉度好、竞争力强、附加值高的区域品牌，树立一批取得经验和成果的区域品牌建设示范区，发挥示范带动效应。工业和信息化部2014年发布的《关于开展产业集群区域品牌建设试点示范工作的通知》指出，各级工业和信息化主管部门要加强政策和项目扶持，积极争取地方政府财政、税收等政策支持，在工业转型升级、技术改造和技术创新、标准制修订项目等方面，给予试点示范区域及有关企业倾斜扶持。申报要求实施主体条件明确。试点示范工作的组织实施单位主体为新型工业化产业示范基地、以工业为主的经济技术开发区、高新技术开发区及其他产业聚集区的行政管理机构；或具有明显产业聚集特征的市、县人民政府或行业协会。明确申报试点的区域需要具备三项基本条件：一是具备较好的质量品牌工作基础，近三年区域内未出现重特大质量安全、安全生产、环境保护和信誉损害等事故。二是重视工业质量品牌建设，承诺对区域品牌建设作出规划部署，成立相应机构，并对开展试点示范工作提供必要工作条件和经费支持。三是主导产业符合国家产业发展方向，出台了支持主导产业发展和加强质量品牌建设的政策措施，有支持企业提升质量品牌水平的资源和能力。

纺织服装区域产业集群和区域品牌要积极争取国家的政策和财税支持，要争取成为区域品牌培育示范区，申报要求围绕特色产业打造区域品牌。内容包括正式发布区域品牌发展战略，对区域品牌作出明确定位，相关政策、资金支持按计划落实到位；有条件的地区要为区域品牌设计品牌名称、品牌形象识别系统等，通过申报国家地理标志、集体商标、原产地注册、证明标志等集体品牌，依法保护区域品牌知识产权；建立完成品牌相关评价体系和制度，应至少包括以下五个关键指标：工业增加值率、以自主品牌销售产品比重（按销售收入计）、新产品产值率、采用国际先进标准的产品比重（按销售收入计）、品牌管理体系有效运行的企业比重、建立了区域品牌舆情监控系统并开展监控工作。至少组织完成了两次区域品牌宣传或营销活动，效果显著。关键指标与申报时的水平相比：工业增加值率提高2%以上；以自主品牌销售产品比重提高5%以上；新产品产值率提高3%以上；采用国际先进标准的产品比重提高3%以上；品牌管理体系有效运行的企业比重达到30%以上。

5.2.2 区域品牌培育

众所周知，区域品牌具有公共物品属性，属于集体性的公共品牌。在区域品牌培育过程中，政府、企业和行业协会等不同主体扮演的角色及参与程度不尽相同。一般来说，政府是区域品牌培育的主导者，行业协会是区域品牌培育的组织者和运营者，而行业龙头企业则是区域品牌培育的重要参与者。

为了加快工业转型升级、加强区域品牌建设，工业与信息化部决定组织产业集群区域品牌建设示范工作，通过试点先行、示范引领，发挥政府、行业、专业机构和广大企业主体的合力作用，统筹策划组织、协调政府资源、部署品牌建设，加快培育一批知名度高、美誉度好、竞争力强、附加值高的区域品牌，树立一批取得经验和成果的品牌建设示范区，发挥带动效应。工业与信息化部于2014年、2015年、2016年，先后分三批公示了共计72个区域品牌名单，其中纺织服装类有14个品牌上榜

（参见表5-5）。

表5-5　工信部公示的区域品牌和产业集群名单（纺织服装类）

批次	序号	组织实施单位	主导产业
第一批 （2014年）	1	清河县工业促进局	羊绒
	2	常熟市服装城管理委员会	秋冬装
	3	海宁经济开发区	皮革时装
	4	嵊州市人民政府	领带
	5	深圳市经济贸易和信息化委员会	时尚
第二批 （2015年）	1	南通市通州区人民政府	家纺
	2	温州市经济贸易和信息化委员会	服装
第三批 （2016年）	1	辛集皮革城制衣工业区管理委员会	皮革
	2	吴兴区人民政府	童装
	3	海阳市人民政府	毛衫
	4	德州市陵城区经济和信息化局	新型纺织
	5	长沙市开福区人民政府	湘绣
	6	新塘镇人民政府	牛仔服装
	7	即墨市人民政府	纺织服装

资料来源：工业与信息化部官网，http://www.miit.gov.cn/

（1）政府层面的培育

在区域品牌培育过程中，政府具有领先意识和强势能力，在建立集群的初期基本上就是由行政力量划定特别的地域，建设特色纺织服装产业园区，为区域品牌进行定位，然后制定规划目标，主导区域品牌的打造，确定集群的发展方向和特色，并推出一系列政策和措施，吸引在该行业的领军企业或大企业以及配套企业入驻；同时，加大区域品牌的宣传力度，提升区域形象知名度，促进区域品牌有序、可持续发展。政府在做好区域品牌统筹规划的同时，在区域品牌培育方面要做好如下工作。

①建立区域品牌的创新体系

创新是社会经济发展的动力，也是区域品牌建设的原动力。政府要努力建立区域品牌的创新体系，一是要出台优惠政策和奖励措施鼓励企业加大研发投入，提高创新意识，提升产品技术含量，为产品和区域品牌的成长奠定基础。二是设立技术开发中心，为集群内企业提供研究开发新品种、新型号、新花色等服务，为企业提供金融支持，加大项目扶持力度，积极鼓励企业实施各类科技项目。三是政府要为区域内的企业和科研院所搭桥牵线，帮助企业和科研院所共同培养急需的各类品牌和区域品牌发展的人才，协调科研院所和企业共同研发品牌和区域品牌发展的技术和成果。四是政府应利用自身信息优势，通过研究机构和高校为企业提供间接服务，推进协同创新，实现产学研的有效结合，促进企业技术及管理经验的提升。

②建立区域品牌运行体系

区域品牌运行体系是一套关于区域品牌建设、运作的流程及其实施细则，根据科学管理、规范管理的需要，流程及其实施细则要制度化、文件化。具体来讲，一是要协助行业协会制定产品的质量标准，并监督执行情况。二是要建立区域品牌资源共享的信息平台，建立和完善区域企业联盟协商机制，形成良好的竞合关系。三是简化办事程序，提供"一站式"服务，要为区域品牌创造良好的建设和成长氛围，保护区域品牌声誉不受损害。四是加大假冒伪劣产品的打击力度，反对不正当竞争，健全市场监督机制，建立公平公正的市场竞争环境，维护市场竞争环境。

③建立区域品牌营销体系

随着社会进步和科技发展，市场竞争越来越激烈，市场营销也就越来越重要了。在区域品牌建设和培育过程中，不仅区域内的企业要加强品牌营销，区域内的政府也要加强营销。具体来讲，一是政府应整体规划确立区域品牌政府营销活动，成立专门营销机构负责组织协调，形成"抱团"营销、协同营销机制。二是整合区内政府营销资源、打造协同平台，加强开展整合营销传播，大力推广区域品牌。三是可以综合利用国内外和省内外不同层次的媒体进行多方位的宣传，采取形式多样的传播渠道进行营销推广，宣传产业集群特色，扩大区域品牌影响力。四是区域政府要利用各种外出访问、政府接待等政务、商务活动，向国内外推介本地纺织服装品牌和产品。同时，地方政府的诚信度、办事效率也直接关系到地方产品品牌的诚信度。

④建立区域品牌的促进体系

政府要建立和完善品牌发展促进体系，一是要开展品牌评比认定活动，支持和引导做强企业品牌、产品品牌。二是设立"品牌发展专项资金"，支持引导自主品牌产品和企业提高自主研发和自主创新能力；支持商务领域内品牌建设活动，组织企业参加自主品牌展览、展示和推介，支持开展品牌宣传推广经验交流活动；支持品牌企业在国外注册商标、申请专利、获得国内外相关认证及应对知识产权纠纷。三是加大财税政策支持品牌企业增强国际市场开拓能力，支持自主品牌企业在国外投资建立和扩大加工、研发、生产、营销和售后服务体系，优先安排自主品牌产品和企业使用科技兴贸资金、产品研究开发资助及技改贷款贴息等专项资金，优先安排自主品牌产品和企业使用对外经济技术合作专项资金和境外经济贸易合作区发展资金。四是切实做好自主品牌知识产权保护工作，指导自主品牌企业做好知识产权纠纷的预警、起诉和应诉工作；组织开展知识产权保护专项活动，重点打击假冒侵权行为，不断加大品牌保护的执法力度。五是组织高校和各类教育机构为区域品牌建设培养人才，提供智力支持。

（2）行业协会层面的培育

在区域品牌建设过程中，各级纺织工业联合会、服装协会、纺织进出口商会等行业协会（商会）扮演着极其重要的角色。各种行业协会是区域品牌形成的经营与管理者。商会和各种行业协会等中介组织在区域营销活动和区域品牌的构建中承担推动者角色。通过专业化功能建立区内企业产品目录、推动专业市场的建立、制定区内行业标准和区域品牌的运行规范，促进区域品牌做大做强。下面着重讨论行业协会的组织职能、协调职能、服务职能。

①发挥组织职能

各类协会要主动承担区域品牌的建设责任，既要主动与政府有关部门沟通，又要积极组织区内企业参与区域品牌建设，肩负有策划、建设、重塑、治理区域品牌的责任，组织各方面的力量共同制定区域品牌发展规划以及共同行动纲领和行为规范；组织成立纺织服装企业联盟，争取设立区域品牌发展基金；组织企业强强联合，组建具有国际竞争力的纺织服装跨国集团，形成区域品牌的龙头企业；组织企业参加广交会、时装博览会、新品展示会、新闻发布会、招商洽谈会及业内各种国际赛事活动。

②发挥协调职能

各类协会是行业整体的代表，要正确处理和协调各类关系，特别是要正确处理和协调好政府与企业之间的关系、银行与企业之间的关系、企业与企业之间的关系，企业与媒体之间的关系，以及企业与外部供应商、客户之间的关系，为企业排忧解难，以便优化资源配置、提高运作效率、减低经营成本，促进区域品牌与企业品牌的内生性发展、生态性发展。

③发挥服务职能

各类协会要向会员单位及时收集市场各种信息，并为会员单位提供商务、技术等多方面的咨询服务；吸引更多的企业加入联盟，扩大区域知名度；服务企业开展质量认证和质量检测活动，制定实施行业技术标准，促进企业发展及产业集群壮大的同时提升区域品牌的知名度；服务企业进行技术创新和成果转化，提高产品的质量及技术含量，使产品更具有市场竞争力，促进企业品牌的建立和成长；服务企业开展专题讲座、人员培训、院校进修等活动，给企业和科研院所牵线搭桥，为企业提供智力支持；服务企业开展展会促销、跨境电商、国际品牌营销；服务企业进行品牌注册、知识产权保护，为"两反一保"提供法律援助；充分反映企业的诉求，充分保障会员的权益，促进区域品牌与企业品牌的健康发展。

（3）企业层面的培育

企业是社会经济的细胞，也是区域品牌建设的重要主体，其既是区域品牌的建设者，同时也是区域品牌的受益者。区域品牌与企业品牌的关系是相互支持、彼此依存的关系。一方面区域品牌作为一种无形资产、公共资源，是众多企业品牌、产品品牌的浓缩与升华，另一方面，企业品牌也需要区域品牌作为后盾为其提供开拓市场的提供帮助。因此，企业不仅要积极参与区域品牌建设，还要在区域品牌规划下大力加强企业品牌建设。下面着重从供给侧的角度研究如下问题。

①更新技术设备

我国纺机属于20世纪80年代或70年代水平的棉纺设备仍有三分之二。我国毛纺和印染行业仅有10%的设备达到国际先进水平。根据纺织业"调整与振兴发展规划的要求，通过加强自主研发和引进消化国际先进技术，实现具有自主知识产权的新型纺织机械技术的重大突破，加快纺织机械技术装备自主化。国产纺织机械市场占有率由目前的60%提高到70%；通过增加精梳机、自动络筒机、无梭织机等先进设备的比重，提高纺织产品档次；通过有较高的速度、较高的机械可靠性与稳定性、运转效率的机械，提高纺织品的产量和质量；通过低能耗、低污染，物料消耗少和减少用工的先进纺织机械，降低生产成本，提高生产率，使之符合设备高速化、自动化、工序连续化、低碳环保的发展方向。

②提高生产工艺水平

纺织服装企业要掌握柔性化制造技术，纺纱、织布、印染、制衣各环节要提高电脑过程控制系统和电脑辅助设计系统拥有率。要加强复合纤维、改性纤维、智能纤维、高仿真纤维、特殊功能纤维等新产品研究开发，要革新面料、辅料、纺织服装的工艺流程，要加强化纤、纺机等缺乏拥有自主知识产权领域的技术开发。

③加快产品升级换代

无论是纺织品出口，还是纺织服装国际化经营，一方面要加快新产品开发，以适应国际市场目标消费群日益变化和发展的需要；另一方面，要提高产品技术含量和附加值，实现产品结构的"五大转变"，即由主要出口衣着用布向工业用布、装饰用布转变；由主要出口纤维、纱、面料向纺织服装转变；由主要出口定牌纺织服装向品牌纺织服装转变；由主要出口休闲纺织服装向西装、时装转变；由主要出口单个纺织服装品牌向区域纺织服装品牌转变。

④提高产品的质量

质量是产品的基石，一流的质量是赢得消费者信赖的基础。质优价廉的商品易于获得消费者青睐，消费者对商品的高评价可以提升产品的知名度，增加企业的销售量进而创造更多的利润。为此，企业要制订行业标准，严把质量关，提高产品的质量，赢得良好信誉，维护产品、企业及区域品牌形象。

5.2.3 区域品牌国际化

我国纺织服装企业大多属于"橄榄型企业"，要形成做大、做强的品牌之势，要坚定进行自主品牌国际化经营。区域品牌国际化就是帮助企业品牌国际化的有效路径和策略。

（1）4Ps 和 4Cs

营销组合是美国营销专家鲍敦于 1964 年提出的概念，是指企业综合运用并优化组合多种可控因素，以实现其营销目标的活动总称。这些可控因素后来被麦卡锡归并为 4Ps，即 product（产品）、price（价格）、place（地点）、promotion（促销），从此，4Ps 便成为营销的通用词汇。4Cs 营销理论是美国学者劳特朗教授 1990 年提出的新的营销理论，它以消费者需求为导向，重新设定了市场营销组合的四个基本要素：即消费者（customer）、成本（cost）、便利（convenience）和沟通（communication）。

它强调企业首先应该把追求顾客满意放在第一位,其次是努力降低顾客的购买成本,然后要充分注意到顾客购买过程中的便利性,而不是从企业的角度来决定销售渠道策略,最后还应以消费者为中心实施有效的营销沟通。

研究表明,在国际品牌营销过程中,4Ps 与 4Cs 不是互相取代,而是相互补充的关系,即 customer 意指用"需求"取代"产品",要先研究顾客的需求与欲望,然后再去生产、经营和销售顾客确定想要买的产品;cost 意指用"成本"取代"价格",要尽快快了解顾客满足其需要与欲求所愿意付出的成本,再去制定定价策略;convenience 意指用"便利"取代"地点",应尽量让顾客方便地购买、使用商品;communication 意指用"沟通"取代"促销","沟通"是双向的,"促销"无论是推动策略还是拉动战略,都是线性传播方式。

①4Ps

按照市场营销 4Ps 理论,区域品牌国际化的产品策略,就是区域内的纺织服装企业要注重纺织服装出口的供给侧结构改革和治理,遵照国务院办公厅《关于开展消费品工业"三品"专项行动营造良好市场环境的若干意见》,工业和信息化部、中国纺织工业联合会、中国轻工业联合会相关负责人对《关于开展消费品工业"三品"专项行动营造良好市场环境的若干意见》,《纺织工业"十三五"发展规划》也明确坚持"三品"战略,即创品牌、增品种、提品质。"创品牌"就是要加强品牌国际化建设,调整国际品牌定位,加强品牌的形象塑造、宣传和推广、注重品牌的国际注册、利用和延伸,实现由纺织服装贴牌产品出口,向自主品牌出口的转变,实现由单个企业品牌营销向区域产业集群的品牌簇群转变。"增品种"就是要不断增加纺织服装的出口的花色品种,主要包括提高创意设计水平、增加高技术含量、高附加值的产品出口,增加中高端纺织品、服装的出口,增加民族特色的纺织品、服装出口,增加工业纺织品、医用纺织品、航空纺织品的出口。"提品质"主要包括开展国际对标、加强质量精准化管理、推进 ISO 9000、SA 8000、Oeke-Tex Standard 100 等标准的质量检验检测和认证,提供满足国际市场需要的、适销对路的产品。创品牌主要包括提高品牌竞争力、培育知名品牌、完善品牌服务体系、推进品牌国际化等。

按照市场营销 4Ps 理论,区域品牌国际化的价格策略就是区域内的纺织服装企业要在国际市场营销过程中,在贯彻平等互利的原则下,根据国际市场价格水平，结合国别（地区）政策，并按照相应购销意图确定适当的价格。区域品牌旗下的企业要力戒"低价竞销"行为，纺织服装出口对外报价，不仅仅要考虑到企业的成本、费用、利润，还必须"一致对外"，兼顾区域内、国内同行的对外报价，这既是防范反倾销贸易摩擦的需要，也是区域品牌国际营销的需要，同时还是提高出口企业效益、区域效益和国家效益的需要。

按照市场营销 4Ps 理论，区域品牌国际化的分销策略，区域纺织服装企业要在有关部门、行业协会的统一部署、协调下，积极构建国际直接分销渠道和间接分销渠道。特别要向国际知名纺织服装品牌学习，根据纺织服装全球价值链理论，把"微笑曲线"向右上方拉升，向国外目标市场上的服装批发、服装零售业延伸，向 ZARA、H&M、GAP、优衣库等国际知名品牌学习，积极扩大自主品牌宣传、要重视国际市场终端的专柜、专卖店、连锁店的布局、建设和管理，大力发展电子商务，建立线上线下的销售终端，直接与国外广大的消费者构建一个完整的国际分销网络和价值链。

按照市场营销 4Ps 理论，区域品牌国际化的促销策略，就是区域内的纺织服装企业要注重纺织服装品牌的促进销售，一方面要加强国际人员推销，派出或委托外销人员、推销小组、工作团队，向国际市场顾客（包括中间商和用户）介绍、宣传、推销产品，特别是要开展国际大客户营销、一对一营销，争取更多的国际客户和订单。另一方面要通过营业推广、商业广告加强非人员推销，同时，还要加强庆典、记者招待会、时尚发布会、时装博览会等日常的公共关系和专题公共关系活动，进一步提升企业品牌、产品品牌在国际上的知名度、美誉度、信赖度和忠诚度。

②4Cs

按照市场营销 4Cs 理论，区域品牌国际营销要坚持顾客（Customer）导向，树立"顾客至上"的营销观念，以满足国际市场顾客需求、增加顾客价值为企业经营出发点，在经营过程中，要注意做好顾客的消费能力、消费偏好以及消费行为的调研和分析，根据顾客需要进行产品开发和营销手段的创新，动态地适应顾客需求，不仅要满足顾客的需要，还要努力地使顾客满意。区域品牌国际营销要注重顾客的成本（Cost）预算，首先了解消费者满足需要与欲求愿意付出多少钱，也就是顾客的购买资金成本，而不是先给产品定价向消费者要多少钱。这也就是说，纺织服装出口企业不要仅从生产者、出口者的角度进行"会计定价",还要从目标群体的愿意付出的成本、进行"市场定价"。区域品牌国际营销要满足顾客便利（Convenience）的需求,不仅在产品设计、生产时应考虑到如何方便顾客使用、携带,而且还要考虑到顾客的时间成本,尽量把店铺开在消费者工作、生活的附近区域,或者开通网上购物平台,以便消费者选购,在商店的设计和布局上要方便消费者进出店,方便消费者参观、浏览、挑选,还要方便消费者付款结算。区域品牌国际营销要与顾客保持双向沟通（Communication）,纺织服装企业不是单向的促销和劝导顾客,而是在双方的沟通中找到能同时实现各自目标的通途,要与顾客建立基于共同利益的新型关系。纺织服装品牌国际营销要与消费者进行沟通,提供包括向消费者提供有关商店地点、商品、服务、价格等方面的信息;影响消费者的态度与偏好,说服消费者光顾商店、购买商品;在消费者的心目中树立良好的企业形象,确定国际市场的比较优势和竞争优势。

（2）新的 4Ps 和 4Cs

众所周知,从营销组合策略的角度讲,4Ps 和 4Cs 是产品营销理念发展的不同阶段,4Ps 是以卖方为中心,4Cs 是以买方为中心。但 4Cs 理论发展不够完备,有被动适应顾客需求的不足。为了更好地在国际市场上开展纺织服装品牌营销,与国际上的渠道成员和消费者建立互动关系、关联关系、双赢关系,本团队提出了新的 4Ps 和 4Cs,创造性地扩展了营销理论内容。

①新的 4Ps

本团队研究认为,区域品牌国际营销不仅需要 4Ps,还需要新的 4Ps,即品牌规划（Plan）、品牌定位（Position）、品牌宣传（Propagandize）、品牌推广（Popularize）。区域品牌规划是一个系统工程,要从区域品牌的战略高度,从影响品牌的宏观、微观生态要素出发,建立一种系统、深层次、全方位、互动的品牌管理体系,也就是品牌生态系统。区域品牌规划不仅要构造区域内部品牌系统,强调区域内同一层次的品牌之间、不同层次的品牌之间的相互竞争又相互协同的关系,还要精心地组建与国外供应商、分销商、消费者相互关联、相互促进的品牌群来创造可持续的竞争优势,建立一种和谐共生的关系,在国际上塑造区域纺织服装的知名品牌形象。区域品牌定位是市场定位的核心和集中表现,就是充分体现区域品牌的独特个性、差异化优势,着力提炼 USP（独特的卖点）,

使国外潜在顾客能够对该品牌产生正确的认识，进而产生品牌偏好和购买行动。区域品牌宣传要本着"互联互通、资源共享、合作共赢"的原则，区域内的企业要利用传统媒体、新媒体在"一带一路"沿线国家、在欧美目标市场进行广告宣传、形象推广，形成宣传联盟的协同效应。区域品牌推广要组织区内企业在国际目标市场进行广告宣传，还要大力加强人员推销、国际展会营销、门店促销、网上营销，努力提高区域品牌的知名度、美誉度和特色度，努力提高品牌产品的销售增长率和市场占有率。

②新的 4Cs

本团队研究认为，区域品牌国际营销不仅需要 4Cs，还需要新的 4Cs，即加强品牌建设（Constructing）、凸显品牌文化（Culture）、注重品牌创新（Creation）、提升品牌信誉（Credit）。加强区域品牌建设的核心就是提升区域品牌知名度，关键是围绕区域品牌识别、品牌架构、品牌延伸、品牌资产四条主线做好品牌的策划、执行、推广、评估、调整等工作。凸显品牌文化就是要突出区域品牌人的价值高于物的价值；共同价值高于个人价值；社会价值高于利润价值；客户价值高于生产价值的"四个高于"的经营理念和价值观，让品牌文化形成超越民族、超越国界的独特魅力，使品牌深入人心

21 世纪是一个以创新为特征的新经济时代，创新是一个民族的灵魂，是一个国家兴旺发达的不竭动力。注重品牌创新就是要求区域品牌不断地与时俱进、协同创新，不断提升品牌的竞争力。以深圳内衣为例，2015 年深圳年产各类内衣 8 亿件，目前规模以上内衣企业近 400 多家，内衣产值高达 400 多亿元，占全国 18%。深圳市确定了"深圳内衣，舞动世界"的发展目标，启动了"4＋1"创新工程，"4"就是由深圳市经信委、科创委、光明新区、福田区等部门扶持推动，深圳市内衣行业协会创办"魅力东方"中国国际内衣创意设计大赛、举办"安莉芳"中国国际居家衣饰原创设计大赛、构建深圳市心衣内衣创新研发中心、搭建深圳市尚源内衣众创空间；"1"就是为深圳衣合联盟内衣产业基金有限公司首期注入 1 亿元的产业基金，为创新平台构建、创新项目研发、创新成果转化、创新品牌孵化提供资金支持。

信誉是金，信誉是"最好的竞争手段"。区域品牌国际化要不断提升品牌信誉。市场经济就是信用经济，诚信为本是市场经济基本准则。在国际营销过程中，区域内的企业"重合同，守信用"是一种基本行为准

则，"言必信、行必果"也是企业参与国际分工和国际市场交换的道德要求，品牌营销管理一方面要尊重有关"承诺"的国际惯例，提高履约率，并努力让客户感到满足和满意；另一方面要加强客户管理（CRM），注重信用调查，反欺诈、防范信用风险。

参考文献

1 外文资料

1. Thomas L. Friedman. The World Is Flat [M]. Farrar, Straus and Giroux, 2006 2

2. Pietra Rivoli. The Travels of a T-Shirt in the Global Economy [M]. John Wiley & Sons, 2009. 3

3. Al Ries, Jack Trout. Repositioning Marketing [M]. Prentice Hall, 2011. 2

4. Viktor Mayer-Schonberger, Kenneth Cukier n. Big Data: A Revolution That Will Transform How We Live, Work and Think [M]. Hodder & Stoughton, 2013. 10

5. United Nations. World Investment Report Global Value Chains: Investment and Trade for Development [M]. United Nations, 2015. 7

2 中文发展报告类

1. 工信部. 纺织工业发展规划（2016—2020 年）http://www.miit.gov.cn/

2. 工信部. 纺织工业"十三五"发展规划 [EB]. 中国纺织工业联合会 http://xiehui.ctei.cn/

3. 中国纺织联合会. 中国服装家纺自主品牌发展报告 2013 [M]. 北京：中国纺织出版社，2013 年版

4.《中国纺织行业品牌发展报告》编委会. 中国纺织行业品牌发展报告 2015 [M]. 北京：中国纺织出版社，2015 年版

5. 中国服装协会. 中国服装行业发展报告（2013/2013）[M]. 北京：中国纺织出版社，2013 年版

6. 中国服装协会.中国服装行业发展报告（2013/2014）［M］.北京：中国纺织出版社，2014 年版

7. 中国服装协会.中国服装行业发展报告（2014/2015）［M］.北京：中国纺织出版社，2015 年版

8. 中国服装协会.中国服装行业发展报告（2015/2016［M］.北京：中国纺织出版社，2016 年版

9. 中国纺织品商会.中国纺织品服装对外贸易报告（2012/2013）［M］.北京：中国纺织品商会，2013 年版

10. 中国纺织品商会.中国纺织品服装对外贸易报告（2013/2014）［M］.北京：中国纺织品商会，2014 年版

11. 中国纺织品商会.中国纺织品服装对外贸易报告（2014/2015）［M］.北京：中国纺织品商会，2015 年版

12. 中国纺织工业联合会.中国纺织工业发展报告（2012/2014）［M］.北京：中国纺织出版社，2013 年版

13. 中国纺织工业联合会.中国纺织工业发展报告（2013/2014）［M］.北京：中国纺织出版社，2014 年版

14. 中国纺织工业联合会.中国纺织工业发展报告（2014/2015）［M］.北京：中国纺织出版社，2015 年版

15. 中国纺织工业联合会.中国纺织工业发展报告（2015/2016）［M］.北京：中国纺织出版社，2016 年版

16. 夏春玲、刘霞玲等.宁波纺织服装产业发展报告（2013/2014）［M］.北京：中国纺织出版社，2014 年版

17. 首都服饰文化与服装产业研究基地.北京服装产业发展研究报告（2005－2014）［M］.北京：中国纺织出版社，2016 年版

18. 中国常熟男装指数编制发布中心.中国男装产业发展报告（2016）［M］.北京：中国纺织出版社，2016 年版

19. 广东省服装服饰行业协会.广东服装行业"十三五"发展规划报告［M］.北京：中国纺织出版社，2016 年版

20. 夏春玲、魏明等.宁波纺织服装产业发展报告［M］.北京：中国纺织出版社，2016 年版

21. 中国自主品牌发展调研报告课题组.2015 中国自主品牌发展调研报告（摘编）［J］.人民论坛，2015（04）

22. 中国纺织工业联合会.2016/2017 中国纺织工业发展报告［M］.

北京：中国纺织出版社，2017 年版

23. 钱明辉、谭新政. 2016 中国品牌发展报告：中外百年品牌发展比较 [M]. 北京：知识产权出版社，2016 年版

24. 王辉耀、苗绿. 中国企业全球化报告（2016）[M]. 北京：社会科学文献出版社，2016 年版

25. 李永全. "一带一路"建设发展报告（2016）[M]. 北京：社会科学文献出版社，2016 年版

3　中文专业书籍类

1.（法）斯蒂芬妮·博维希尼. 路易·威登：一个品牌的神话 [M]. 北京：中信出版社，2006 年版

2.（美）艾·里斯、杰克·特劳特. 定位 [M]. 北京：机械工业出版社，2010 年版

3.（日）柳井正. 一胜九败——优衣库风靡全球的秘密 [M]. 北京：中信出版社，2011 年版

4.（美）朗恩·萨福科. 互联网时代营销圣经 [M]. 北京：人民邮电出版社，2015 年版

5.（美）鲍勃·罗德、雷·维勒兹. 大融合：互联网时代的商业模式 [M]. 北京：人民邮电出版社，2015 年版

6.（英）玛尼·弗格. 时尚通史 [M]. 北京：中信出版社，2016 年版

7.（美）皮厄特拉·里佛利. 一件 T 恤的全球经济之旅 [M]. 北京：机械工业出版社，2016 年版

8.（日）冈崎茂生. 中国品牌全球化 [M]. 北京：中国传媒大学出版社，2016 年版

9. 魏杰. 中国造：从中国制造到中国创造 [M]. 北京：中国发展出版社，2005 年版

10. 李兴浩. 品牌公理 [M]. 上海：东方出版社，2007 年版

11. 程文超. 品牌启示录—中国服饰品牌运营圣经 [M]. 北京：机械工业出版社，2007 年版

12. 邬关荣. 加工贸易升级转型研究—以服装产业为例 [M]. 北京：经济科学出版社，2007 年版

13. 张燕生、王海峰. 2007 后中国纺织服装贸易的对策选择 [M]. 北京：中国商务出版社，2007 年版

14. 沈玉良、孙楚仁、凌学岭. 中国国际加工贸易模式研究 [M]. 北京：人民出版社，2007 年版

15. 林毅夫. 经济发展与转型 [M]. 北京大学出版社，2008 年版

16. 董惠梅. 中国企业国际化区位选择影响因素及模式研究—以中国羊绒企业为例 [M]. 北京：知识产权出版社，2008 年版

17. 蒋智威、万艳敏等. 服装品牌营销案例集—集团篇 [M]. 上海、东华大学出版社，2008 年版

18. 葛星、汪建斌、赵静. 快胜—ZARA 极速盈利模式. [M]. 北京：清华大学出版社，2008 年版

19. 中国社科院人力资源研究中心. 世界名牌的中国式"基因"—波司登的成功之道 [M]. 北京：中国社会科学出版社，2009 年版

20. 吴敬琏. 中国增长模式抉择 [M]. 上海：上海远东出版社，2009 年版

21. 熊爱华. 区域品牌培植模式比较研究 [M]. 北京：中国财政经济出版社，2009 年版

22. 苏溢波. 雅戈尔非凡崛起 [M]. 浙江人民出版社，2010 年版

23. 张神勇. 中国纺织工业出口依存度研究 [M]. 上海：上海人民出版社，2010 年版

24. 马海燕. 中国服装产业国际竞争力研究 [M]. 武汉：中国地质大学出版社，2010 年版

25. 尤晨. 闽派服装产业区域品牌发展研究 [M]. 北京：人民邮电出版社，2010 年版

26. 刘元风等. 我们离世界服装品牌有多远 [M]. 北京：中国纺织出版社，2011 年版

27. 蒋智威、万艳敏等. 服装品牌营销案例集—国际篇 [M]. 上海、东华大学出版社，2010 年版

28. 金伯扬. 世界工厂的品牌突围：从中国制造到中国创造 [M]. 中国经济出版社，2012 年版

29. 曹冬岩. 我国服装品牌培植模式的探索与实践 [M]. 北京：人民出版社，2012 年版

30. 曲建、王子先. 基于全球价值链角度的中国加工贸易转型升级

[M]. 中国经济出版社，2012 年版

31. 真柏、星旻. 路易·威登的中国传奇 [M]. 杭州：浙江人民出版社，2012 年版

32. 张毅. 全球产业结构调整与国际分工 [M]. 北京：人民出版社，2012 年版

33. 黄先海. 中国纺织服装出口结构与市场秩序优化研究 [M]. 北京：经济科学出版社，2013 年版

34. 熊爱华. 品牌生态系统协同进化研究 [M]. 北京：经济科学出版社，2013 年版

35. 孙治宇. 全球价值链分工与价值链升级研究 [M]. 北京：经济科学出版社，2013 年版

36. 胡左浩、陈曦、杨志林. 中国品牌国际化营销前沿研究 [M]. 北京：清华大学出版社，2013 年版

37. 蒋廉雄. 中国自主品牌的基本战略：基于珠三角地区的研究 [M]. 北京：中国社会科学出版社，2013 年版

38. 胡左浩、陈曦等. 中国品牌国际化营销前沿研究 [M]. 北京：清华大学出版社，2013 年版

39. 韩中和. 中国企业品牌国际化实证研究 [M]. 上海：复旦大学出版社，2014 年版

40. 李光斗. 插位：颠覆竞争对手的品牌营销新战略 [M]. 北京：机械工业出版社，2014 年版

41. 王雷. 全球价值链下纺织业集群创新模式研究 [M]. 北京：企业管理出版社，2014 年版

42. 黄晓丽. 路易·威登的中国传奇 [M]. 长春：吉林出版集团有限责任公司，2014 年版

43. 胡大力. 全球价值链分工下的中国代工企业品牌升级研究 [M]. 北京：经济科学出版社，2014 年版

44. 陈义方. 纺织大国崛起历程—中国纺织工业 70 年 [M]. 北京：中国纺织出版社，2015 年版

45. 张宇燕. TPP 文本解读 [M]. 北京：中国社会科学出版社，2015 年版

46. 陈柳. 跨国公司市场进入与中国培育自主国际品牌研究 [M]. 北京：经济科学出版社，2015 年版

47. 黄永春. 中小企业自主品牌成长路径与政策扶持工具 [M]. 北京：科学出版社，2016 年版

48. 吴海弘. 服装品牌营销攻略 [M]. 上海：东华大学出版社，2016 年版

49. 朱秋城. 跨境电商 3.0 时代 [M]. 北京：中国海关出版社，2016 年版

50. 胥琳佳. 品牌形象的国际化传播 [M]. 北京：人民日报出版社，2016 年版

51. 危华. 我国服装产业国际市场势力构建研究 [M]. 杭州：浙江大学出版社，2016 年版

52. 陈威如、丁远 等. 全球化之路：中国企业跨国并购与整合 M]. 北京：中信出版集团，2017 年版

53. 牛继舜、曹可心等. 服装品牌国际化 M]. 北京：经济日报出版社，2017 年版

54. 刘畅. 时尚产业价值链增值能力研究：以服装产业为例 [M]. 北京：经济管理出版公司，2017 年版

4　中文期刊文章类

1. 习近平. 浙江培育和发展自主品牌的调查与思考 [J]. 经济管理，2006（17）

2. 黄立新. MFA、ATC、TBT 对中国纺织品服装贸易的影响 [J]. 纺织科学研究，2002（02）

3. 夏先良. 中国企业从 OEM 升级到 OBM 的商业模式抉择 [J]. 财贸经济，2003（09）

4. 周菲. 中国企业的品牌国际化模式及启示 [J]. 对外经贸实务，2004（06）

5. 彭育园. 湖北省纺织服装进入欧美市场的出口对策 [J]. 统计与决策，2005（19）

6. 程惠芳、余杨. "走出去"战略与中国纺织服装业 [J]. 国际贸易问题，2005（05）

7. 华珊、郭宏钧、袁慧丰. 我国纺织工业实施"走出去"战略的思考 [J]. 纺织导报，2005（05）

8. 宋志勇．促进加工贸易转型升级的对策［J］．国际贸易，2005（08）

9. 朱玉荣．我国纺织服装企业国际化经营的策略选择［J］．边疆经济与文化，2006（02）

10. 游丽．金融危机对我国纺织服装出口企业影响及应对措施［J］．中国乡镇企业会计．2009（04）

11. 王春、赵宏、马涛．中国纺企从"走出去"到"融进去"［J］．WTO 经济导刊，2006（05）

12. 毛小红．从"中国制造"到"中国创造"的品牌建设之路［J］．国际商务，2006（05）

13. 郑苗秧．我国服装企业品牌企业国际化之对策［J］．东华大学学报（社会科学版），2006（09）

14. 郑宝银．加快我国加工贸易转型升级的政策调整［J］．国际贸易问题，2006（10）

15. 程建平．品牌—名牌—贴牌—砸牌［J］．中国经贸导刊，2006（10）

16. 叶国荣、易开刚．我国服装企业实施名牌战略的对策研究［J］．集团经济研究，2006（12）

17. 朱艳红、刘佳．浅谈 OEM 企业自创品牌存在的误区及对策分析［J］．当代经理人，2006（21）

18. 殷格非、崔征．自主品牌走向国际品牌之路—专访爱慕内衣董事长张荣明［J］．WTO 经济导刊，2007（03）

19. 吴少平．中国企业"走出去"的国际视角［J］．首都经贸大学学报，2007（04）

20. 袁小军．我国纺织服装制品出口竞争力的 SWOT 分析［J］．科技创业，2007（01）

21. 邢学杰．我国企业"走出去"战略的实施分析［J］．现代商贸工业，2007（08）

22. 叶红青．我国纺织服装业适时"走出去"战略［J］．企业活力，2007（10）

23. 方晨靓．我国纺织品服装出口"贫困化增长"倾向的实证分析［J］．国际贸易，2008（03）

24. 郭燕．改革开放 30 年中国纺织品服装出口贸易发展阶段分析

[J]．纺织导报，2008（06）

25．王婉芳．我国纺织服装出口的价值链分析与竞争力提升［J］．纺织导报，2008（06）

26．阮喜珍．武汉服装品牌企业国际化的对策分析［J］．对外经贸实务，2010（01）

27．陈华、依文．自主品牌正当年［J］．中国制衣，2009（04）

28．陈万卷、唐华．湖北纺织服装出口应加快实现弯道超越［J］．对外经贸实务，2009（05）

29．张燕芳．中美纺织服装贸易的现状分析［J］．对外经贸实务，2009（07）

30．杨永清．探求传统纺织服装出口企业的转型之路［J］．外经贸实务．2009（08）

31．王春艳、余晓泓．美国次贷危机对中国纺织服装出口企业的启示［J］．经济研究导刊．2009（09）

32．杨楠楠．李宁国际化战略的竞争环境分析［J］．管理观察，2009（09）

33．刘亚菲．金融危机背景下纺织服装出口的探讨［J］．现代商业，2009（21）

34．范莎莎．中美纺织品贸易摩擦对我国纺织出口贸易的影响［J］．现代商业，2010（29）

35．谢登科、明金维．改革警示与奋起—中国自主品牌忧思录［J］．中国品牌，2011（01）

36．谢小宇、徐奇梁．自主品牌企业的国际营销战略研究［J］．福建论坛，2011（02）

37．杜钰洲．注重纺织服装品牌生态［J］．东方企业文化2011（07）

38．陈虹、叶云霞．我国纺织服装出口国际竞争力的实证研究［J］．企业管理2012（04）

39．陈红、石恋．我国纺织服装出口国际竞争力的实证研究［J］．中小企业管理，2012（04）

40．袁燕．江苏企业自主品牌创建与管理的深层次思考［J］．江苏商论，2012（04）

41．吴少华．我国中小企业自主品牌建设研究［J］．经济纵横，2012（05）

42. 乌妹、张向前. 我国服装业国际竞争力研究［J］. 经济问题探索，2012（07）

43. 于君英、杨以雄、杜芹平. 中观视角服装品牌价值评价及其比较研究［J］. 纺织学报，2012（08）

44. 孙慧扬. 中美纺织服装外贸基于引力模型的研究［J］. 国际纺织导报，2012（09）

45. 汤碧、陈莉莉. 全球价值链视角下的中国加工贸易转型升级研究［J］. 国际经贸探索，2012（10）

46. 阮鹏飞. 雅戈尔全球价值链整合战略及其优化［J］. 中国集体经济. 2012（15）

47. 梁媛媛. 全球价值链视角下纺织产业升级的路径选择［J］. 中国商贸，2012（23）

48. 吴爱芝、李国平、孙铁山. 中国纺织服装产业的区位迁移［J］. 地理科学进展，2013（02）

49. 徐海燕. 快速响应型服装供应链的实现机制研究［J］. 中国商贸，2013（07）

50. 任新亭、吴建秋等. 浙江服装企业自主品牌运营模式研究［J］. 经营与管理，2013（10）

51. 王飞、王一智. 我国纺织和服装业增加值出口能力分析［J］. 国际贸易问题. 2013（11）

52. 郑甘澍、蔡宏波. 基于国家贸易生态位的国际竞争力实证分析［J］. 国际贸易问题，2013（12）

53. 周运宝、我国纺织服装出口企业变革之路［J］. 对外经贸实务 2013（11）

54. 周浪、刘志迎. 全球价值链下中国纺织服装业的升级模式研究［J］. 重庆与世界. 2013（12）

55. 张庆辉. "丽媛 Style"对自主品牌有何启示［J］. 中国经济周刊，2013（12）

56. 周光明. 西部羊绒业自主品牌竞争力研究［J］. 中国流通经济，2013（12）

57. 姚陕军. 入世对中国纺织服装外贸企业提升核心竞争力的启示［J］. 当代经济，2013（23）

58. 陈梦萍、蒋晓文. 中国服装品牌价值评估模型的研究［J］. 国际

纺织导报，2014（01）

59. 李琦. 关于我国纺织业国际竞争力的研究［J］. 商，2014（03）

60. 李创. 基于价格视角的中印纺织品国际竞争力研究［J］. 纺织导报，2014（03）

61. 柯宗俊. 基于我国服装出口自主品牌国际化战略的研究［J］. 武汉纺织大学学报，2014（05）

62. 张红明、杨晓燕. 中国企业跨国品牌收购——模式与路径研究［J］. 国际贸易探索，2014（08）

63. 刘珺. 服装自主品牌创建路径研究——以江苏服装业为例［J］. 市场周刊，2014（10）

64. 慕希叶. 我国服装自主品牌的国际化战略分析［J］. 经营管理者，2014（10）

65. 王飞、郭孟珂. 我国纺织服装业在全球价值链中的地位［J］. 国际贸易问题. 2014（12）

66. 闫明杰. 自主品牌战略与企业国际竞争力的耦合研究［J］. 科学管理研究，2014（17）

67. 白树强、郭明英、程健. TPP 对中国纺织服装贸易竞争力的影响［J］. 管理现代化，2015（02）

68. 刘尧飞、杨莹、张薇. 后危机时代我国纺织品出口困境与发展对策［J］. 武汉纺织大学学报，2015（01）

69. 宋爱锋. 自主创新、自主品牌的国际贸易效应分析［J］. 产业与科技论坛 2015（06）

70. 李国忠. 绿色贸易壁垒对中国纺织品服装出口的影响及策略研究［J］. 中国商论，2015（20）

71. 范燕. OEM 服装业的自主品牌战略研究［J］. 商场现代化，2015（27）

72. 董超. "中国制造"面临的国际挑战和对策［J］. 国际贸易，2015（04）

73. 周易思弘. 新常态下中国纺织工业品进出口新趋势与新对策［J］. 对外经贸实务，2015（07）

74. 刘海云、毛海鸥. 基于"GVC 地位指数"的实证分析［J］. 国际经贸探索，2015（08）

75. 黎峰. 全球价值链下的国际分工地位：内涵及影响因素［J］. 国

际经贸探索，2015（09）

76. 倪武凡、冯丹. 我国纺织服装外贸竞争力分析及提升策略[J]. 武汉纺织大学学报，2016（05）

77. 王健、巨程晖. 互联网时代的全球贸易新格局：普惠贸易趋势[J]. 国际贸易，2016（07）

78. 石洁. 全球价值链治理模式研究［J］. 财会通讯，2016（07）

79. 王岚. TPP原产地规则对亚太纺织服装贸易格局的影响［J］. 财贸经济，2016（08）

80. 陈媛媛、杜睿. 中国非自主品牌服装出口企业出口现状研究[J]. 商场现代化，2016（08）

81. 姜延书、何思洁. 中国纺织服装业出口贸易增加值核算及影响因素研究［J］. 国际贸易问题，2016（08）

82. 李文锋. 改善外贸供给侧结构，培育竞争新优势［J］. 国际贸易，2016（09）

83. 曾芬钰、刘文鹏、徐悦. 微笑曲线理论视角下浙江服装业转型升级研究［J］. 中国商论，2016（13）

84. 曹骐镜、罗鹏. 新常态下我国纺织服装出口竞争力的研究[J]. 中国市场，2016（29）